全国高等教育自学考试指定教材

法律专业（本科）

婚姻家庭法

（2012年版）

（含：婚姻家庭法自学考试大纲）

全国高等教育自学考试指导委员会　组编

主　编　马忆南

撰稿人　（以撰写章节为序）

　　　　邓　丽　马忆南　何俊平　王歌雅

审稿人　金　眉　孙若军　林建军

北京大学出版社
PEKING UNIVERSITY PRESS

图书在版编目(CIP)数据

婚姻家庭法：2012年版/马忆南主编. —北京：北京大学出版社,2012.3
(全国高等教育自学考试指定教材·法律专业（本科）)
ISBN 978 - 7 - 301 - 20398 - 9

Ⅰ. ①婚… Ⅱ. ①马… Ⅲ. ①婚姻法 -中国 -高等教育 -自学考试 -教材 Ⅳ. ①D923.9

中国版本图书馆 CIP 数据核字(2012)第 042875 号

书　　　名	婚姻家庭法(2012 年版)　含：婚姻家庭法自学考试大纲
	HUNYIN JIATING FA
著作责任者	马忆南　主编
责任编辑	周　菲
标准书号	ISBN 978 - 7 - 301 - 20398 - 9
出版发行	北京大学出版社
地　　　址	北京市海淀区成府路 205 号　100871
网　　　址	http://www.pup.cn
电子信箱	law@ pup.pku.edu.cn
新浪微博	@北京大学出版社　@北大出版社法律图书
电　　　话	邮购部 62752015　发行部 62750672　编辑部 62752027
印　刷　者	河北滦县鑫华书刊印刷厂
经　销　者	新华书店
	787 毫米×1092 毫米　16 开本　15.75 印张　345 千字
	2012 年 3 月第 1 版　2024 年 5 月第 21 次印刷
定　　价	29.00 元

未经许可，不得以任何方式复制或抄袭本书之部分或全部内容。
版权所有，侵权必究
举报电话：010 - 62752024　电子信箱：fd@ pup.pku.edu.cn
图书如有印装质量问题，请与出版部联系，电话：010 - 62756370

组编前言

21世纪是一个变幻难测的世纪,是一个催人奋进的时代。科学技术飞速发展,知识更替日新月异。希望、困惑、机遇、挑战,随时随地都有可能出现在每一个社会成员的生活之中。抓住机遇,寻求发展,迎接挑战,适应变化的制胜法宝就是学习——依靠自己学习、终生学习。

作为我国高等教育组成部分的自学考试,其职责就是在高等教育这个水平上倡导自学、鼓励自学、帮助自学、推动自学,为每一个自学者铺就成才之路。组织编写供读者学习的教材就是履行这个职责的重要环节。毫无疑问,这种教材应当适合自学,应当有利于学习者掌握和了解新知识、新信息,有利于学习者增强创新意识,培养实践能力,形成自学能力,也有利于学习者学以致用,解决实际工作中所遇到的问题。具有如此特点的书,我们虽然沿用了"教材"这个概念,但它与那种仅供教师讲、学生听,教师不讲、学生不懂,以"教"为中心的教科书相比,已经在内容安排、编写体例、行文风格等方面都大不相同了。希望读者对此有所了解,以便从一开始就树立起依靠自己学习的坚定信念,不断探索适合自己的学习方法,充分利用自己已有的知识基础和实际工作经验,最大限度地发挥自己的潜能,达到学习的目标。

欢迎读者提出意见和建议。

祝每一位读者自学成功。

全国高等教育自学考试指导委员会
2011年10月

内 容 提 要

　　本书以历史唯物主义为指导,考察了婚姻家庭法的历史发展和中国婚姻家庭立法的情况,系统论述了婚姻家庭法的概念、特征、基本原则、救助措施与法律责任以及婚姻家庭法领域里的各项具体制度,包括亲属、结婚制度、夫妻关系、离婚制度、亲子关系、收养制度、扶养制度等。本书材料丰富,立论严谨,注重理论与实际的结合。采纳了《物权法》、《侵权责任法》、《涉外民事关系法律适用法》和《婚姻法司法解释(三)》等最新的立法、司法成果,具有很强的知识性和操作性。

　　本书除作为全国高等教育自学考试法律专业教材外,还可供其他法律专业的读者学习。

目 录

婚姻家庭法自学考试大纲

出版前言	(5)
Ⅰ 课程性质与课程目标	(7)
Ⅱ 考核目标	(9)
Ⅲ 课程内容与考核要求	(10)
Ⅳ 关于大纲的说明与考核实施要求	(42)
附录一 题型举例	(45)
附录二 必读法律、法规、司法解释	(47)
后记	(48)

婚姻家庭法

第一章 婚姻家庭法概述 (51)
    第一节 婚姻家庭概述 (51)
    第二节 婚姻家庭法的历史发展 (56)
    第三节 婚姻家庭法的概念、特征及渊源 (64)
    第四节 婚姻家庭法在我国法律体系中的地位 (68)
    第五节 我国婚姻家庭法的基本原则 (71)
    第六节 我国婚姻家庭法的救助措施与法律责任 (77)

第二章 亲属制度 (81)
    第一节 亲属的意义、分类和范围 (81)
    第二节 亲系和亲等 (84)
    第三节 亲属关系的变动和效力 (88)

第三章 结婚制度 (92)
    第一节 婚姻的成立和结婚制度的沿革 (92)
    第二节 结婚实质条件 (96)
    第三节 结婚形式要件 (102)
    第四节 婚姻的无效和撤销 (104)
    第五节 与结婚制度相关的问题 (110)

第四章 夫妻关系 (114)
    第一节 夫妻的法律地位 (114)

第二节　夫妻人身关系 …………………………………………（118）
　　第三节　夫妻财产制 ……………………………………………（122）
第五章　离婚制度 ……………………………………………………（137）
　　第一节　离婚和离婚制度的沿革 ………………………………（137）
　　第二节　登记离婚 ………………………………………………（145）
　　第三节　诉讼离婚 ………………………………………………（150）
　　第四节　判决离婚的法定理由 …………………………………（154）
　　第五节　离婚后的子女、财产问题 ……………………………（160）
第六章　亲子关系 ……………………………………………………（180）
　　第一节　亲子关系和亲权 ………………………………………（180）
　　第二节　父母与子女的权利义务 ………………………………（188）
　　第三节　几种特殊类型的亲子关系 ……………………………（195）
第七章　收养制度 ……………………………………………………（204）
　　第一节　收养和收养法 …………………………………………（204）
　　第二节　收养关系的成立 ………………………………………（208）
　　第三节　收养的效力 ……………………………………………（216）
　　第四节　收养关系的解除 ………………………………………（219）
第八章　扶养制度 ……………………………………………………（223）
　　第一节　扶养概述 ………………………………………………（223）
　　第二节　我国现行扶养制度 ……………………………………（225）
第九章　附论 …………………………………………………………（231）
　　第一节　民族自治地方贯彻执行婚姻家庭法的变通规定 ……（231）
　　第二节　涉外婚姻家庭关系的法律适用 ………………………（233）
　　第三节　区际婚姻家庭关系的法律适用 ………………………（239）
后记 ……………………………………………………………………（243）

全国高等教育自学考试
法律专业（本科）

婚姻家庭法自学考试大纲

全国高等教育自学考试指导委员会制定

大纲目录

出版前言	(5)
Ⅰ 课程性质与课程目标	(7)
Ⅱ 考核目标	(9)
Ⅲ 课程内容与考核要求	(10)
第一章　婚姻家庭法概述	(10)
一、学习目的与要求	(10)
二、课程内容	(10)
三、考核知识点与考核要求	(13)
第二章　亲属制度	(16)
一、学习目的与要求	(16)
二、课程内容	(16)
三、考核知识点与考核要求	(17)
第三章　结婚制度	(18)
一、学习目的与要求	(18)
二、课程内容	(18)
三、考核知识点与考核要求	(20)
第四章　夫妻关系	(23)
一、学习目的与要求	(23)
二、课程内容	(23)
三、考核知识点与考核要求	(24)
第五章　离婚制度	(26)
一、学习目的与要求	(26)
二、课程内容	(26)
三、考核知识点与考核要求	(29)
第六章　亲子关系	(31)
一、学习目的和要求	(31)
二、课程内容	(31)
三、考核知识点与考核要求	(33)
第七章　收养制度	(34)
一、学习目的与要求	(34)
二、课程内容	(34)

三、考核知识点与考核要求 ………………………………………………(36)
　第八章　扶养制度 …………………………………………………………(38)
　　一、学习目的与要求 ………………………………………………………(38)
　　二、课程内容 ………………………………………………………………(38)
　　三、考核知识点与考核要求 ………………………………………………(38)
　第九章　附论 ………………………………………………………………(40)
　　一、学习目的与要求 ………………………………………………………(40)
　　二、课程内容 ………………………………………………………………(40)
　　三、考核知识点与考核要求 ………………………………………………(41)
Ⅳ　关于大纲的说明与考核实施要求 ………………………………………(42)
附录一　题型举例 ……………………………………………………………(45)
附录二　必读法律、法规、司法解释 ………………………………………(47)
后记 ……………………………………………………………………………(48)

出版前言

为了适应社会主义现代化建设事业的需要,鼓励自学成才,我国在20世纪80代初建立了高等教育自学考试制度。高等教育自学考试是个人自学、社会助学和国家考试相结合的一种高等教育形式。应考者通过规定的专业课程考试并经思想品德鉴定达到毕业要求的,可获得毕业证书;国家承认学历并按照规定享有与普通高等学校毕业生同等的有关待遇。经过三十多年的发展,高等教育自学考试为国家培养造就了大批专门人才。

课程自学考试大纲是国家规范自学者学习范围、要求和考试标准的文件。它是按照专业考试计划的要求,具体指导个人自学、社会助学、国家考试、编写教材及自学辅导书的依据。

为更新教育观念,深化教学内容方式、考试制度、质量评价制度改革,更好地提高自学考试人才培养的质量,全国考委各专业委员会按照专业考试计划的要求,组织编写了课程自学考试大纲。

新编写的大纲,在层次上,专科参照一般普通高校专科或高职院校的水平,本科参照一般普通高校本科水平;在内容上,力图反映学科的发展变化以及自然科学和社会科学近年来研究的成果。

全国考委法律专业委员会参照普通高等学校婚姻家庭法课程的教学基本要求,结合自学考试法律专业的实际情况,组织编写的《婚姻家庭法自学考试大纲》,经教育部批准,现颁发施行。各地教育部门、考试机构应认真贯彻执行。

全国高等教育自学考试指导委员会
2012年1月

Ⅰ 课程性质与课程目标

一、课程的性质与特点

《婚姻家庭法》是全国高等教育自学考试法律专业的一门必考课。对考试的要求在总体上与全日制本科学校法律专业、全国高等教育自学考试法律专业的同名课程一致。考试的目的在于检验自学应考者掌握婚姻家庭法学知识的程度和应用上述知识处理婚姻家庭法律纠纷的能力。

婚姻家庭法学是广义民法学的组成部分,是法学的重要分支学科之一,是研究有关婚姻家庭的法律制度、法律关系和其他法律现象的一门科学。

婚姻家庭法学是实体法学。婚姻家庭法规范主要是实体性规范,它们确立了人们在婚姻家庭领域内必须遵守的行为准则,这是婚姻家庭法学研究的基本内容。

婚姻家庭法学是国内法学。婚姻家庭法主要是调整本国公民婚姻家庭关系的规范。基于国家的主权,其效力也及于本国境内的外国人。本国缔结或者参加的有关婚姻家庭的国际条约、为本国认可的有关婚姻家庭的国际惯例,虽然也是本国婚姻家庭法的渊源,但并不影响本学科具有的国内法学的性质。

婚姻家庭法学就其主要性质而言是身份法学。在婚姻家庭法的调整对象中,特定亲属之间的人身关系是主要的、起决定作用的方面。婚姻家庭领域里的财产关系虽然也很重要,但它是从属于上述人身关系,不能脱离这种人身关系而独立存在的。

婚姻家庭法学是实践性很强的应用法学。婚姻家庭法学的知识体系中也有一些理论和历史方面的内容,但它着重研究的则是婚姻家庭领域的各种具体法律问题,以便依法调整婚姻家庭关系,正确处理婚姻家庭纠纷。

按照我国的立法体制,婚姻家庭法并不是民法之外的一个法律部门,但它在全部民法中具有不同于其他民事法律的特点。基于我国法学的历史传统和研究婚姻家庭法律问题的现实需要,婚姻家庭法学已经发展成为相对独立的分支学科。

《婚姻家庭法》课程共3学分。

二、课程目标(评价目标)

婚姻家庭法学是法学理论工作者和司法实务工作者的必备知识,从课程的设置目的出发,对自学应考者提出以下几点基本要求:

1. 掌握有关婚姻家庭法的一般理论和历史知识,了解我国的婚姻家庭制度改革和法制建设、婚姻家庭立法的基本精神和各项原则。

2. 通晓婚姻家庭法领域中的各种具体制度,包括亲属制度、结婚制度、离婚制度、家庭制度、收养制度、扶养制度等,熟悉与此有关的各项法律规定。内容以本国婚姻家庭法为主,同时也涉及一些比较婚姻家庭法方面的知识。

3. 联系社会生活和审判实践,了解贯彻执行有关婚姻家庭法律、法规过程中的情况、问题和对策,掌握处理各类婚姻家庭法律问题的方针、方法和工作经验。

三、课程的重点

第一章　婚姻家庭法概述
第一节、第三节、第五节、第六节重点;第二节、第四节次重点。

第二章　亲属制度
第一节、第二节、第三节次重点。

第三章　结婚制度
第二节、第三节、第四节重点;第一节、第五节次重点。

第四章　夫妻关系
第一节一般;第二节、第三节重点。

第五章　离婚制度
第一节次重点;第二节、第三节、第四节、第五节重点。

第六章　亲子关系
第一节次重点;第二节、第三节重点。

第七章　收养制度
第一节次重点;第二节、第三节、第四节重点。

第八章　扶养制度
第一节次重点;第二节重点。

第九章　附论
第一节、第三节一般;第二节次重点。

Ⅱ 考核目标

关于考核目标,本大纲是按照识记、领会和应用这三个知识能力层次提出具体要求的。这三个层次是逐级递进的,现将其区别界说于后。

识记:了解有关知识点的内容(包括概念、原理、原则、论点、方法、事件、法律规定、司法解释等,下同),并能正确地加以表述。这是低层次的要求。

领会:在识记的基础上,对知识点的内容有比较深刻的理解和体会,能够掌握相关问题的联系和区别,能够通过比较作出正确的判断。这是中层次的要求。

应用:在领会的基础上,运用所学知识(一个或多个知识点)分析和解决理论问题、实际问题,包括以事实为根据正确地适用法律。这是高层次的要求。

Ⅲ 课程内容与考核要求

第一章 婚姻家庭法概述

一、学习目的与要求

坚持历史唯物主义的婚姻家庭观,正确认识婚姻家庭的社会本质,掌握婚姻家庭制度和社会制度的内在联系,了解婚姻家庭制度的各种历史类型及其演进过程。粗知我国古代的婚礼、家礼和户婚律以及罗马亲属法和欧洲中世纪婚姻家庭法的概况。粗知资本主义国家和社会主义国家婚姻家庭法的概况。了解近现代中国婚姻家庭制度改革的对象,婚姻家庭制度改革的时代背景和历史进程。从总体上掌握百年来婚姻家庭立法的概况,特别是新中国成立以来的婚姻家庭法制建设的成果。了解我国婚姻家庭法的概念,婚姻家庭法的各种法律渊源。正确认识婚姻家庭法的调整对象和调整方法,以及婚姻家庭法的主要特点。了解婚姻家庭法在我国法律体系中的地位。理解婚姻自由,一夫一妻,男女平等,保护妇女、儿童和老人合法权益,实行计划生育等原则的精神实质和基本要求;认识社会主义婚姻家庭制度的本质和优越性;了解这些原则在贯彻执行中的情况和问题;掌握保障原则实施的各种禁止性规定;正确认识夫妻双方和家庭成员的共同责任。掌握我国婚姻家庭法有关救助措施和法律责任的规定,了解对家庭暴力和虐待、遗弃行为受害人的各种救助措施,了解有关婚姻家庭的违法行为的行政责任、民事责任和刑事责任。

二、课程内容

(一) 婚姻家庭的概念、属性和职能

1. 婚姻家庭的概念

对婚姻家庭的解释。

婚姻家庭的法律概念。

2. 婚姻家庭的属性

婚姻家庭的自然属性及其具体表现。

社会属性是婚姻家庭的本质属性。婚姻家庭中的物质社会关系思想社会关系及其具体表现。

3．婚姻家庭的社会职能

婚姻家庭在调节两性关系、实现人口再生产、组织经济生活和教育下一代等方面的重要作用。

（二）婚姻家庭形态的历史发展

群婚制、对偶婚制和氏族制度。

私有制社会中的一夫一妻制。

（三）西方婚姻家庭法发展历程

1．古罗马亲属法

2．中世纪欧洲婚姻家庭法

3．近现代资本主义国家婚姻家庭法

大陆法系国家婚姻家庭法。婚姻家庭法的编制方法。民法典亲属编。

1804年《法国民法典》、1896年《德国民法典》中的婚姻家庭法体系及其影响。

英美法系国家婚姻家庭法。婚姻家庭法的编制方法。英美等国调整婚姻家庭关系的各种单行法。

4．社会主义国家婚姻家庭法

苏维埃婚姻家庭法。立法概况和具有代表性的法典。

其他社会主义国家的婚姻家庭法。

（四）我国婚姻家庭立法沿革

1．古代婚姻家庭立法

宗法制度下的婚礼和家礼。礼对调整婚姻家庭关系的重要作用。

历代户婚律简介。

2．近、现代婚姻家庭立法

清末和北洋军阀政府统治时期的婚姻家庭立法。国民党政府民法的亲属编。

新中国成立前革命根据地的婚姻家庭立法。《中华苏维埃共和国婚姻条例》和《中华苏维埃共和国婚姻法》。

抗日战争、解放战争时期地区性的婚姻条例。

3．新中国婚姻家庭立法

1950年《中华人民共和国婚姻法》的颁行和贯彻。《中华人民共和国婚姻法》的立法宗旨和基本原则。新中国建立初期的婚姻家庭制度改革。

1980年《婚姻法》及其修正。1980年《婚姻法》对1950年《婚姻法》的修改和补充。

2001年对《婚姻法》的修正。修正案中的立法重点。

（五）婚姻家庭法的概念

关于婚姻家庭法名称的不同立法例。形式意义上的婚姻家庭法和实质意义上的婚姻家庭法。

婚姻家庭法概念的表述。

（六）婚姻家庭法的主要特征

婚姻家庭法的调整范围具有明晰的边界，同时又极其广泛和普遍。婚姻家庭法的调整对象具有很强的身份性和伦理性，但同时财产关系也占有相当的比重。婚姻家庭法的调整手段具有多样性，既有大量的强制性规范也有非强制性规范，还有一些倡导性规范。

（七）我国婚姻家庭法的渊源

宪法和其他法律。行政法规和规章。地方性法规、规章和民族自治地方的变通规定。最高人民法院的司法解释。国际条约。

（八）婚姻家庭法在我国法律体系中的地位

婚姻家庭法和宪法的关系。婚姻家庭法与其他民事法律的关系。婚姻家庭法和民事诉讼法的关系。

（九）婚姻自由原则

婚姻自由的概念和内容

禁止干涉婚姻自由，禁止借婚姻索取财物。

包办婚姻和买卖婚姻的概念。两者的联系和区别。干涉婚姻自由的危害性和法律对策。

借婚姻索取财物的概念。危害性和法律对策。借婚姻索取财物与买卖婚姻的区别。有关彩礼返还的司法解释。

（十）一夫一妻原则

1. 对一夫一妻原则的理解。

2. 禁止重婚、禁止有配偶者与他人同居

重婚的概念和形式。认定和处理重婚时应注意的问题。重婚的民事法律后果和刑事法律后果。

有配偶者与他人同居的概念。有配偶者与他人同居与重婚的区别。有配偶者与他人同居的法律后果。

（十一）男女平等原则

1. 男女平等的概念

2. 男女平等在我国婚姻家庭制度中的具体表现

《婚姻法》中的有关规定。《妇女权益保障法》中的有关规定。

（十二）保护妇女、儿童和老人合法权益原则

1. 保护妇女、儿童和老人合法权益的必要性。

宪法、婚姻法和相关法律中的具体规定。

2. 禁止家庭暴力、禁止家庭成员间的虐待和遗弃

家庭暴力的概念。家庭暴力的表现形式和法律对策。

虐待的概念和表现形式。遗弃的概念。

（十三）计划生育原则
1. 实行计划生育的重要意义
2. 计划生育的基本要求
少生、优生、优育和适当地晚婚晚育。
（十四）夫妻双方和家庭成员的共同责任
1. 夫妻双方应当互相忠实，互相尊重。
2. 家庭成员间应当敬老爱幼，互相帮助，维护平等、和睦、文明的婚姻家庭关系。
（十五）对违法行为受害人的救助措施
救助措施的概念和种类。
（十六）违反婚姻家庭法行为的民事责任
遗弃家庭成员的民事责任。扶养费、抚养费、赡养费的追索。
离婚时的损害赔偿责任。（参见第五章离婚制度）
离婚时妨害共同财产分割的责任。
其他法律规定的妨害婚姻家庭的民事责任。
（十七）违反婚姻家庭法行为的行政责任
对家庭暴力、虐待、遗弃等违法行为的行政处罚。
对婚姻家庭关系中的违法违纪行为的行政处分。
（十八）妨害婚姻家庭罪的刑事责任
重婚罪；虐待罪；遗弃罪；暴力干涉婚姻自由罪；破坏军婚罪。
重婚的，实施家庭暴力或虐待、遗弃家庭成员构成犯罪的，依法追究刑事责任。

三、考核知识点与考核要求

1. 识记婚姻家庭的一般概念。
2. 识记婚姻家庭的法律概念。
3. 领会婚姻家庭的自然属性和社会属性。
4. 识记婚姻家庭的社会职能，领会婚姻家庭在社会生活中不可替代的重要作用。
5. 识记婚姻家庭制度的各种历史类型。
6. 识记罗马亲属法中若干重要的制度（以教材中涉及的为限）以及它对后世的影响。
7. 识记资产阶级国家婚姻家庭法的各种编制方法。
8. 识记法、德、英、美等国婚姻家庭法的概况（以教材中涉及的为限）。
9. 应用所学知识，评析晚近以来资产阶级国家婚姻家庭法的发展趋势。
10. 识记苏联和其他社会主义国家婚姻家庭法的概况。
11. 识记中国历代户婚律的沿革。
12. 领会中国古代婚姻家庭法的主要特点，礼与律对调整婚姻家庭关系所起的作用。
13. 识记半殖民地半封建社会中婚姻家庭立法的概况。
14. 识记新中国成立前革命根据地婚姻家庭立法的概况。

15. 领会1950年《婚姻法》的任务和作用。
16. 识记1980年《婚姻法》对1950年《中华人民共和国婚姻法》的修改和补充。
17. 领会2001年《婚姻法》修正案中的立法重点。
18. 领会我国婚姻家庭法的概念。
19. 识记我国婚姻家庭法的各种法律渊源。
20. 识记我国婚姻家庭法调整对象的范围。
21. 领会我国婚姻家庭法调整对象的性质,以及婚姻家庭领域的财产关系对人身关系的从属性。
22. 应用所学知识论述婚姻家庭法调整的财产关系和其他民事法律调整的财产关系的区别。
23. 领会婚姻家庭法的主要特点。
24. 领会婚姻家庭法在法律体系中的地位。
25. 领会婚姻家庭法和宪法的关系。
26. 领会婚姻家庭法与其他民事法律的关系。
27. 领会婚姻家庭法和民事诉讼法的关系。
28. 识记婚姻家庭法对人的效力、空间效力和时间效力。
29. 领会婚姻自由的概念。
30. 识记包办婚姻、买卖婚姻的概念和其他干涉婚姻自由行为的表现形式。
31. 识记借婚姻索取财物的概念。领会它与买卖婚姻、包办婚姻的区别。
32. 领会有关彩礼返还的司法解释。
33. 识记一夫一妻制的概念。
34. 识记重婚的概念、重婚的法律后果。
35. 识记有配偶者与他人同居的概念、有配偶者与他人同居的法律后果。
36. 应用法律和司法解释论述认定和处理重婚时应注意的问题。
37. 识记男女平等原则在我国《婚姻法》中的具体表现。
38. 应用所学知识,结合我国的现实生活论述保护妇女合法权益和坚持男女平等的一致性。
39. 领会保护儿童和老人合法权益的重要意义。
40. 识记家庭暴力、虐待、遗弃等概念,以及制裁此类违法行为的法律对策。
41. 识记计划生育的基本要求。
42. 应用所学知识分析有关干涉婚姻自由、重婚、有配偶者与他人同居、家庭暴力、虐待和遗弃家庭成员的案例。
43. 识记对家庭暴力或虐待行为受害人的救助措施。
44. 识记对遗弃行为受害人的救助措施。
45. 识记对违反婚姻家庭法行为应依法制止和予以行政处罚的法定情形。
46. 识记有关依诉讼程序追索扶养费、抚养费、赡养费的规定。

47. 识记应依法追究刑事责任的各种违反婚姻家庭法的行为。
48. 领会适用其他法律的规定制裁违反婚姻家庭法行为的必要性。
49. 领会有关适用《婚姻法》第 48 条规定的司法解释。
50. 应用所学知识分析有关离婚时损害赔偿纠纷、侵占财产纠纷等案例。

第二章 亲属制度

一、学习目的与要求

了解亲属的概念；粗知亲属制度的历史沿革；熟悉亲属在法律上的分类，掌握亲属制度中若干常见的名词术语。了解亲系、亲等和与此相关的一些概念；认识亲系在亲属网络中的意义；掌握有关亲等计算的规则，并能在法律实务中加以应用。了解各种亲属法律关系借以发生和终止的法律事实；正确认识亲属关系在实体法和程序法上的法律效力；掌握我国现行法中有关亲属关系法律效力的具体规定。

二、课程内容

（一）亲属的概念和亲属制度的历史变迁
1. 亲属的概念
亲属关系与亲属法律关系的区别。亲属与家庭成员的区别。亲属与家属的区别。
2. 亲属制度的历史变迁
（二）亲属关系的种类和范围
各种不同的分类方法。
以发生原因为依据的基本分类。配偶。血亲。自然血亲和拟制血亲。全血缘的血亲和半血缘的血亲。姻亲。血亲的配偶。配偶的血亲。配偶的血亲的配偶。
3. 亲属关系法律调整的范围
（三）亲系（附行辈）
1. 亲系的概念
自然血亲的亲系。拟制血亲的亲系。姻亲的亲系。
2. 亲系的分类
父系亲和母系亲。男系亲和女系亲。直系亲和旁系亲。
3. 行辈
长辈亲属。同辈亲属。晚辈亲属。
（四）亲等
1. 亲等的概念
2. 罗马法的亲等计算法
计算直系血亲亲等的规则。计算旁系血亲亲等的规则。
3. 寺院法的亲等计算法
计算直系血亲亲等的规则。计算旁系血亲亲等的规则。

4. 我国《婚姻法》中的代数计算法

(五) 亲属关系的发生和终止

1. 亲属关系的发生

配偶关系因婚姻的成立而发生。

自然血亲关系因出生的事实而发生。拟制血亲关系因依法成立而发生。

姻亲关系因作为中介的婚姻成立而发生。

2. 亲属关系的终止

配偶关系因死亡(包括自然死亡和宣告死亡)或离婚而终止。

自然血亲关系因死亡而终止。拟制血亲因死亡或依法解除而终止。

(六) 亲属关系的法律效力

1. 亲属关系在婚姻家庭法上的效力。
2. 亲属关系在其他民事法律上的效力。
3. 亲属关系在刑法上的效力。
4. 亲属关系在诉讼法上的效力。
5. 亲属关系在其他法律上的效力。

三、考核知识点与考核要求

1. 识记亲属的概念。
2. 领会亲属与家属的区别,与家庭成员的区别。
3. 识记下列名词概念:宗亲、外亲、妻亲。
4. 识记亲属分类的各种依据。
5. 识记以发生原因为依据的亲属的基本分类。
6. 识记配偶的概念。
7. 识记下列概念:血亲、自然血亲、拟制血亲、姻亲。
8. 领会亲系的概念。
9. 识记下列概念:父系亲、母系亲、男系亲、女系亲、直系亲、旁系亲、行辈。
10. 识记亲等的概念。
11. 识记罗马法亲等的计算规则。
12. 识记寺院法亲等的计算规则。
13. 识记我国《婚姻法》中的代数计算法。
14. 领会配偶关系发生和终止的原因。
15. 领会血亲关系(包括自然血亲和拟制血亲)发生和终止的原因。
16. 领会姻亲关系发生的原因。
17. 识记亲属关系在我国实体法上的法律效力(例示即可)。
18. 识记亲属关系在我国程序法上的法律效力(例示即可)。

第三章 结婚制度

一、学习目的与要求

了解婚姻成立的概念和法律后果,婚姻成立的要件及其种类;粗知结婚制度的历史沿革,古代和近现代各种不同的结婚方式。以我国婚姻法的规定为依据,掌握和理解婚姻成立的各项实质要件;领会有关规定的立法精神、基本要求,注意这些规定在贯彻执行中的情况和问题;了解有关的外国立法例。正确认识形式要件对婚姻成立的意义;了解结婚程序的类型和有关立法例。熟悉我国《婚姻法》、《婚姻登记条例》中有关结婚登记的具体规定。认识我国婚姻法中增设无效婚、可撤销婚制度的必要性;了解有关的外国立法例和我国的立法特色。掌握婚姻法和司法解释中有关婚姻无效和撤销的原因,宣告婚姻无效和撤销的程序,请求权人的范围,婚姻无效和撤销的法律后果等规定;了解与此相关的法律实务。略知婚约的概念和有关立法例,了解我国政策法律对婚约的态度。熟悉事实婚姻和补办结婚登记的具体规定。

二、课程内容

(一) 婚姻成立的概念和要件

1. 婚姻的成立

婚姻成立(结婚)的概念。

2. 婚姻成立的要件

实质要件和形式要件。必备条件和禁止条件(婚姻障碍)。公益要件和私益要件。

(二) 结婚制度的沿革

1. 古代社会的结婚制度

个体婚制形成时期的结婚方式:掠夺婚、买卖婚、互易婚、劳役婚、赠与婚。

中国古代的聘娶婚。嫁娶中的"六礼"程序。

2. 近现代社会的结婚制度

资本主义婚姻制度下的共诺婚。结婚的民事化和法律婚的普及。

(三) 结婚的必备条件

1. 必须男女双方完全自愿

男女双方完全自愿的含义。

我国《婚姻法》的有关规定。

结婚合意的有效条件。

2. 须达法定婚龄

法定婚龄的概念。我国《婚姻法》的有关规定。

自然因素和社会因素对法定婚龄的影响。

法定婚龄的沿革。贯彻执行现行的法定婚龄和提倡婚晚婚育的关系。

3. 符合一夫一妻制

违反一夫一妻制的法律后果。

（四）结婚的禁止条件

1. 禁止结婚的亲属关系

禁婚亲的概念。

近亲结婚的危害性。我国《婚姻法》的有关规定。

禁婚亲的历史沿革。

我国两部《婚姻法》中禁婚亲范围的比较。三代以内旁系血亲的称谓。

2. 禁止结婚的疾病

禁止特定疾病患者结婚的必要性和有关立法例。

我国《婚姻法》的有关规定。

婚前健康检查。《母婴保健法》中的有关规定。

关于有性生理缺陷者是否禁止结婚的问题。

（五）结婚程序的类型和我国的结婚登记制度

1. 结婚程序的类型

登记制，仪式制，登记与仪式结合制。

2. 我国的结婚登记制度

结婚程序的意义。

实行结婚登记制度的必要性。

（六）结婚登记的机关和具体程序

1. 结婚登记的机关

内地居民办理婚姻登记(含结婚登记、离婚登记、复婚登记)的机关。

2. 结婚登记的具体程序

申请。审查。登记。

不予登记的理由。《婚姻登记条例》中的有关规定。

（七）无效婚姻和可撤销婚姻的概念

1. 两者的异同。

2. 我国婚姻法增设无效婚和撤销婚制度的必要性。

（八）无效婚姻

1. 婚姻无效的原因

重婚。有禁止结婚的亲属关系。婚前患有医学上认为不应当结婚的疾病,婚后尚未治愈。未达法定婚龄。

2. 请求权人的范围

以重婚为由主张婚姻无效。

以未达法定婚龄为由主张婚姻无效。

以有禁止结婚的亲属关系为由主张婚姻无效。

以婚前患禁止结婚的疾病,婚后尚未治愈为由主张婚姻无效。

3. 宣告婚姻无效的程序

有关审理宣告婚姻无效案件的司法解释。处理婚姻效力纠纷时应注意的问题。

(九) 可撤销婚姻

1. 婚姻撤销的原因

因胁迫而结婚,有关胁迫的司法解释。

2. 婚姻撤销的请求权人和请求权的行使期限

撤销请求权专属受胁迫的一方。是否行使该项请求权由本人自行决定。

请求权的行使期限为1年,自结婚登记时起算。请求权人被非法限制人身自由的,自恢复人身自由时起算。

3. 婚姻撤销的程序

依行政程序宣告婚姻撤销。依诉讼程序宣告婚姻撤销。有关审理请求撤销婚姻案件的司法解释。

(十) 婚姻无效和被撤销的法律后果

1. 对当事人的后果

无效或被撤销的婚姻自始无效。当事人不具有夫妻的权利和义务。不适用婚姻法关于夫妻人身关系和夫妻财产关系的规定。

同居期间所得财产的处理。协议和判决。

2. 对子女的后果

父母子女关系,不受父母婚姻无效或被撤销的影响,当事人与其所生子女适用《婚姻法》有关父母子女的规定。

(十一) 婚约

婚约的概念和沿革。古代型的婚约和近现代型的婚约。

我国政策法律对婚约的态度。处理时应注意的问题。彩礼返还的条件。

(十二) 事实婚姻和补办结婚登记

1. 事实婚姻及其对策

事实婚姻的概念。法律对事实婚姻的态度。

2. 补办结婚登记及其效力

未办结婚登记即以夫妻关系同居生活的应补办登记。

补办登记的溯及力。

三、考核知识点与考核要求

1. 识记婚姻成立的概念。

2. 识记婚姻成立要件的分类,并举例加以说明。
3. 识记个体婚制形成时期的各种结婚方式。
4. 领会中国古代的聘娶婚的实质。
5. 识记聘娶婚中的"六礼"程序。
6. 识记我国《婚姻法》关于结婚必须男女双方完全自愿的规定。
7. 领会结婚合意的有效条件。
8. 识记法定婚龄的概念。
9. 识记中国法定婚龄的历史沿革。
10. 应用所学知识,论述执行法定婚龄和提倡晚婚晚育的关系。
11. 识记禁婚亲的概念。
12. 应用所学知识,从优生学和伦理学的角度,论述禁止近亲结婚的立法理由。
13. 识记我国《婚姻法》有关禁婚亲范围的规定。
14. 识记三代以内旁系血亲的各种亲属称谓。
15. 领会禁止特定疾病患者结婚的必要性。识记我国《母婴保健法》中的有关规定。
16. 领会实行婚前健康检查的意义。
17. 应用所学知识分析个案:根据案例中提供的事实,确认当事人结合是否符合结婚的法定条件。
18. 识记结婚程序的不同类型。
19. 识记我国《婚姻法》有关结婚程序的规定。
20. 识记我国城乡地区办理结婚登记的机关。
21. 识记当事人在申请结婚登记时需持的证件和证明。
22. 识记结婚登记的具体程序。
23. 领会不予结婚登记的理由。
24. 应用所学知识分析个案:根据案例中提供的事实,确认当事人的结合是否符合结婚的法定程序。
25. 识记无效婚姻、可撤销婚姻的概念。
26. 领会增设无效婚、撤销婚制度的必要性。
27. 领会婚姻无效的法定原因。
28. 识记宣告婚姻无效的程序和请求权人的范围。
29. 识记婚姻撤销的原因和请求权人,以及撤销的程序。
30. 识记婚姻无效和被撤销的法律后果。
31. 领会无效婚、撤销婚的财产处理和离婚时的财产处理的区别。
32. 应用所学知识分析个案:根据案例中提供的事实,确认当事人的结合是否属于无效婚姻或可撤销婚姻。
33. 应用所学知识分析个案:根据案例中提供的事实,就无效或被撤销婚姻的财产处理问题依法评析。

34. 识记婚约的概念。
35. 领会古代型的婚约和近现代型的婚约的区别。
36. 领会我国政策法律对婚约的态度,以及处理时应注意的问题。
37. 领会事实婚姻和非法同居关系的区别。
38. 领会补办结婚登记的必要性和补办登记的追溯力。

第四章 夫妻关系

一、学习目的与要求

了解夫妻的概念,夫妻关系的性质和内容;粗知夫妻关系的历史沿革,夫妻在不同社会制度下的法律地位;正确理解我国《婚姻法》关于夫妻家庭地位平等的原则规定。熟悉我国婚姻家庭法上的夫妻扶养义务和继承权。掌握我国《婚姻法》对夫妻人身关系方面的权利和义务的规定;理解这些规定的立法精神和针对性,了解这些规定在适用中的情况和问题;略知有关夫妻人身关系的外国立法例。掌握我国《婚姻法》对夫妻财产制的规定;理解这些规定的立法精神,了解这些规定在适用中的情况和问题;略知有关夫妻财产制的外国立法例。

二、课程内容

(一) 夫妻关系的性质和内容

1. 夫妻的概念和特征

夫妻是男女双方以永久共同生活为目的依法结合的伴侣。

夫妻关系的法律特征。

2. 夫妻关系的内容

(二) 夫妻法律地位的沿革

1. 对夫妻地位立法主义的评析

古代法中的夫妻一体主义和近现代法中的夫妻别体主义。

2. 不同社会制度下夫妻的法律地位

(三) 我国《婚姻法》对夫妻法律地位的规定

(四) 夫妻间的扶养义务和继承权

1. 《婚姻法》有关夫妻扶养义务的规定。

不履行扶养义务的法律后果。(参见本书第八章)

2. 法律有关配偶继承权的规定。

法律实务中应注意的问题。

(五) 夫妻的姓名权

1. 姓名权的性质和意义

2. 夫妻双方都有各用自己姓名的权利

已婚妇女的姓名权、男到女家落户的婚姻中男方的姓名权受法律的保护。

3. 夫妻姓名权平等在子女称姓问题上的体现

（六）夫妻的人身自由权

1. 《婚姻法》关于夫妻人身自由权的规定

2. 依法保障已婚妇女的人身自由权

3. 女方可以成为男方家庭的成员，男方可以成为女方家庭的成员。男到女家落户的婚姻与旧式的"入赘婚"的本质区别。

（七）夫妻的计划生育义务

1. 《婚姻法》关于夫妻双方都有实行计划生育的义务的规定。落实计划生育措施是双方的共同责任。

2. 已婚公民的生育权受法律的保障

夫妻有生育的权利，也有不生育的自由。关于侵害生育权的司法解释。

（八）有关夫妻人身关系的外国立法例

夫妻同居义务。夫妻忠实义务。夫妻日常家事代理权。

（九）夫妻财产制的概念和种类

1. 夫妻财产制的概念

2. 夫妻财产制的种类。按财产制的发生根据分类：法定夫妻财产制。约定夫妻财产制。按财产制的内容分类：共同财产制。分别财产制。剩余共同财产制。联合财产制。统一财产制。

（十）我国现行夫妻财产制

1. 法定财产制

《婚姻法》有关婚后所得共同制的规定。

法定夫妻财产制中夫妻双方共有财产及其范围。

法定夫妻财产制中夫妻一方所有财产的范围。

夫妻对共同所有的财产有平等的处理权。有关平等处理权的司法解释。

有关婚姻关系存续期间一方要求分割夫妻共同财产的司法解释。

2. 约定财产制

我国现行的约定夫妻财产制。

约定的内容。约定的形式。

约定的效力。及于夫妻双方的对内效力和及于第三人的对外效力。

3. 关于财产归属问题的若干司法解释：

夫妻一方个人财产在婚后的收益问题。婚姻当事人之间的房产赠与问题。一方或双方父母为子女出资购买房屋等问题（以教材中涉及的内容为限）。

三、考核知识点与考核要求

1. 识记下列概念：夫妻、夫妻一体主义、夫妻别体主义。

2. 领会《婚姻法》关于夫妻在家庭中地位平等的原则规定。

3. 领会我国《婚姻法》有关夫妻扶养义务的规定。

4. 识记《婚姻法》、《继承法》中关于配偶继承权的规定。

5. 应用所学知识分析有关夫妻扶养纠纷的案例。

6. 应用所学知识分析有关配偶继承权纠纷的案例。

7. 领会我国《婚姻法》关于夫妻姓名权的规定。

8. 领会我国《婚姻法》关于子女称姓问题的规定。

9. 领会我国《婚姻法》关于夫妻人身自由权的规定。

10. 领会我国《婚姻法》关于"女方可以成为男方家庭的成员,男方可以成为女方家庭的成员"规定的意义。

11. 领会男到女家落户的婚姻与旧式的"入赘婚"的区别。

12. 领会我国《婚姻法》关于夫妻计划生育义务的规定。

13. 识记法律有关保障妇女生育权的规定。

14. 识记有关夫妻人身关系的外国立法例(以教材中涉及的内容为限)。

15. 应用所学知识分析侵害夫妻人身权的案例,根据案情提出处理意见。

16. 识记下列概念:夫妻财产制、法定夫妻财产制、约定夫妻财产制、共同财产制、分别财产制、剩余共同财产制、联合财产制、统一财产制。

17. 识记并领会我国《婚姻法》关于夫妻财产所有权的规定。

18. 识记我国法定夫妻财产制中共同所有财产的范围。

19. 识记我国法定夫妻财产制中一方所有财产的范围。

20. 领会夫妻对共同所有的财产有平等的处理权的规定。

21. 识记夫妻财产约定的内容和形式。

22. 领会夫妻财产约定的对内和对外效力。

23. 领会关于夫妻财产归属的若干司法解释。

24. 应用所学知识分析有关夫妻财产纠纷的案例。

第五章 离婚制度

一、学习目的与要求

了解婚姻终止的原因、离婚的概念和离婚在法律上的分类,粗知离婚制度的历史沿革。正确认识保障离婚自由、防止轻率离婚的必要性。掌握我国《婚姻法》关于男女双方自愿离婚办理离婚登记的程序性规定;了解有关离婚登记的法律实务。掌握我国《婚姻法》关于男女一方要求离婚的程序性规定;了解有关离婚诉讼的法律实务;认识在法定情形下限制离婚请求权的必要性。掌握我国《婚姻法》关于离婚的法定理由的原则规定和例示性的具体规定,正确认识这些规定的立法精神。熟悉有关的司法解释,了解处理离婚案件的实践经验。了解父母离婚后与子女的关系,掌握我国《婚姻法》有关子女由何方直接抚养、抚育费的负担、对子女的探望权等规定。了解因离婚而引起的财产关系的变化,掌握我国《婚姻法》有关夫妻共同财产的分割、离婚时的经济补偿、债务的清偿和对生活困难一方的帮助以及离婚损害赔偿等规定。

二、课程内容

(一) 婚姻的终止和离婚

1. 婚姻终止的原因

婚姻因配偶死亡而终止。宣告死亡在婚姻家庭法上的效力。

婚姻因离婚而终止。离婚是配偶生存期间解除婚姻关系的法律手段。

离婚与婚姻无效和撤销的区别,离婚与别居的区别。

2. 离婚在法律上的分类

双方自愿离婚和一方要求离婚。依行政程序离婚和诉讼程序离婚。协议离婚和裁判离婚。

(二) 离婚制度的历史沿革

1. 离婚立法主义的发展变化

禁止离婚主义和许可离婚主义。专权离婚主义、限制离婚主义和自由离婚主义。

当代各国离婚立法的发展趋势。

2. 中国离婚制度的演变

古代礼与律中的离婚方式和离婚理由。出妻。和离。义绝。呈诉离婚。

国民党政府民法亲属编中的离婚制度。

新中国的离婚立法。修正后的《婚姻法》对离婚立法的发展。

（三）我国离婚立法的指导思想

1. 保障离婚自由

从社会主义制度下婚姻关系的本质看保障离婚自由的必要性。依法实行离婚自由对改善和巩固婚姻家庭关系的意义。

2. 防止轻率离婚

防止轻率离婚和保障离婚自由的一致性。坚持离婚的法定程序和法定理由对防止轻率离婚的重要作用。

（四）登记离婚的条件

离婚当事人具有民事行为能力。当事人确有离婚的合意。双方对子女和财产问题已有适当处理。

（五）离婚登记的程序

登记机关。申请、审查和登记。准予登记或不准登记的理由。

《婚姻登记条例》中的有关规定。

（六）有关离婚登记效力的几个具体问题

离婚登记后，一方反悔问题。

虚假离婚问题。

（七）诉讼离婚的概念

（八）诉讼外的调解

调解的概念和原则。调解的不同结果：双方同意和好、双方同意离婚、调解无效。

（九）诉讼离婚程序

人民法院对离婚纠纷的调解。调解的不同结果：原告撤诉、调解离婚、调解无效。调解无效时依法判决准予离婚或不准离婚。

（十）离婚诉权限制

1. 关于现役军人配偶要求离婚的规定

关于军人一方有重大过错的司法解释。

2. 关于在特定期间限制男方离婚请求权的规定

（十一）关于离婚法定理由的原则规定

1. 夫妻感情确已破裂，调解无效，是判决准予离婚的法定理由

感情确已破裂和调解无效的关系。

2. 确定离婚法定理由的科学依据

3. 适用离婚法定理由时应注意的问题

对婚姻基础、婚后感情、离婚原因、婚姻关系的现状和有无和好的可能作全面的分析。

（十二）关于离婚法定理由的例示性规定

1. 有下列情形之一，调解无效的，准予离婚：

（1）重婚或有配偶者与他人同居的；

（2）实施家庭暴力或虐待、遗弃家庭成员的；

(3) 有赌博、吸毒等恶习屡教不改的；
(4) 因感情不和分居满 2 年的；
(5) 其他导致夫妻感情破裂的情形。
2. 一方被宣告失踪，另一方提出离婚诉讼的，应准予离婚。
关于符合准予离婚情形不应因当事人有过错而判决不准离婚的司法解释。

(十三) 离婚与子女抚育
1. 离婚后的父母子女关系
2. 子女随哪一方共同生活
有关哺乳期内子女抚养问题的司法解释。
有关哺乳期后子女抚养问题的司法解释。
抚养关系的变更：依父母双方的协议而变更。依父母一方的要求诉讼程序而变更。
3. 抚育费用的负担
抚育费用的数额和负担的期限。依协议确定和依判决确定。
抚育费用的变更：增加、减少或免除。
有关抚育费用负担问题的司法解释。
4. 父或母对子女的探望权
离婚后不直接抚养子女的父或母有探望子女的权利。直接抚养子女一方的协助义务。
关于行使探望权的方式、时间的协议和判决。
探望权的中止和恢复。

(十四) 离婚与财产分割等问题
1. 夫妻共同财产的分割
分割共同财产的原则和方法。分割共同财产的协议和判决。依法保护夫或妻在家庭土地承包经营中享有的权益。
有关财产性质认定和分割夫妻共同财产的若干司法解释（以教材中涉及的内容为限）。
妨害夫妻共同财产分割应当承担的责任。
2. 离婚时的经济补偿
经济补偿的适用条件。
补偿请求权的发生根据。
3. 离婚时的债务清偿
原为夫妻共同生活所负的债务由双方共同偿还。
共同财产不足清偿或财产归各自所有的，依双方的协议或人民法院的判决确定清偿责任。
夫妻一方单独所负的债务由本人偿还。
有关离婚时债务清偿问题的司法解释。

4. 离婚时的经济帮助

离婚时,对生活困难的一方,另一方应从其住房等个人财产中给予适当帮助。

帮助的具体办法。

5. 离婚损害赔偿

赔偿请求权的发生根据:因一方的法定过错(重婚、与他人同居、实施家庭暴力、虐待、遗弃)导致离婚。

赔偿请求权人和赔偿义务人。赔偿的性质和范围。

有关离婚损害赔偿的司法解释。

三、考核知识点与考核要求

1. 识记下列概念:婚姻终止、离婚、协议离婚、裁判离婚、禁止离婚主义、许可离婚主义、专权离婚主义、限制离婚主义、自由离婚主义、出妻、和离、义绝。

2. 领会离婚与婚姻无效和撤销的区别,离婚与别居的区别。

3. 识记离婚在法律上的分类。

4. 识记中国古代的离婚方式和离婚理由。

5. 领会修正后的《婚姻法》对我国离婚立法的发展。

6. 应用所学知识论述保障离婚自由和防止轻率离婚的必要性,以及两者的一致性。

7. 识记《婚姻法》有关登记离婚的法律程序的规定。

8. 领会无民事行为能力的当事人不适用离婚登记的规定。

9. 识记办理离婚登记的机关、程序和《婚姻登记条例》中的有关规定。

10. 应用所学知识分析虚假离婚是否具有法律效力。

11. 应用所学知识分析离婚登记后,一方反悔纠纷的处理。

12. 识记离婚纠纷经人民法院调解后的不同结果。

13. 领会离婚纠纷的诉讼外调解和诉讼内调解的区别。

14. 识记《婚姻法》有关男女一方要求离婚的法律程序的规定。

15. 领会有关现役军人配偶要求离婚的规定,以及何谓"军人一方有重大过错"的司法解释。

16. 应用所学知识论述在特定期间限制男方离婚请求权的必要性。

17. 应用所学知识从程序法的角度分析有关离婚纠纷的案例。

18. 领会我国《婚姻法》关于离婚法定理由的原则性规定。

19. 领会我国《婚姻法》关于离婚法定理由的各种例示性规定。

20. 应用所学知识分析个案:依据案例中提供的事实,判断是否应准予离婚或不准离婚,并简述其理由。

21. 识记有关离婚后子女由哪一方直接抚养的法律规定和司法解释。

22. 识记有关离婚后子女抚育费用负担问题的法律规定和司法解释。

23. 识记我国《婚姻法》有关不直接抚养子女的父或母对子女的探望权的规定,领会探望权中止和恢复的原因。

24. 应用所学知识分析有关子女抚养纠纷和探望纠纷的案例。

25. 领会我国《婚姻法》关于离婚时夫妻共同财产应如何处理的规定。

26. 识记司法解释中列举的离婚时可供分割的夫妻共同财产的种类。

27. 领会夫妻共同财产分割的原则和方法。

28. 识记军人的复员费、转业费和复员军人的医药补助费、回乡生产补助费在离婚时应如何处理的司法解释。

29. 领会离婚时应依法保护当事人在家庭土地承包经营中的权益的规定。

30. 领会司法解释关于财产性质的认定和夫妻共同财产分割的若干规定。

31. 识记离婚时经济补偿的适用条件以及补偿请求权的发生根据。

32. 识记有关离婚时债务清偿问题的法律规定和司法解释。

33. 识记有关离婚时如何处理公房使用、承租问题的司法解释。

34. 领会离婚时损害赔偿请求权的发生根据。

35. 应用所学知识分析因离婚而引起的财产分割纠纷、经济补偿纠纷、债务清偿纠纷、经济帮助纠纷、离婚损害赔偿纠纷等案例。

第六章 亲子关系

一、学习目的和要求

了解亲子关系的性质和内容;亲子关系的历史沿革和亲子关系在法律上的分类;掌握有关亲权的一般知识。了解婚生子女的概念,子女婚生性的确定和有关的外国立法例。掌握我国《婚姻法》有关父母子女权利义务的规定,理解这些规定的立法精神,注意这些规定在适用中的情况和问题。掌握《婚姻法》有关父母与非婚生子女、继父母与继子女的规定,了解这些规定的立法精神,适用时应注意的问题。略知人工生育子女的法律地位,以及与此有关的立法例(关于养父母与养子女,见第七章,本节从略)。

二、课程内容

(一) 亲子关系的概念和种类

1. 亲子关系的概念
2. 亲子关系的分类

自然血亲的父母子女关系。父母与婚生子女。父母与非婚生子女。

拟制血亲的父母子女关系。养父母与养子女。有扶养关系的继父母与继子女。

(二) 亲子关系法的历史沿革

1. 从"亲本位"到"子女最大利益"原则
2. 我国亲子法的发展

(三) 亲权

1. 亲权的概念与特征
3. 亲权的主体
4. 亲权的内容

人身照护:保护和教育权。姓氏决定权。住所指定权。交还子女请求权。身份行为的代理权和同意权。

财产照护:财产管理权。财产使用收益权。财产处分权。财产法上的代理权和同意权。

4. 亲权的行使与限制
5. 亲权的停止和消灭

人身关系方面的亲权和财产关系方面的亲权。有关亲权内容的外国立法例。我国《婚姻法》中的类似规定。

（三）婚生子女的概念和子女婚生性的推定

1. 婚生子女的概念

2. 子女婚生性的推定

关于子女受胎期间和婚生推定、婚生否认的不同立法例。

请求确认亲子关系或亲子关系不存在的举证责任。当事人一方拒绝做亲子鉴定的法律后果。

（五）父母对子女的抚养教育和保护

1. 父母对子女有抚养教育的义务

父母对子女的抚养。不履行抚养义务的法律后果。

关于不能独立生活的子女和抚养费的司法解释。

抚养纠纷及其处理。拒绝抚养、构成遗弃罪时的刑事责任。

父母对子女的教育。

2. 父母对未成年子女有保护和教育的权利和义务

未成年子女致人损害时父母的民事责任。

（六）子女对父母的赡养和扶助

1. 赡养扶助的概念

2. 不履行赡养义务的法律后果

赡养纠纷及其处理。拒绝赡养、构成遗弃罪时的刑事责任。

3. 子女应当尊重父母的婚姻权利，不得干涉父母的再婚自由。

（七）父母子女间的遗产继承权

1.《婚姻法》有关亲子继承权的规定

2.《继承法》中的相关规定

子女、父母在法定继承中的顺序。代位继承、胎儿应继份的保留。

（八）父母与非婚生子女

1. 非婚生子女的概念和法律地位

歧视非婚生子女的古代立法例。晚近以来非婚生子女法律地位的改善。

2. 非婚生子女的认领和准正

自愿认领和强制认领。准正的概念。认领准正和结婚准正。

有关认领和准正的外国立法例。

3. 我国《婚姻法》对非婚生子女权益的保护

（九）继父母与继子女

1. 继父母、继子女的概念。

2. 对继父母继子女形成抚养教育关系的认定

3. 继父母与继子女的法律地位

4. 继父母与继子女关系的解除

（十）父母与人工生育子女

1. 人工生育子女的概念和种类

同质人工授精和异质人工授精。代孕母亲。

2. 人工生育子女的法律地位

有关人工生育子女法律地位的外国立法例。

我国最高人民法院有关夫妻双方同意进行人工授精，所生子女应视为婚生子女的司法解释。

三、考核知识点与考核要求

1. 识记亲子关系的概念。
2. 识记亲子关系在法律上的分类，领会不同种类的亲子关系的区别。
3. 领会亲子法从"亲本位"到"子女最大利益"原则的变化。
4. 识记有关亲权内容的外国立法例（以教材中涉及的内容为限）。
5. 应用所学知识，结合实际论述"保护子女利益"原则。
6. 识记下列概念：婚生子女、婚生推定、受胎期间、抚养、赡养、保护（按《婚姻法》第23条中的特定含义解释）。
7. 领会父母对子女的抚养教育义务。
8. 领会子女对父母的赡养扶助义务。
9. 识记父母不履行抚养义务、子女不履行赡养义务的法律后果。
10. 识记《婚姻法》有关父母对未成年子女的保护和教育的规定，领会在保护和教育问题上父母的权利和义务的一致性。
11. 领会《婚姻法》有关子女应当尊重父母的婚姻权利，不得干涉父母再婚自由的规定。
12. 识记《婚姻法》、《继承法》有关亲子继承权的规定。
13. 应用所学知识分析有关否认或确认亲子关系的纠纷，抚养纠纷、赡养纠纷的案例。
14. 应用所学知识分析因未成年人致人以损害而发生的损害赔偿纠纷的案例。
15. 识记下列概念：非婚生子女、认领、自愿认领、强制认领、准正、继父母继子女、有扶养关系的继父母继子女、人工生育子女。
16. 识记歧视非婚生子女的古代和当代国家的立法例（以教材中涉及的内容为限）。
17. 领会我国《婚姻法》有关保护非婚生子女权益的规定。
18. 识记有关非婚生子女认领和准正的立法例（以教材中涉及容为限）。
19. 识记我国《婚姻法》关于继父母继子女关系的规定。
20. 领会有扶养关系的继父母继子女和养父母养子女的区别。
21. 识记人工生育子女的概念和种类，领会当代科学技术对传统亲子关系的挑战。

第七章 收养制度

一、学习目的与要求

掌握收养的概念和法律特征;粗知收养制度的历史沿革;认识收养制度的立法宗旨;了解我国收养法的法律渊源和立法原则。了解收养关系成立的法定要件,包括实质要件和形式要件;掌握《收养法》对此所作的一般规定,以及针对特殊情形所作的变通规定。全面了解收养的效力即收养关系成立的法律后果,包括收养的拟制效力和解销效力,掌握《收养法》中的相关规定。了解收养无效的原因,确认收养无效的程序,无效收养的法律后果。掌握我国《收养法》有关解除收养关系的规定;了解收养关系解除的法律后果,以及与此相关的经济问题应如何处理。

二、课程内容

(一)收养的概念和法律特征

1. 收养的概念
2. 收养的法律特征

收养与国家收容、养育孤儿、弃婴和儿童的区别。与寄养的区别。

(二)收养制度的历史沿革

1. 古代法中的收养制度

中国古代的立嗣和其他收养形式。

2. 近现代法中的收养制度

(三)我国的收养立法及其基本原则

1. 我国的收养立法
2. 《收养法》的基本原则

有利于被收养的未成年人的抚养、成长。保障被收养人和收养人的合法权益。平等自愿。不得违背社会公德。不得违背计划生育的法律和法规。

(四)收养关系成立条件

1. 被收养人的条件
2. 送养人的条件

生父母须共同送养。单方送养的法定缘由。对监护人送养被监护人的限制性规定。一方死亡、另一方送养子女时,死亡一方父母的优先抚养权。

3. 收养人的条件

夫妻共同收养和单方收养。无配偶的男性收养女性须符合法定年龄差距的规定。收养数额的限制。

4. 当事人的收养合意

5. 在法定情形下放宽收养条件的规定

关于收养三代以内同辈旁系血亲的子女的规定。关于收养孤儿、残疾儿童、弃婴和儿童的规定。关于继父或继母收养继子女的规定。

（五）收养关系成立的程序

1. 收养登记

收养登记的机关。当事人须持的证件、证明。

收养登记的具体程序：申请、审查和登记。

2. 收养协议和收养公证

不得以协议、公证代替收养登记。

（六）与收养关系成立相关的其他规定

1. 子女由亲朋代为抚养不适用收养关系

2. 不得以送养子女为由超计划生育

3. 严禁买卖儿童或借收养名义买卖儿童

4. 收养秘密的知情人的保密责任

（七）收养的拟制效力

1. 对养父母与养子女的拟制效力

收养关系成立后，养父母与养子女间的权利义务，适用法律关于父母子女关系的规定。

2. 对养子女与养父母的近亲属的拟制效力

收养关系成立后，养子女与养父母的近亲属间的权利义务，适用法律关于子女与父母的近亲属关系的规定。

3. 养子女的称姓问题

（八）收养的解销效力

1. 对养子女与生父母的解销效力

养子女与生父母间的权利义务，因收养关系的成立而消除。

2. 对养子女与生父母方其他近亲属的解销效力

养子女与生父母方其他近亲属的权利义务，因收养关系的成立而消除。

3. 收养的解销效力不及于自然血亲关系

养子女与生父母方的亲属，仍适用法律有关禁婚亲的规定。

（九）无效收养行为

1. 无效收养的概念和原因

无效收养是欠缺收养成立的法定要件，不具有收养效力的无效民事行为。

收养行为因违反民事法律行为要件的一般规定而无效。因违反收养关系成立要件的具体规定而无效。

2. 确认收养无效的程序和无效收养的法律后果

人民法院依诉讼程序确认收养无效。

收养登记机关依行政程序确认收养无效。

无效收养行为自始无效。不发生变更亲属身份和权利义务的效力。

因违法行为导致收养无效的法律责任。

(十) 收养关系依当事人的协议而解除

1. 协议解除收养关系的条件

在养子女未成年时解除须经收养人、送养人双方同意。

养子女年满十周岁以上的应征得本人同意。

在养子女成年后解除须经养父母、养子女双方同意。

2. 协议解除收养关系的程序。

(十一) 收养关系依当事人一方的要求而解除

1. 一方要求解除收养的法定理由

收养人不履行抚养义务,虐待、遗弃未成年养子女。

养父母与养子女关系恶化,无法共同生活。

2. 一方要求解除收养的程序

具有上述理由,当事人无法达成解除收养关系协议的,要求解除的一方可以向人民法院起诉。

人民法院对解除收养纠纷的调解和判决。

(十二) 解除收养关系的法律后果

1. 对养子女与养父母及养父母方其他近亲属的后果

2. 对养子女与生父母及生父母方其他近亲属的后果

3. 与解除收养有关的经济问题及其处理

成年养子女的生活费给付义务。承担给付义务的条件。

养父母的补偿请求权。请求权的发生根据。

三、考核知识点与考核要求

1. 识记下列概念:收养、寄养、立嗣。
2. 领会收养的法律特征。
3. 领会我国收养立法的基本原则。
4. 识记下列概念:被收养人、送养人、收养人、孤儿、弃婴和儿童。共同送养、单方送养、收养登记、收养协议、收养公证。
5. 识记哪些未满14周岁的未成年人可以作为被收养人。
6. 识记哪些公民和组织可以作为送养人。
7. 领会对监护人送养被监护人的限制性规定。
8. 领会父或母一方死亡另一方送养子女时,祖父母或外祖父母的优先抚养权。

9. 识记收养人必须同时具备的各种条件。
10. 识记我国收养法对收养合意的要求。
11. 识记放宽收养条件的各种法定情形和具体规定。
12. 识记收养登记程序。
13. 应用所学知识分析个案:依据案例中提供的事实,确认收养关系是否合法成立。
14. 识记下列概念:收养的拟制效力、收养的解销效力、无效收养行为。
15. 领会我国《收养法》有关收养的拟制效力的规定。
16. 领会我国《收养法》有关收养的解销效力的规定。
17. 领会收养的解销效力不及于自然血亲关系的理由。
18. 依据《民法通则》和《收养法》的有关规定,识记收养无效的原因。
19. 识记确认收养无效的程序,以及无效收养的法律后果。
20. 应用所学知识分析有关收养效力纠纷的案例。
21. 识记解除收养的概念。
22. 领会收养人在被收养人成年前不得单方解除收养关系的立法精神。
23. 领会协议解除收养关系的条件。
24. 领会当事人一方要求解除收养关系的理由。
25. 识记协议解除收养关系和一方要求解除收养关系的程序。
26. 识记因解除收养关系而引起的亲属间权利义务的变更。
27. 识记收养关系解除后,有关成年养子女的生活费给付义务和养父母的补偿请求权的规定。
28. 应用所学知识分析有关收养解除和由此而引起的经济纠纷的案例。

第八章 扶养制度

一、学习目的与要求

了解扶养的概念和特征,掌握扶养的分类和分类标准。掌握我国《婚姻法》对夫妻间的扶养、父母子女间的扶养、祖孙和兄弟姐妹间的扶养的规定,理解这些规定的立法精神,了解这些规定在适用中的情况和问题。熟悉与此有关的司法解释。

二、课程内容

(一)扶养的概念和特征

扶养权利人和扶养义务人。

《婚姻法》和其他法律在扶养问题上用语的区别。

扶养的特征。

扶养的分类和分类标准。

(二)夫妻间的扶养

《婚姻法》有关夫妻扶养义务的规定。

不履行扶养义务的法律后果。扶养纠纷及其处理。拒绝扶养构成遗弃罪时的刑事责任。

(三)父母子女间的扶养(参见第六章第二节)

(四)祖孙间的扶养

1. 祖父母、外祖父母对孙子女、外孙子女的抚养义务。

《婚姻法》的有关规定。祖辈对孙辈承担抚养义务的条件。

2. 孙子女、外孙子女对祖父母、外祖父母的赡养义务

《婚姻法》的有关规定。孙辈对祖辈承担赡养义务的条件。

(五)兄弟姐妹间的扶养

1. 兄、姐对弟、妹的扶养义务

《婚姻法》的有关规定。兄、姐对弟、妹承担扶养义务的条件。

2. 弟、妹对兄、姐的扶养义务

《婚姻法》的有关规定。弟、妹对兄、姐承担扶养义务的条件。

三、考核知识点与考核要求

1. 识记扶养的概念。
2. 领会扶养的法律特征。

3. 领会扶养的分类和分类标准。
4. 领会我国《婚姻法》有关夫妻扶养义务的规定。
5. 应用所学知识分析有关夫妻扶养纠纷的案例。
6. 识记我国《婚姻法》关于祖孙间的抚养、赡养义务的规定。
7. 识记我国《婚姻法》关于兄弟姐妹间的扶养义务的规定。
8. 应用所学知识分析祖孙间、兄弟姊妹间有关抚养、赡养、扶养纠纷的案例。

第九章 附 论

一、学习目的与要求

了解我国各民族自治地方有关婚姻家庭法的变通规定。掌握涉外婚姻家庭关系法律适用的规定，以及有关涉外、涉侨、涉港澳台的婚姻家庭法律实务的各种具体规定。

二、课程内容

（一）民族自治地方有关婚姻家庭法的变通规定

1. 制定变通规定的原则和程序
2. 变通规定的主要内容和适用范围

关于法定婚龄。关于民族通婚。关于子女的民族从属。关于计划生育。关于婚姻家庭习俗的改革等。

变通规定的适用范围。

（二）涉外婚姻家庭关系的法律适用

1. 涉外婚姻家庭关系的法律适用

涉外婚姻家庭关系法律适用的一般原则

《民法通则》、《涉外民事关系法律适用法》等的规定。

涉外婚姻家庭关系的准据法

涉外结婚条件的准据法。涉外结婚手续的准据法。涉外夫妻人身关系的准据法。涉外夫妻财产关系的准据法。涉外父母子女关系的准据法。涉外协议离婚的准据法。涉外诉讼离婚的准据法。涉外收养的准据法。涉外扶养的准据法。涉外监护的准据法。

2. 中国法中关于涉外婚姻和涉外收养的具体规定

涉外结婚。

涉外离婚。

涉外收养。

（三）涉港澳台、涉侨婚姻家庭关系的法律适用

1. 关于区际婚姻家庭关系法律适用问题的探讨
2. 涉港澳台、涉侨的婚姻和收养

涉港澳台、涉侨的结婚登记。

涉港澳台、涉侨的离婚。

涉港澳台、涉侨的收养登记。

三、考核知识点与考核要求

1. 识记民族自治地方有关婚姻家庭法的变通规定的主要内容。
2. 领会有关涉外结婚、离婚、夫妻关系、父母子女关系、收养、扶养、监护等法律适用的规定。
3. 识记关于在我国境内办理的涉外结婚、离婚和收养的具体规定。
4. 应用所学知识分析有关涉外婚姻纠纷、涉外收养纠纷的案例。
5. 识记办理涉港澳台、涉侨结婚、离婚和收养的具体规定。
6. 应用所学知识分析有关涉港澳台、涉侨的离婚纠纷和其他家庭纠纷的案例。

Ⅳ 关于大纲的说明与考核实施要求

一、自学考试大纲的目的和作用

课程自学考试大纲是根据专业自学考试计划的要求,结合自学考试的特点而确定的。其目的是对个人自学、社会助学和课程考试命题进行指导和规定。

课程自学考试大纲明确了课程学习的内容以及深广度,规定了课程自学考试的范围和标准。因此,它是编写自学考试教材和辅导书的依据,是社会助学组织进行自学辅导的依据,是自学者学习教材、掌握课程内容知识范围和程度的依据,也是进行自学考试命题的依据。该课程为3学分。

二、课程自学考试大纲与教材的关系

课程自学考试大纲是进行学习和考核的依据,教材是学习掌握课程知识的基本内容与范围,教材的内容是大纲所规定的课程知识和内容的扩展与发挥。

三、关于学习材料的说明

指定教材:《婚姻家庭法》,全国高等教育自学考试指导委员会组编,马忆南主编,北京大学出版社出版,2012年版。

考试之日6个月前公布的有关婚姻家庭的法律、法规和司法解释。

四、对学习方法的要求

1. 以考试大纲为依据,全面深入地学好指定教材。

法律专业《婚姻家庭法自学考试大纲》从广度和深度上指明了考试合格者必须掌握的知识。按照这一大纲编写的指定教材在内容上突出了自学的特点,比较充分地考虑了自学的条件和自学者的接受能力。对这部教材应当通读、精读,力求做到全面、深入。

2. 结合课程内容,认真查阅婚姻家庭法方面的规范性文件。

在本课程的全部内容中,阐述我国现行的婚姻家庭法律制度的章节占有很大的比重。这方面的知识体系和法律规范的体系在很大程度上具有同一性。认真查阅婚姻家庭法方面的规范性文件,包括法律、法规和司法解释,分析这方面的案例,便直接占有了第一手的材料,这对学好婚姻家庭法课程具有很重要的意义。对有关规定绝不能只满足于字面上的了解,还应掌握其立法精神、适用条件以及贯彻执行中的情况和问题。

3. 力求融会贯通,将知识转化为能力。

《婚姻家庭法自学考试大纲》和指定教材篇幅不算大,但是,其知识容量还是相当可观的,其中包括多方面的内容。通过学习接受了大量的知识信息后,不应当使之处于孤立的、无序的状态,更不应当一味地死记硬背。一定要通过自己的思考,在充分理解的基础上,使获得的知识系统化、层次化和网络化,使之形成学以致用的目的。

4. 分清主次,正确处理各种学习材料、学习方式的关系。

婚姻家庭法方面的自学材料很多,自学应考者应当以学习本大纲和指定教材为主,因为考试命题是以它们为依据的。其他学习材料当然也可以参看,但一定要有所选择,更不能本末倒置。学习方式固然很多,但是任何方式也代替不了自己对指定教材的潜心钻研。需要时可以听一些辅导报告,做一些题型练习,但是,切不可孤立地背题答题,忽略对教材的学习。只有分清主次,才能在有限的时间和精力的条件下,完成应考的准备。

五、对社会助学的要求

1. 应当通过各种有效的方式(如面授、函授、音像教学、批改作业等)对自学应考者进行辅导。这种辅导具有强烈的针对性,应当体现考试大纲的要求,帮助自学应考者学好教材。

2. 在教学内容上应当正确处理重点和一般的关系。助学单位对课程的辅导必须是全面的。但是,强调全面并不是不讲重点,课程内容中的重点是客观存在的。

正确的做法是在全面辅导的基础上突出重点,而不是只抓重点,忽略一般。至于课程内容中的难点和疑点,在一定程度上同自学应考者的主观条件有关。何者难,何者不难,何处有疑,何处无疑,有时是因人而异的。为此,助学单位应当从教学对象的具体情况出发,采取相应的辅导措施为其解难答疑。

3. 鉴于教材出版和考试日期的时间差距,助学单位应当将教材中未及列入的、考试之日 6 个月前公布的婚姻家庭法方面的规范性文件(法律、法规、司法解释等)纳入教学内容,以适应自学者参加考试的需要。

4. 助学单位应当就自学应考中应当注意的事项提供必要的指导,包括学习的方法、试卷中各种题型的特点、如何避免答题中常见的失误等。

六、对命题考试的要求

1. 本课程的命题考试,应当依据大纲规定的考试内容、考核目标确定考试范围和考核要求,不得任意扩大或缩小考试范围,提高或降低考核要求。

2. 在考试之日起 6 个月前,由全国人民代表大会和国务院颁布或修订的法律、法规都将列入相应课程的考试范围。凡大纲、教材内容与现行法律、法规不符的,应以现行法律法规为准。

3. 按照重要性程度不同,考核内容分为重点内容、次重点内容、一般内容,在本课程试卷中对不同考核内容要求的分数比例大致为:重点内容占 60% ,次重点内容占 30% ,一般内容占10%。

3. 本课程试卷中,考核不同知识能力层次的试题的分数比例大致如下:识记,占30%;领会,占35%;应用,占35%。

4. 本课程试卷中,不同难易度的试题的分数比例大致如下:易,占20%;较易,占30%;较难,占30%;难,占20%。

5. 本课程试卷中的题型有:单项选择题、多项选择题、名词解释题、简答题、论述题和案例分析题。

6. 本课程考试采用闭卷笔试形式,成绩按百分制计算,满分为100分,60分为及格线。考试时间为150分钟。

附录一

题 型 举 例

一、单项选择题

在每小题列出的四个备选项中只有一个是符合题目要求的,请将其选出并将"答题卡"的相应代码涂黑。错涂、多涂或未涂均无分。

1. 我国现行《婚姻法》对禁止结婚的疾病是这样表述的(　　)。
   A. 患有医学上认为不应当结婚的疾病的,禁止结婚
   B. 患麻风病未经治愈或患其他在医学上认为不应当结婚的疾病的,禁止结婚
   C. 患花柳病或精神失常未经治愈的,禁止结婚
   D. 患精神病或性病未经治愈的,禁止结婚

2. 甲于1990年与乙结婚,1991年以个人名义向其弟借款10万元购买商品房一套,夫妻共同居住。2003年,甲乙离婚。甲向其弟所借的钱,离婚时应如何处理?
   A. 由甲偿还
   B. 由乙偿还
   C. 以夫妻共同财产偿还
   D. 主要由甲偿还

二、多项选择题

在每小题列出的四个备选项中至少有两个是符合题目要求的,请将其选出并将"答题卡"的相应代码涂黑。错涂、多涂、少涂或未涂均无分。

1. 以重婚为无效原因请求宣告婚姻无效的,请求权人为(　　)。
   A. 当事人
   B. 当事人的合法配偶和其他近亲属
   C. 基层组织
   D. 当事人所在单位

2. 根据现行法律的精神,下列财产中属于夫妻个人特有财产的有(　　)。
   A. 一方专用的衣物
   B. 一方参与文艺体育竞赛取得的奖牌
   C. 遗嘱中指明归一方的财产
   D. 一方在作品出版后取得的报酬

三、名词解释题

1. 母系亲

2. 家庭暴力

四、简答题
1. 我国婚姻法对补办结婚登记是如何规定的？
2. 简述我国婚姻法关于离婚法定理由的例示性规定。

五、论述题
1. 试论婚姻家庭领域中财产关系的性质和特点。
2. 试论收养的法律特征和法律效力。

六、案例分析题
1. 1995年，王怀安夫妇与邻村的陈礼达夫妇达成书面收养协议，将儿子王小明（4岁）送给陈礼达夫妇收养。王小明被收养后，改名陈小明，受到养父母一家的宠爱，并与生父母时有来往。2003年，陈小明因为逃学，受到养父母责备，他不服气，与养父母争吵起来。陈礼达一气之下打了他一个耳光，陈小明赌气回到生父母家中。陈礼达几次到王家找陈小明，要他回家，陈小明坚决不回家，并提出要断绝与养父母的关系。两个月后，王怀安夫妇提出解除收养关系，遭到陈礼达夫妇反对。经邻居中间调解，陈礼达夫妇同意解除收养关系，但要求王怀安夫妇补偿他们8年间支付的抚养费用15000元。王怀安夫妇却认为解除收养是因为陈家有虐待陈小明的行为，因而不能付给他们抚养费。双方争执不下，诉至法院。

根据上述案情，回答下列问题并简述理由：
（1）该收养关系能否解除？
（2）王怀安夫妇是否应补偿陈礼达夫妇抚养费用？

2. 刘强与张玉华于1997年结婚，婚后生育一子，现年6岁。刘强夫妻性格爱好差距较大，加之张玉华对夫妻性生活冷淡，双方经常闹矛盾。刘强在外面包了"二奶"，并向张玉华施加压力，逼其同意离婚。张玉华坚决不同意离婚，2004年1月刘强向人民法院起诉要求与张玉华离婚，一审法院判决准予离婚，张玉华不服，上诉至二审法院，法院审理期间，张玉华提出要求刘强给予自己离婚损害赔偿。

法院最终判决双方离婚，并将儿子判归张玉华直接抚养，刘强可以定期探望儿子。张玉华为报复刘强，拒绝刘强探望儿子，并几次将儿子转移到妹妹和朋友家里躲避刘强探望。刘强非常气愤。

离婚后，张玉华又发现，刘强在离婚前将一部分夫妻共同存款转移到了"二奶"名下，张玉华打算向法院起诉，请求再次分割夫妻共财产。

根据上述案情，回答下列问题并简述理由：
（1）如果二审法院维持原判，对张玉华要求刘强给予离婚损害赔偿的请求，法院应当如何处理？
（2）张玉华拒不履行刘强探望儿子的判决，刘强是否可以请求法院强制执行，应当怎样强制执行？
（3）张玉华是否可以向法院起诉，请求再次分割夫妻共同财产？

附录二

必读法律、法规、司法解释

《中华人民共和国婚姻法》(1980年9月10日,2001年4月28日修正)
《中华人民共和国收养法》(1991年12月29日,1998年11月4日修正)
《中华人民共和国妇女权益保障法》(1992年4月3日,2005年8月28日修正)
《中华人民共和国人口与计划生育法》(2001年12月29日)
《中华人民共和国民法通则》(1986年4月12日)
《中华人民共和国民事诉讼法》(1991年4月9日,2007年10月28日修正)
《中华人民共和国继承法》(1985年4月10日)
《中华人民共和国母婴保健法》(1994年10月27日)
《中华人民共和国物权法》(2007年3月16日)
《中华人民共和国侵权责任法》(2009年12月26日)
《中华人民共和国合同法》(1999年3月15日)
《中华人民共和国涉外民事关系法律适用法》(2010年10月28日)
《婚姻登记条例》(2003年8月8日)

《关于人民法院审理离婚案件如何认定夫妻感情确已破裂的若干具体意见》(1989年11月21日)

《关于人民法院审理未办理结婚登记而以夫妻名义同居生活案件的若干意见》(1989年11月21日)

《关于人民法院审理离婚案件处理子女抚养问题的若干具体意见》(1993年11月3日)

《关于人民法院审理离婚案件处理财产分割问题的若干具体意见》(1993年11月3日)

《关于审理离婚案件中公房使用、承租若干问题的解答》(1996年2月5日)
《关于适用〈中华人民共和国婚姻法〉若干问题的解释(一)》(2001年12月25日)
《关于适用〈中华人民共和国婚姻法〉若干问题的解释(二)》(2003年12月25日)
《关于适用〈中华人民共和国婚姻法〉若干问题的解释(三)》(2011年8月9日)
《关于贯彻执行〈中华人民共和国继承法〉若干问题的意见》(1985年9月11日)
《关于贯彻执行〈中华人民共和国民法通则〉若干问题的意见(试行)》(1988年1月26日)

后 记

经全国高等教育自学考试指导委员会同意,由法学类专业委员会负责高等教育自学考试法律专业教材的组编工作。

《婚姻家庭法自学考试大纲》由北京大学马忆南教授编写。

本大纲由中国政法大学金眉教授、中国人民大学孙若军教授、中华女子学院林建军教授审定。他们提出了宝贵的意见,在此向他们表示诚挚的谢意。

全国高等教育自学考试指导委员会
法学类专业委员会
2012 年 2 月

全国高等教育自学考试指定教材
法律专业(本科)

婚姻家庭法

全国高等教育自学考试指导委员会　组编

第一章　婚姻家庭法概述

第一节　婚姻家庭概述

一、婚姻家庭的概念

关于婚姻和家庭，每个身处社会关系中的人都有自己的认识和表达，在法学领域，这两个概念有其特定的内涵。所谓婚姻，是指为当时社会制度所确认的、男女两性共同生活互为配偶的结合，而家庭则是指主要以婚姻关系、血缘关系为纽带而形成的、包含一定范围的亲属在内的社会生活单位。一般认为，婚姻关系是家庭关系的基础和源泉，婚姻双方是家庭里的基本成员和重要成员，广义上的家庭关系概念本身就可涵盖婚姻关系。

二、婚姻家庭的属性

探讨婚姻家庭的属性，主要着眼于考察和把握那些决定或影响婚姻家庭关系的因素或规律。当前，我国婚姻法学界已就此问题达成普遍一致的认识，即婚姻家庭关系兼具自然属性和社会属性。

（一）婚姻家庭的自然属性

作为人类社会的基本生活单位，婚姻家庭之所以历经数千年而一直保持稳定的存在，是因为它是满足人类自然需求所必需的社会组织形式，这正体现了婚姻家庭的自然属性。

一方面，婚姻家庭的形成有着深层的自然动因，主要表现在生理学和生物学方面的一些自然因素，如男女两性的生理差别和人类的性本能，是促成两性结合的生理学基础，而通过生育实现种族繁衍则是促成两性结合的生物学基础。

另一方面，自然规律对于人类婚姻家庭的形成和发展有着重大影响。比如，人类从杂乱性交关系的状态渐渐演变至群婚制、对偶婚制，这其间自然选择规律起着至关重要的作用。人们在长期的生育和生活实践中发现，排除近亲结婚能够造就体质和智力更加健全更具优势的人种，能够提高群体生存能力和生活水平，因此他们有意识地确立了越来越多、越来越严格的婚姻禁忌。这正反映出，人们认识到自然选择规律并顺应这一规律修正着自己的行为方式，从而发展出更加符合客观规律和生存需要的婚姻家庭形态。

即使在当今文明时代，婚姻家庭制度包括婚姻家庭法仍须尊重婚姻家庭的自然属性，尊重相应的自然规律，否则便会受到自然规律的惩罚甚至危及社会秩序。在制定相应政策和制度时，我们需要考虑多方面的自然因素。比如，应根据社会成员的生理、心理发展状况确定适当的法定婚龄，充分但须审慎地考量是否因为当事人存在一定范围的血亲关系或具有某种特定的疾病而限制或禁止其缔结婚姻。凡此种种，都体现出婚姻家庭具有不可抹煞的自然属性。

（二）婚姻家庭的社会属性

人类满足其自然需求的形式存在多种可能性，但最终婚姻家庭获得社会制度的认可，成为两性结合并繁衍后代的主导形式，这体现出婚姻家庭具有深刻的社会属性。而且，归根结底，婚姻家庭关系是社会关系，社会属性是婚姻家庭的本质属性。这与人的社会性本质是一致的。关于人的本质，马克思曾作过简洁而经典的概括："人的本质并不是单个人所固有的抽象物，实际上，它是一切社会关系的总和。"[①]

关于婚姻家庭具有社会属性，一个有力的论据就是：数千年以来，人类在生理学和生物学方面的自然特征并无明显变化，而其婚姻家庭形态和婚姻家庭制度则因时空的不同、社会背景的不同而呈现出不同的样态和特点。所以说，婚姻家庭是社会的产物，它不可能脱离具体的社会背景而孤立存在。

正因为如此，学界通常在界定婚姻时，总是会强调婚姻必须是为当时社会制度所认可的两性结合。社会学家称："动物求偶，而人结婚。其意义不同是简单而明了的。求偶是生物性的，而婚姻是社会和文化。婚姻是指一种仪式，一种被社会认可的结合，一种一旦进入就要对社会承担某种认可责任的关系……婚姻还可能被解释为一个或数个男人和一个或数个女人出于某种愿望的被社会认可的联合，他们将分别扮演丈夫和妻子的角色。"[②]

婚姻家庭制度是社会制度的重要组成部分。作为一定社会中占主导地位的婚姻家庭形态在上层建筑领域的集中反映，婚姻家庭制度的发展决定于社会物质资料生产，同时其具体内容又受到社会习俗、道德规范、宗教信仰、法律规范等上层建筑诸部门的重要影响。

三、婚姻家庭的职能

婚姻家庭顺应人类社会发展的客观需要而产生，并自其产生之日起就承担起与特定社会环境相适应的社会职能。从总体上来看，婚姻家庭起着调节两性关系、维护两性关系的社会秩序，组合亲属生活，满足婚姻家庭成员物质和文化需要等重要作用。以婚姻为基础的家庭是社会中人口再生产的单位，也是社会中重要的经济单位和教育单位。

1. 实现人口再生产的职能

人口是社会物质生活条件之一。一定数量的人口和人口的再生产，是社会存在和可持续发展的必然要求，恩格斯指出，根据历史唯物主义的观点，历史中的决定性因素，归根结底是直接生活的生产和再生产。这里所说的生产，包括物质资料的生产和人类自身的生产。[③]以两性结合和血缘联系为其自然条件的婚姻家庭，是人的再生产的社会形式。宏观上的社会人口再生产，在微观上是通过婚姻家庭中的生育行为实现的。自婚姻家庭产生之时起，婚内生育便是生育的正常形式，婚外生育则是生育的反常形式。

[①] 《马克思恩格斯全集》第3卷，人民出版社，1972年版，第5页。
[②] 参见 J. 罗斯·埃什尔曼：《家庭导论》，潘允康、张文宏等译，中国社会科学出版社1991年版。
[③] 参见《马克思恩格斯全集》第21卷，人民出版社1965年版，第29—30页。

人口再生产并不是与社会制度无关的。历史上的各种生产方式,都有其特定的人口规律,婚姻家庭在实现人口再生产的职能时也呈现出相应的特点。实行计划生育是我国的基本国策之一,其目的在于实现人口与经济、社会、环境、资源的协调发展。

2. 组织经济生活的职能

家庭的经济职能,是同一定社会中生产力和生产关系的性质和特点相适应的。从历史上来看,以婚姻为基础的个体家庭出现后,便取代了氏族组织成为社会经济的基本单位,具有组织生产和组织消费的重要功能。在古代的农业和手工业相结合的小生产经济中,家庭的组织生产的功能十分强大。随着大工业的发展和生产组织形式的变化,近现代社会中家庭在组织生产方面的功能已经大为减弱,但部分家庭仍然是组织生产的经济单位。更为重要的是,家庭仍是组织消费的经济单位。家庭是社会分配和个人消费之间的中介。

我国现正处于社会主义初级阶段。新中国建立以来一段相当长的时期中,城乡人民的家庭组织生产的职能有所萎缩。改革开放以来,这方面的功能又有所增强。实行承包经营的广大农民家庭和城乡个体工商户的家庭,是组织生产经营的单位。它们是社会主义市场经济中活跃的细胞。随着社会生活的变化和广大人民物质和文化水平的提高,家庭组织消费的功能较前更加强大。对于生活资料来说,家庭消费是社会中的终端消费。实现家庭的经济职能,对发展经济,对养老育幼、保障家庭成员的生活等,具有多方面的重要作用。

3. 文化教育功能

家庭的文化教育功能是在历史上长期形成的。作为人们基本生活单位的家庭,在文化教育方面有其特殊的功能。家庭是人的最初的生活环境和活动场所,家庭成员之间在血缘、感情、经济、生活等方面的密切联系,使家庭教育有着不同于学校教育和其他社会教育的种种特点。在教育事业不发达的古代,家庭教育即使不是唯一的也是最重要的教育方式。随着近现代学校教育和其他社会教育的发展,家庭教育在全社会的教育事业中仍然起着不可替代的作用。良好的家庭教育,对养成健全人格、培养思想品德、实现文化传承等具有很重要的意义,这一切都是在潜移默化中进行的。

教育不仅是学校和其他教育机构的职责,也是家庭的职责。应当将家庭教育和学校教育、其他社会教育结合起来,进一步发挥家庭作为教育单位的作用,促进人的全面发展和社会的文明进步。

四、婚姻家庭形态的历史发展

在原始社会,两性结合先后经历了杂乱性交关系、群婚制、对偶婚制等阶段;其后,随着生产力的发展和提高,在原始共有社会内部出现了私有制的萌芽,人类由此进入阶级社会时期。作为上层建筑对经济基础的呼应,对偶婚制因无法满足承传私有财产的社会需求而逐渐退出历史舞台,一夫一妻制成为主要的、典型的婚姻家庭形态。

(一) 原始社会时期的群婚制和对偶婚制

在杂乱性交关系阶段,同一群体中的两性结合几乎没有任何限制和禁忌,除了直接的血缘关系外,其他的亲属关系根本无从判明。人类进入蒙昧时代的中级阶段后,学会打制石器,一面采集食物一面进行渔猎活动,于是出现了以性别和年龄为基础的自然分工,年龄相近的男女成为共同劳动群体,经常在一起活动;年龄差距大的男女逐渐分开并疏远,他们发生性关系的机会大大减少,最后他们的性生活逐渐分离。正如马克思在描述血婚制的形成时谈到的:"一俟原始群团为了生计必须分成小集团,它就不得不分成血缘家族。"①

群婚制是人类历史上最早出现的婚姻家庭形态,它是指原始社会中一定范围内的一群男子与一群女子互为夫妻的婚姻形式,也被称为集团婚。从这时起,两性关系开始有了一些禁忌,存在一定范围血缘关系的男性和女性之间不允许缔结婚姻。按照这一禁忌的具体范围,群婚制又可划分为两个阶段,即血缘群婚制与亚血缘群婚制。

血缘群婚制是群婚制的低级阶段,这一阶段排除了不同辈分之间的两性关系,即只有同辈分的男女才可以结为夫妻。这样,在聚居的人群中就出现了按照辈分来划分的若干个婚姻集团:所有的祖父和所有的祖母,都互为夫妻;他们的子女互为夫妻,在该群体中处于父亲或母亲的地位;父亲或母亲的后代,异性之间也互为夫妻。依此类推,整个群体由各同辈异性组成的若干婚姻集合而构成。

亚血缘群婚制是群婚制的高级阶段,又称为伙婚制或普那路亚家庭。② 在这一阶段,两性结合的禁忌进一步扩张,同辈旁系血亲间的通婚被禁止,也就是说,兄弟姐妹关系之外的同辈男女可结为夫妻。最初,这种婚姻形态只是排除同胞兄弟姐妹间的两性关系,后来又逐渐排除了血缘较远的兄弟姐妹间的两性关系。

恩格斯认为,从最初的杂乱性交关系到建立血缘群婚制,是人类婚姻史上的第一个进步,而从血缘群婚制过渡到亚血缘群婚制,则是人类婚姻史上的第二个进步;而且,由于同辈分的兄弟姐妹年龄相当,亚血缘群婚制的确立较之血缘群婚制的确立要困难得多,然而也重要得多。③ 随着人类婚姻形态的变迁,人类社会的组织形式也从原始群体进化为氏族部落。

在原始社会晚期,群婚制下的婚姻禁忌越来越多,越来越严格,成对配偶在一定期间内得以相对稳定地保持同居关系,至此,对偶婚制便成为主要的婚姻形态。它是指一男一女在一段期间内保持相对稳定的偶居关系的婚姻形态。具体表现为,在原来群婚制所形成的一群男子与一群女子互为夫妻的情形下,一个男子开始与众多女子中的一位保持较为稳定的两性关系,但同时也会与其他异性有短暂的或偶然的两性关系。这同样适用于女性,即她主要与众多男子中的一位保持稳定的两性结合,但也不排除会与其他异性发生

---

① 马克思:《摩尔根〈古代社会〉一书摘要》,人民出版社 1978 年版,第 20 页。关于此情形的描述,参见邓伟志、徐榕:《家庭社会学》,中国社会科学出版社 2001 年版,第 175 页至 176 页。
② "普那路亚"一词是夏威夷语中亲密伴侣的音译词。
③ 参见《马克思恩格斯全集》第 21 卷,人民出版社 1965 年版,第 49—50 页。

关系。恩格斯将这一过程描述为:"由于次第排斥亲属通婚——起初是血统较近的,后来是血统愈来愈远的亲属,最后是仅有姻亲关系的——任何群婚形式终于在实际上成为不可能的了,结果,只剩下一对结合得还不牢固的配偶,即一旦解体就无所谓婚姻的分子。"①

人类婚姻家庭形态从群婚制到对偶婚制的演变,直接的原因是两性结合的禁忌越来越多,越来越严格,而在这背后,则是自然选择的强大力量在起作用。所谓自然选择,是指人作为一种高级动物,在生存环境中互相竞争、适者生存的自然过程。自然选择规律通过阻止血亲婚配的意向、缩小通婚范围从而促使有利变异的保存、积累和发展,促进人的进化,促进人类群体的发展。越是在生产力水平低下的原始阶段,自然选择的作用就越大。那些率先限制血亲婚配的部落,其发展速度较之尚未确立这一禁忌的部落要迅速得多。面对这一现实,人类群体逐渐都抛弃了血亲婚配的陋俗。

(二) 阶级社会时期的一夫一妻制

当原始社会走向崩溃、阶级社会逐渐形成之际,对偶婚制也慢慢演化为一夫一妻制。私有制的确立及随之而来的传承私有财产的社会需求是促使这一转变发生的重要动力。

原始社会末期,生产力的进一步提高先后引起两次大的社会分工,即农业和畜牧业、农业与手工业的分工。这就使得个体劳动的生产方式成为可能,从而个人或家庭所创造或保有的财产也就逐渐从公共财产中分离出来,其所有权逐渐归属于私人或家庭。

与此同时,男性基于其天生的体力优势得以在劳动生产中占据主导地位,并最终确立男权统治地位。这样,丈夫在家庭中的地位上升至妻子之上,并成为家庭财产的主人,继而要求将其所拥有的财产传承至血统纯正的子嗣。在对偶婚制这种婚姻形态中,很难准确辨明后代血统,而一夫一妻制不仅有助于确立丈夫在家庭中的主导地位,还能够更好地适应传承私有财产的社会需求。关于一夫一妻制在当时的历史使命,恩格斯论道:"它是建立在丈夫的统治之上的,其明显的目的就是生育确凿无疑的出生自一定父亲的子女;而确定出生自一定的父亲之所以重要,是因为子女将来要以亲生的继承人的资格继承他们父亲的财产。"②由此说来,一夫一妻制是不以自然条件为基础,而以经济条件为基础,即以私有制对原始的自然形成的公有制的胜利为基础的第一种家庭形式。③

在不同历史阶段,一夫一妻制的表现形式不尽相同。奴隶社会和封建社会的一夫一妻制度,更确切的称谓是"一夫一妻多妾"。《汉穆拉比法典》和《古兰经》都明确规定,丈夫可以公开迎娶数位女性,而妻子则必须忠实于丈夫;我国古代的媵嫁制度规定,女子出嫁时,要由新娘的妹妹或侄女(后为新娘的侍婢)随其出嫁,随嫁者为新郎的妾。一夫一妻多妾制的家庭具有典型的等级制特征,丈夫居于绝对主导地位,妻妾有序、嫡庶有别是家庭成员必须遵循的伦理纲常。

至资本主义社会,一夫一妻制开始在形式上趋向于两性平等,即婚姻关系中的夫妻双

---

① 参见《马克思恩格斯全集》第21卷,人民出版社1965年版,第59页。
② 同上书,第74页。
③ 同上书,第77页。

方是一一对应的,丈夫不得在妻子之外迎娶其他女性。但同时也应看到,至今为止,社会现实中仍充斥着通奸、卖淫等不良现象,这些现象对婚姻家庭的稳定产生了极大的破坏效应,也直接冲击到一夫一妻制所推崇的两性平等理念。

第二节 婚姻家庭法的历史发展

自古以来,婚姻家庭关系就是社会关系中最重要最深刻的组成部分,因此调整婚姻家庭的法律规则也在国家法律体系中占有相当大的比重,并且有着悠久的历史传承。从整个婚姻家庭法的发展来看,一方面各国婚姻家庭法的理念和制度受到现代文明意识的影响逐渐趋向大同,另一方面各国具体婚姻家庭模式和规则又受到本土传统文化的影响呈现出地域性和民族性的差异。

一、西方婚姻家庭法发展历程

西方众多国家的婚姻家庭法各有特色难以尽述,我们着重从古罗马亲属法、中世纪欧洲寺院法、近现代资本主义国家婚姻家庭法以及社会主义国家婚姻家庭法这四个方面梳理其发展脉络,了解其发展趋势。

(一) 古罗马亲属法

古罗马时期,婚姻家庭规范散见于诸多法律文件中,早在公元前五世纪,《十二铜表法》就已经以法律的形式明确肯认了"家父"所享有的权威和利益,共和时代到帝国时期,民众大会通过的法律、元老院的决议、皇帝的敕令、最高裁判官法以及长期固守的婚姻风俗习惯都包含有大量的婚姻家庭规范,到东罗马帝国时期,著名的查士丁尼大帝主持编撰的《查士丁尼法典》以及汇集法学家思想与言论的《法学阶梯》和《法学汇纂》都有许多婚姻家庭法律规范。

在罗马法上,只有家父才有主体资格,家庭成员可视为家父的动产,因此,家父对家庭成员有完全的控制和管领权。家父可以严厉处罚孩子的不端行为;只有家父才有权得到财产或交换财产,因此家父拥有子女的收入;如果孩子被侵害或诱拐,只有家父才有权决定是否对伤害或诱拐孩子的人提出诉讼。至于孩子将来的婚姻,亦是要由家父做主。在孩子很小的时候,家父就可以为他们订婚,婚约具有法律效力,订立婚约的当事人应在一定期限内结婚。女子不得拒绝家父为之选定的配偶,除非该人系人格减等或品性恶劣等。

罗马社会中的婚姻分为两种,按照市民法缔结的婚姻为有夫权的婚姻,按照万民法缔结的婚姻为无夫权的婚姻。有夫权的婚姻包括共食婚、买卖婚和时效婚,共食婚是按照宗教仪式缔结的婚姻,买卖婚是按照要式契约的方式缔结的婚姻,时效婚则要求双方事实上以夫妻关系同居1年以上。万民法上所规定的无夫权的婚姻要宽松一些,符合条件的当事人依其合意即可成婚。从婚姻当事人之间的关系上来说,在有夫权婚姻中,妻子对丈夫的依附性要甚于无夫权婚姻。

婚姻终止的原因有三:配偶死亡、自由权或市民权的丧失和离婚。优士丁尼在《新律》22中解释说:"相互合意创造……婚姻……但婚姻缔结后,可以在不受处罚或受处罚的情况下解除它,因为人们之间达成的一切均可解除。"离婚就其性质而言不要求形式,简单的口头通知、书面通知或通过传信人通知就足够了。但是存在着一些很普遍的社会形式,如向妻子宣告:"你自己管理你的物。"在帝国时代,一般采用寄发书面休妻通知的做法。但是在相当长的历史时期,这种"自由"只是丈夫的特权,处于家父权和夫权控制下的妇女是不可能提出与其丈夫离婚的。只有到了共和国末期,丧失婚意的妻子才可以提出离婚,并要求丈夫通过"要式退卖"或"解除祭祀婚"等行为放弃夫权。

(二)中世纪欧洲婚姻家庭法

中世纪时期,欧洲各国的婚姻家庭法发展缓慢,且深受宗教教义的影响。当时,婚姻家庭法的渊源包括习惯法、寺院法和罗马法等。从封建社会早期,欧洲各国即开始在编纂法典时对习惯法进行整理和汇编。当时法兰克王国的《萨利克法典》和《里普里安法典》即吸收了大量的习惯法规范,13世纪后期《诺曼底大习惯法典》也肯认了大量的婚姻家庭法律规范。另一方面,古罗马的亲属法在西罗马帝国灭亡之后仍然表现出蓬勃的生命力,它不仅完全适用于东罗马帝国,还按照属人主义的原则适用于西欧各国境内的原罗马帝国疆域的居民群体。除此之外,中世纪欧洲法律史上最为特别、最为突出的即是寺院法的适用。

寺院法又称为宗规法或教会法,它的普及适用是以基督教的广泛传播以及教权的扩张和教令的统一为背景的。《新约全书》、《使徒教律》、《使徒约章》以及宗教大会的决议和教皇颁发的教令集中所包含的婚姻家庭规范都是寺院法的组成部分。《旧约全书》中的一些伦理原则在寺院法中也有体现。

在中世纪的欧洲,人们认为婚姻是一种圣礼,是上帝和他的创造物之间、基督与其教会之间联合的一个标志。寺院法在婚姻家庭领域的适用,使得婚姻关系的进入机制和退出机制都受到宗教教义的严格限制。1234年,教皇格利高里颁发的教令集第四编集中规定了婚姻法律规范,对婚姻成立的实质要件和形式要件进行了严格的规定。至于婚姻关系的退出机制,更是障碍重重。实际上,从寺院法的观点来说,婚姻是不可解除的,可以解除的不是婚姻,而只是那种呈现着婚姻外观的非婚姻关系,即无效的婚姻。导致婚姻无效的情况有很多种,大致包括未及适婚年龄、不能性交、重婚、近亲、宗教上的原因(比如基督徒与异教徒的婚姻、曾许"守童身愿"、"贞洁愿"等)、欠缺真实意思,欠缺必要的方式(如没有在司祭和两名证人面前举行仪式)。对真正的婚姻的救济只有别居,别居分为"永久别居"和"暂时别居",分别有不同的法定原因。别居后,双方依然存在婚姻关系,双方都无权再婚,而且男性依然要承担扶养妻子的责任。

(三)近现代资本主义国家婚姻家庭法

经过资产阶级革命的启蒙和洗礼,西方社会的婚姻家庭关系逐渐从寺院法浓重的影响中走出来,在立法技术和法律理念上都有了新的发展和突破。从立法技术上来说,大陆法系国家在法典编纂运动中普遍将婚姻家庭法纳入民法典的体系中,而英美法系国家也开始以单行法的形式发布婚姻家庭法律文件。从法律理念上来说,受婚姻还俗的社会思潮影响,婚姻家庭法律规范更多地体现出民事契约的特性。

大陆法系国家尤其是法国等是承认"婚姻是民事契约"的先锋。1791年法国宪法郑重宣称:"法律上承认婚姻是一种民事契约。"1804年《法国民法典》将有关亲属和婚姻家庭的主要规定纳入第一编人法的内容之中,同时在第三编"取得所有权的各种方法"中规定了继承、赠与、遗嘱和夫妻财产制等,形成完整的婚姻家庭法律体系,正式确立了资本主义婚姻家庭制度,对同时期其他国家的婚姻家庭立法产生了深远的影响。

在结婚问题上,《法国民法典》对于法定婚龄、禁止近亲结婚和禁止重婚等都进行了具体的规定,并确立了共诺婚的原则,该法典第146条明确规定"未经双方同意,不得成立婚姻"。在婚姻关系方面,该法典规定夫妻应相互忠实、帮助、救援等,并可自行订立契约处理夫妻财产关系。在离婚制度上,《法国民法典》冲破了教会法的桎梏,详细列举了法定的离婚理由,还确立了协议离婚制度。但该法典中还是有很多人身依附关系的痕迹,比如当事人结婚必须征得父母等尊亲属的同意,否则只有在符合有关规定的条件下始得举行婚姻仪式。而且,婚姻关系中,依然以丈夫为中心,妻处在受"保护"和"顺从"的地位。此外,《法国民法典》有关婚姻家庭的规定也还存在许多不足,比如说协议离婚受到法律的严格限制,亲子关系以父母为本位且对非婚生子女存有歧视等。《法国民法典》出台以后,不断地根据时势的要求进行调整和修改,至今已逾百次,在婚姻成立、婚姻关系以及离婚制度、亲子制度等方面都越来越趋向于真正的平等和自由。

大陆法系国家的另一个典型代表德国,于20世纪初制定了《德国民法典》,它比《法国民法典》要晚近百年,较为鲜明地体现出从自由资本主义向垄断资本主义过渡的时代特点。《德国民法典》的体系结构和立法技术比《法国民法典》要缜密和先进,它一共分为五编,其中第四编为亲属法,集中调整婚姻家庭法律关系。在结婚、离婚、已婚妇女和子女的法律地位方面,《德国民法典》亲属编的理念和规定比早期《法国民法典》要进步一些,但与时代思潮相比,仍显得保守和谨慎,比如说保留了婚姻的宗教义务,在性别平等、非婚生子女的待遇方面仍不够彻底和开明。《德国民法典》颁布之后,也历经了多次修改,纳粹时期其婚姻家庭法律规范被1938年颁行的第三帝国婚姻法所取代,第二次世界大战之后才又代之以1946年婚姻法。此后,1957年的男女平权法、1969年的非婚生子女地位法和1977年的离婚法改革等重大调整,终于使得德国婚姻家庭领域开始坚定而深入地贯彻现代婚姻家庭理念,比如确立男女平等原则,确认缔结婚姻完全由男女双方的自由意志决定,婚姻生活中男女双方享有平等的权利等。

英美法系是大陆法系的对称,指主要由英格兰法发展而来的法律制度体系,其中尤以英国和美国最为典型,也包括加拿大、澳大利亚、印度、尼日利亚等适用相似法律制度的国家。英美法系国家的婚姻家庭法律体系也在一定程度上受罗马法的影响,但不似大陆法系那般明显,倒是更多地彰显出其自身的历史文化传统。

就英国而言,其长期以不成文的判例法体系而著称,在这种体制下,普通法和衡平法在调整婚姻家庭事务方面起着非常重要的作用。17到18世纪时,英国的婚姻家庭法律制度比较混乱,教会法院、普通法院、衡平法院对婚姻家庭案件都有一定的管辖权。但离婚诉求的批准必须由英国国会以个别立法的形式颁布准许该特定人离婚的法案。19世纪，随着英国司法改革的逐步推进，婚姻家庭法领域也实现了突破性的变革。1753年和1836年婚姻法使婚姻行为不断世俗化，1857年离婚法确立了世俗离婚制度和世俗离婚法院，1870年和1882年已婚妇女财产法赋予妻子独立的财产权，1889年儿童保护法使国家介入对儿童的保护。虽然如此，近代时期的英国家庭法与婚姻自由、男女平等和儿童最大利益这些理念还是有相当遥远的距离。

美国的法律体系可说是渊源于英国法，但其婚姻家庭法律制度更显开明和开放。美国婚姻家庭法的特点在于以州的立法为本位。多数州的婚姻家庭法均以英国法为其重要渊源。由于两国的社会历史条件不同，英国早期立法中某些特别的封建传统没有被美国法继受。在原殖民地时代曾适用法国和西班牙法律的地区，罗马亲属法的影响比其他地区更为明显。

在美国，依各州的制定法而成立的法律婚和依普通法而成立的习惯婚同时并存。按照英美法上的传统理论，婚姻是建立在合同基础上的法律关系，但它并不仅仅是一男一女之间的个人关系，而是由三方当事人——丈夫、妻子、国家构成的法律关系。国家对婚姻这种社会关系的形成进行干预、审查和监督。因此，当事人缔结婚姻不仅要符合法律规定的实质要件，按照法律规定进行登记获得批准并举行结婚仪式。但是除了正式婚姻之外，英美法还承认"普通法婚姻"，即仅依当事人的合意而有效的婚姻形式。由于存在证明方面的困扰，而且也给身份地位和继承权问题带来混乱，英国法律界于1753年放弃了这一制度，而美国也只有不到1/4的州仍承认普通法婚姻的合法性，不过当事人一旦在这些州缔结普通法婚姻也能够获得别州的认可。

20世纪以来，由于人权运动、女权运动和儿童保护运动的推动，英美家庭法领域发生了深刻的、革命性的变化，结婚自由、离婚自由、夫妻平等、儿童利益保护等现代意义的家庭法基本原则都得以确立，这些变革大都是通过颁布或修改制定法的形式进行的。第二次世界大战以后，英国先后颁布了百余种婚姻家庭法令，这些法令绝大部分直到现在仍然有效。在美国，从19世纪末开始，联邦层面和州层面都开始大量运用制定法解决社会发展中出现的各种新问题新矛盾。

从某种意义来说，近现代以来西方国家婚姻家庭制度的发展呈现出一定的同质性和同步性，不仅在理念上都渐渐趋同，在步骤和进程上往往也互为关联。以离婚制度为例，从上个世纪60年代后半期至80年代后半期的20年间，美国、英国（英格兰、威尔士）、法国、联邦德国、瑞典等国家都对离婚制度进行了旨在使离婚走向容易化的较大改革，从有责离婚转向破裂离婚和合意离婚混合形态，少数国家（如英国、法国）为了适应复杂的社会形势，也暂时保留了有责离婚的某一方面。

随着国际交流与国际合作的增强，当前西方国家婚姻家庭法的发展愈加趋向一致。除了法律传统固有的不同，大陆法系国家和英美法系国家在婚姻家庭法方面的变革都呈现出这样几个方面的特点：其一，调整婚姻家庭关系的法律渊源日益多元化。就大陆法系国家而言，在以法典和单行法规的形式规范婚姻家庭关系之外，欧洲人权法的有关规定也通过内化为国内法的形式得以广泛适用,而上级法院尤其是最高法院所作出的判例也表现出越来越值得信赖的司法权威。而在英美法系国家,一方面判例法继续发展,另一方面制定法大量出台,国际条约也纷纷入法。因此在婚姻家庭法律的形式和渊源上,两大法系国家都越来越灵活越来越丰富。其二,国家公权力对婚姻家庭关系的介入越来越深入,婚姻家庭法的边界越来越开放。无论是大陆法系国家还是英美法系国家,其婚姻家庭法的发展都开始融入更多的社会法元素,一方面国家基于对弱势群体的保护加大了对婚姻家庭事务的干预力度,比如在离婚事件的处理以及预防和遏制家庭暴力方面,另一方面调整税收的经济法和调整福利的社会法也都折射到家庭领域,对其产生了不可忽视的影响。其三,旧有的法律理念被重新审视和反思,新的法律理念正在萌芽和形成。从婚姻关系来说,在关注个人权益的同时,团体价值和团体利益重新被发现和珍视,从家庭关系来说,儿童法律地位的调整和儿童正当权益的保护都成为法律关注的重点,基于此,两性平等原则以及子女最佳利益原则已成为两大法系国家共同推崇的理念和准则。

(四)社会主义国家婚姻家庭法

婚姻家庭制度是社会上层建筑的重要组成部分,它受制于社会物质基础,同时也深受社会意识形态的影响。十月革命之后,世界史上首度出现了一种全新意识形态的国家制度,即社会主义国家,这就使得婚姻家庭领域的观念和制度也有了新的突破。到目前为止,社会主义国家婚姻家庭法的发展可以分为两个主要的阶段,以下分而述之。

其一,第二次世界大战以前,苏维埃婚姻家庭法是社会主义国家婚姻家庭法的唯一代表。十月革命胜利之后,苏维埃政权亟须通过发布新的法律政策涤荡原沙皇俄国时期的封建残余势力,表现在婚姻家庭领域,即为1917年12月颁行的《关于民事婚姻、子女和实施户籍登记的法令》及其后不久又颁行的《关于离婚的法令》。

在苏维埃政权体制下,各加盟共和国享有婚姻家庭领域的立法权,因此由加盟共和国发布的婚姻家庭和监护法典就成为婚姻家庭法的基本渊源,但同时最高苏维埃发布的相关规定对各加盟共和国有约束力。这一时期,苏联的婚姻家庭法逐渐走向系统化和法典化,典型代表即为1918年的《俄罗斯联邦户籍登记、婚姻、家庭和监护法典》和1926年的《俄罗斯联邦婚姻、家庭和监护法典》。1968年,最高苏维埃颁行了《苏联和各加盟共和国婚姻家庭立法纲要》,此后又于1979年对这一纲要进行了修改。最高苏维埃的立法动向获得了各加盟共和国的响应和呼应,俄罗斯联邦及乌克兰等加盟共和国都采取了相应的立法措施,或者发布新的婚姻家庭法典,或者对旧有的婚姻家庭法典予以修改。除了最高苏维埃的政策影响以外,最高法院和司法部的一些规范性文件也对婚姻家庭法律实践有重要意义。不过在苏联解体后,俄罗斯联邦于1995年制定了新的家庭法典,该法典自1996年3月1日起施行,原有关婚姻家庭的法令不再适用。

其二,第二次世界大战以后,随着众多社会主义国家的涌现,社会主义国家婚姻家庭法的阵营也大大充实,并表现出多样化的特点。南斯拉夫社会主义联邦共和国于1947年通过了四部适用于全联邦范围的婚姻家庭法律文件,即《婚姻基本法》、《亲子关系基本法》、《收养基本法》和《监护基本法》,此后根据联邦宪法的规定将婚姻家庭的立法权交由各共和国(自治省)行使,有的共和国继续沿用原联邦法,有的则进行了修改和整合。颁布于1949年的《保加利亚人民共和国人与家庭法》在编排上较为特色,这部法律将作为民事权利主体的人及其法律能力和有关婚姻家庭的事项一并加以规定。

此后,罗马尼亚、捷克斯洛伐克、德意志民主共和国、保加利亚、古巴、阿尔巴尼亚共和国分别于1954年、1963年、1965年、1973年、1975年、1982年先后发布了新的婚姻家庭法律文件。越南于1959年制定了婚姻家庭法,其后又于1986年发布了新法,并在2000年进行了修改。

总体而言,社会主义国家都非常重视通过法律制度对婚姻家庭领域进行革新,深入考察和借鉴其他社会主义国家的婚姻家庭立法及司法实践必将对我们的法治事业有所裨益。

二、我国婚姻家庭立法沿革

(一) 古代婚姻家庭立法

中国古代的婚姻家庭法有其自身的特点。调整婚姻家庭关系的规范,始见于礼,后入于律。在奴隶制时代,婚姻家庭关系是由礼制和为统治阶级认可的习惯调整的。到了封建制时代,婚姻家庭法规范被载入诸法合体、内容庞杂的统一法典;对婚姻家庭关系的调整是礼、律并用的。总的说来,以礼为主,以律为辅,婚姻家庭法规范详于礼而略于律,是中国古代婚姻家庭法的一大特色。有关婚姻家庭的礼制,特别是其中的实体性规范,实际上起着法的作用。这套礼、律体系的宗旨是尊崇夫权、父权、家长权,强力维护当时的宗法制度,使个人依附于家庭,家庭依附于宗族,宗族依附于国家,从而符合整个国家的统治秩序和统治利益。

从具体制度来说,婚姻嫁娶方面有"六礼"之制,婚姻离异方面有"七出""三不去"之规,其他家事方面还有纳妾、立嫡、服制、宗祧继承等制度,这些制度发端于奴隶社会,延绵于整个漫长的封建社会。就典籍文献而言,《礼记》、《仪礼》可算是较早系统记载婚姻家庭制度的文本,此后《法经》和秦律中也出现了涉及婚姻家庭事项的规定,但这些并非严格意义上的法律规范。最早出现婚姻家庭法律规范的文本应为汉朝的《九章律》,其中的"户律"包含户籍、婚姻等规范,为其后各个朝代所承袭并充实和完善,在名称上总是谓之户律、婚律或户婚律等等,大同小异而已。封建社会后期,随着法律体系的丰富和完备,出现了与律并行的例,其也包含有大量的婚姻家庭法律规范。

总体而言,封建时代,我国婚姻家庭立法体系具有这样几个方面的特征:(1) 宗族势力对于婚姻的缔结具有非常大的影响,两性结合需有"父母之命、媒妁之言"方合乎社会规范;(2) 男子虽只能迎娶一位正室,但还可迎娶其他女子作偏房,实行一夫一妻多妾制度;(3) 在男女两性的地位上,男性占据绝对优势地位,家庭中奉行夫权至上、男尊女卑的观念;(4) 婚姻的解体主要有一种形式,即男子休妻,也就是说,女性在婚姻中处于极为被动的地位,鲜有可能按照自己的意愿解除婚姻关系。

(二) 近、现代婚姻家庭立法

到近代,清政府于1910年颁布了《大清现行刑律》,其在诸法合体的框架下承继了唐宋明清律法中的婚姻家庭制度。1911年起草的《大清民律草案》中有专门的亲属一编,是中国婚姻家庭法近代化的最初尝试。但由于朝代更替,这部法律没有施行。而《大清现行刑律》中关于婚姻家庭的内容,在北洋军阀政府统治时期仍得以适用。其后,北洋政府于1915年制定了《民律亲属编草案》,1926年又制定了《民律草案》,但都没有正式颁行。

1930年,国民党政府公布了《民法亲属编》,于1931年5月5日起施行。该法规定了通则、婚姻、父母子女、监护、扶养、家和亲属会议,共计7章171条。该法后在我国台湾地区施行,迄今已几经修订。

婚姻家庭问题关系到广大民众的生息,故此成为中国共产党在革命和建设过程中最早遇到的治国施政考验。1930年,中国共产党政权颁布《闽西婚姻法令》,1931年颁布《鄂豫皖婚姻问题决议案》,同年在建立全国性的工农民主政权之后又颁布了《中华苏维埃共和国婚姻条例》。1934年,中共政权在总结婚姻家庭改革经验的基础上颁布了《中华苏维埃共和国婚姻法》,该法共7章,仅21条,但全面确立了婚姻自由、男女平等、一夫一妻、保护妇女和子女利益的原则,对结婚和离婚的条件及程序以及离婚问题的子女抚养和财产分割方面都进行了具体的规范。

此后中国共产党政权在抗日战争、解放战争期间又根据现实需要制定了一些地区性的条例,如1939年《陕甘宁边区婚姻条例》、1942年《晋冀鲁豫边区婚姻暂行条例》、1943年《晋察冀边区婚姻条例》等,并不断地对这些条例进行修正和完善,从而推动我国婚姻家庭制度从半封建半殖民地境况中的状态向现代社会的文明婚姻制度转化。

(三) 新中国婚姻家庭立法

1. 1950年婚姻法

新中国成立后颁布的第一部法律就是《中华人民共和国婚姻法》,于1950年5月1日起公布施行。该法共8章27条,既是对婚姻家庭领域的反封建经验的总结,也是对新中国成立后婚姻家庭制度改革的推动。正如该法第1条所规定的那样,其立法宗旨主要在于"废除包办强迫、男尊女卑、漠视子女利益的封建主义婚姻制度。实行男女婚姻自由、一夫一妻、男女权利平等、保护妇女和子女合法权益的新民主主义婚姻制度"。1952年11月25日和1953年2月1日,中共中央和政务院分别发出了关于贯彻婚姻法的重要指示,并规定以1953年3月为全国贯彻婚姻法运动月。1953年2月18日,中共中央又发出了《关于贯彻婚姻法运动月工作的补充指示》。开展宣传、普及和贯彻婚姻法的活动,使婚姻家庭制度顺利地实现了从新民主主义时期到社会主义性质的改革。

此后,在十年动乱期间,法律的地位一落千丈,婚姻家庭法律制度的建设也停滞下来。直到十一届三中全会恢复法制建设,婚姻家庭法才又有了新的发展。

2. 1980年婚姻法

1980年9月10日,第五届全国人大第三次会议通过了《中华人民共和国婚姻法》,缩减了篇章但充实了内容,分为5章37条。较之1950年婚姻法,1980年婚姻法所作的修改和补充主要体现在以下几个方面：

其一，坚持1950年婚姻法所规定的婚姻自由、一夫一妻、男女平等的原则，将原有的保护妇女和儿童合法权益原则修正为保护妇女、儿童和老人合法权益的原则，增加计划生育原则，并增加禁止买卖婚姻、禁止家庭成员间的虐待和遗弃的规定。

其二，对结婚条件进行了多方面的修改。法定婚龄从原来的男20周岁、女18周岁变更为男22周岁、女20周岁。禁止结婚的规定由"兄弟姐妹之外的其他五代内旁系血亲间禁婚问题，从习惯"变更为"三代以内的旁系血亲间禁止结婚"。关于因病禁婚情形，删除了"有生理缺陷不能发生性行为者禁止结婚"的条款，规定"患麻风病未经治愈者禁止结婚或患其他医学上认为不应当结婚疾病者，禁止结婚"。

其三，增加规定，登记结婚后，根据男女双方约定，可互为对方的家庭成员。

其四，加强对家庭关系的调整。一方面，保留了既有的调整夫妻之间、父母子女之间权利义务关系的法律规定，并对夫妻人身关系和财产关系、家庭成员的扶养关系以及继父母子女关系方面作出更为具体的规定。另一方面，又在特定情形下增加了调整祖孙关系和兄弟姐妹关系的规定。

其五，对离婚制度进行了较大的修改和完善。如对于离婚程序、离婚条件、离婚中子女抚养及财产分割等方面，1980年婚姻法都作了很多的修改和完善。

3. 2001年婚姻法的修订

在改革开放以后的二十多年中，我国的社会生活和婚姻家庭生活经历了巨大的变化，文明进步是当代中国婚姻家庭生活的主流。同时，婚姻家庭领域也出现了一些前所未有的新情况和新问题，需要在立法上制定有效的对策。1980年《婚姻法》有其重要的历史功绩。但内容上也有不足之处。一是立法上的空白较多，欠缺某些应有的制度；二是面对新的变化，有些规定已经滞后于现实。因此，应当根据调整婚姻家庭关系的实际需要予以修改和补充。

从1995年10月30日将修改《婚姻法》列入第八届全国人大的立法规划，到2001年4月28日第九届全国人大常委会第二十一次会议通过《关于修改〈中华人民共和国婚姻法〉的决定》历时五年有余。其间，还曾将《婚姻法》的修正案草案全文公布，提交全民讨论。这次修法的重点，主要有以下几个问题：

第一，总则中增加了保障婚姻法诸原则实施的禁止性条款，通过有关禁止有配偶者与他人同居、禁止家庭暴力的规定，强化了对婚姻家庭主体人身权利的保护。在新增的第4条中规定了婚姻双方和家庭成员的共同责任，从而集中体现了我国婚姻家庭法的立法宗旨。

第二，在结婚制度中增设了关于无效婚姻和可撤销婚姻的规定，其内容包括婚姻无效和撤销的原因，撤销请求权人和请求权行使的时间以及婚姻无效和撤销的法律后果等，从而为防治违法婚姻制定了必要的法律对策。

第三，在家庭关系中改进了原有的法定夫妻财产制，界定了夫妻双方共有财产和一方所有财产的范围；同时还规范了夫妻财产约定，包括约定的内容、形式和效力；对有关亲子、祖孙、兄弟姐妹权利义务等规定也作了适当的修改。

第四，在离婚制度中，对准予离婚的法定理由增设了若干列举性、例示性的规定，从而增强了法律在适用中的可操作性，有利于保障离婚自由，防止轻率离婚。在离婚后子女的抚养教育和财产处理等问题上，增设了探望权和经济补偿，损害赔偿等规定。

第五，以专章规定救助措施和法律责任。对违反婚姻家庭法行为的受害人，规定了各种必要的救助措施，对婚姻家庭领域的行政违法行为、民事违法行为和刑事犯罪行为规定了相应的法律责任。有些是直接规定的，有些规定是同其他法律相衔接的。

我国的婚姻家庭法制建设六十多年来取得了长足的进展，但还有许多尚待完成的任务。目前，起草民法典（或法典化的民法）的工作已列入我国立法机关的议事日程。在民法典的婚姻家庭编（或亲属编）中确立全面、系统的婚姻家庭法规范体系，并辅之以必要的单行法和其他规范性文件，是完善我国婚姻家庭法制的最佳方案，这是我国法学界许多学者的共识。

第三节　婚姻家庭法的概念、特征及渊源

婚姻家庭制度是指由包括道德、宗教、法律等各种社会规范构成的调整婚姻家庭关系的规范体系。对于特定社会而言，有关婚姻家庭的道德规范、伦理制度、风俗习惯等都是婚姻家庭制度的组成部分。其中，相关法律规范即婚姻家庭法是阶级社会中婚姻家庭制度最集中、最典型的体现。

一、婚姻家庭法的概念

婚姻家庭法是指调整婚姻家庭关系的发生和终止，以及由此所产生的特定范围的亲属之间的权利义务关系的法律规范的总和。

这一概念的含义可作如下理解：(1) 婚姻家庭法的调整对象为婚姻家庭关系。从调整对象的范围来看，婚姻家庭法既调整婚姻关系，又调整家庭关系和其他近亲属关系；从调整对象的性质来看，既有婚姻家庭方面的人身关系，又有婚姻家庭方面的财产关系。(2) 婚姻家庭法的规范目的在于确定婚姻双方或亲属各方彼此之间的权利义务边界，引导婚姻主体或家庭成员之间建立文明和谐的婚姻家庭氛围，同时也纠正或制止婚姻主体或家庭成员的不良行为甚至违法行为。(3) 婚姻家庭法是调整婚姻家庭关系的法律规范的总和，这意味着我们在学理意义上使用这一概念来指称一个独立的、自成体系的部门法。

婚姻家庭法有形式意义与实质意义之分。形式意义的婚姻家庭法是指将有关的婚姻家庭法律规范予以体系化，并以制定法的形式纳入法律文件的婚姻家庭法。一般而言，形式意义的婚姻家庭法体现为直接以"婚姻家庭法"、"婚姻法"、"家庭法"或"亲属法"命名的法律文件，比如《中华人民共和国婚姻法》等。实质意义的婚姻家庭法则是一国法律体系中所有婚姻家庭法律规范的总称，不仅体现为直接以上述名称来命名的法律文件，还包

括其他法律文件甚至有约束力的判例中所蕴含的婚姻家庭法律规范。从其广度来看,实质意义的婚姻家庭法与部门法意义上的婚姻家庭法具有同样的外延。上文所给出的婚姻家庭法的概念正是从实质意义上来界定婚姻家庭法这个部门法的。

二、婚姻家庭法的特征

婚姻家庭法之所以能够在博大的法律体系中独占一席之地,是因为与其他部门法相比较,它在调整范围、调整对象和调整手段等方面都有自身的特点。婚姻家庭法的特征可大致概括如下。

1. 婚姻家庭法的调整范围具有明晰的边界,同时又极其广泛和普遍。婚姻家庭法的调整范围仅限于婚姻家庭领域,但整个社会就是由千千万万个婚姻家庭组成的,所以婚姻家庭法的适用范围几乎可以说覆盖了全社会。每个人都来自于家庭,而每个家庭中的夫妻关系和家庭成员关系又都在婚姻家庭法的调整范围之内。也正因为如此,婚姻家庭法与每个社会成员的生活都息息相关,婚姻家庭法的实施或修订总是受到广大民众的热切关注和积极参与。2001年婚姻法修订中人人献策的盛况便是最好的佐证。

婚姻家庭法调整对象的范围是相当广泛的,就纵的方面而言,包括婚姻家庭关系、其他近亲属关系发生和终止的全过程,就横的方面而言,包括婚姻家庭主体间、其他近亲属间的各种权利义务关系。具体说来,其范围可从以下两个方面加以界定:一是列入调整范围的主体,二是列入调整范围的事项。

在我国,列入婚姻家庭法调整范围的主体,有夫、妻、父、母、子、女、祖、孙(双系兼指,包括祖父母、外祖父母、孙子女、外孙子女)和兄弟姐妹等。在特定的情形下,还包括女婿和岳父母、儿媳和公婆,以及兄弟姐妹以外的其他三代以内旁系血亲。

列入婚姻家庭法调整范围的事项,是那些需要由法律加以规定、具有法律意义与法律后果的问题。例如,结婚,离婚,收养的成立和解除,夫妻、亲子、祖孙和兄弟姐妹间的权利义务等,都是由婚姻家庭法加以规定的。

2. 婚姻家庭法的调整对象具有很强的身份性和伦理性,但同时财产关系也占有相当的比重。婚姻家庭法的调整对象中,人身关系是主要的、起决定作用的方面。婚姻家庭领域的财产关系虽然也很重要,但它是从属于人身关系、不能脱离人身关系而独立存在的。这种财产关系对人身关系的从属性,表现在发生、终止和内容等诸多方面。婚姻家庭法就其基本性质而言是身份法,而不是财产法,它调整的是婚姻家庭主体间、其他近亲属间的人身关系以及与此相联系的财产关系。

婚姻家庭法调整的人身关系存在于彼此具有特定亲属身份的自然人之间,其本身并不具有经济内容,也不是出于经济上的目的而创设的。但是,它是婚姻家庭领域的财产关系的发生根据。与其他法律中调整的人身关系不同,婚姻家庭法调整的人身关系是亲属身份关系。例如,著作权、发明权中的人身权是基于主体的创造性的劳动而取得的,生命健康权、名誉权等是基于人格而享有的,这些均与亲属身份无关。婚姻家庭领域的人身权则以主体间的特定亲属身份为其发生前提,如配偶权、亲权等。

婚姻家庭领域的财产关系具有一定的经济内容,涉及有关主体之间的物质利益。但它是随着婚姻家庭领域的人身关系的发生而发生,随着上述人身关系的终止而终止的。财产关系的内容反映了相应的人身关系的要求。例如,夫妻的财产关系方面的权利义务,因当事人结婚取得配偶身份而发生,又因当事人死亡或离婚丧失配偶身份而终止。扶养、抚养和赡养等关系,均以权利人和义务人的亲属身份为依据。就法律关系而言,婚姻家庭领域的财产关系无非是人身关系的法律后果,前者是以后者为基础法律关系的。

试将婚姻家庭法领域的财产关系同其他民事法律调整的财产关系作一比较,便可看出两者的明显区别。前者反映的主要是亲属共同生活和家庭经济功能的要求,其参与者须为具有特定身份的亲属,这种财产关系不是等价、有偿的。后者反映的则是商品经济(在我国发展的现阶段表现为社会主义市场经济)的要求,其参与者不以具有亲属身份为前提,包括一切可作为民事权利主体的自然人和法人,这种财产关系一般都是等价、有偿的,只有极少数的例外情形。

3. 婚姻家庭法的调整手段具有多样性,既有大量的强制性规范也有非强制性规范,还有一些倡导性规范。婚姻家庭法中关于亲属之间的权利义务规范大多是强制性的,如夫妻之间的相互扶养义务、父母抚养子女的义务和子女赡养父母的义务都是由国家强制力来保障实施的,当事人不依法履行义务必会受到法律的制裁。再如,婚姻家庭法中关于结婚、离婚的程序性规定都是不可违反的,否则即不能发生当事人所预期的法律效果。婚姻家庭法中也有一些非强制性规范,如法律允许夫妻就财产问题作不同于法定夫妻财产制的约定,以协议处理离婚时的财产清算、离婚后子女的抚育问题等。这些规定为数不多,适用时也要符合婚姻家庭法的有关原则,当事人选择的余地并不是很大的。鉴于婚姻家庭关系具有较强的身份性和伦理性,法律对于有些不便涉入过深的领域也会灵活地运用倡导性规范来加以引导,典型如我国现行《婚姻法》第4条提倡夫妻之间相互忠实、相互尊重。

三、婚姻家庭法的法律渊源

渊源一词在我国文字中具有不同的含义,如历史渊源、文化渊源、思想渊源等。法学中所说的法律渊源,专指法律规范借以表现的形式。婚姻家庭法的渊源,主要来自各种具有法律效力的规范性文件(此处在广义上使用法律一词)。我国婚姻家庭法的渊源有以下几种。

(一) 宪法和其他法律

关于宪法的地位、效力以及有关婚姻家庭的原则规定,前文中已略作说明,此处不再重复。宪法中的婚姻家庭法规范虽然为数不多,但它们是婚姻家庭法的立法依据,在婚姻家庭法的渊源中具有极为重要的意义。

宪法以外的有关法律(包括基本法和基本法以外的法律),是婚姻家庭法的重要渊源。《民法通则》是我国的民事基本法,该法中既有适用于婚姻家庭法的总则性规定,又对公民在婚姻家庭领域的民事权利作了重要的原则规定。《婚姻法》目前起着婚姻家庭基本法的作用。《收养法》中的规定,是婚姻家庭法规范体系的组成部分。《继承法》中有关法定继承的规定,在法理上可视其为亲属财产法。《中华人民共和国妇女权益保障法》(以下简称《妇女权益保障法》)、《中华人民共和国未成年人保护法》(以下简称《未成年人保护法》)、《中华人民共和国老年人权益保障法》(以下简称《老年人权益保障法》)、《中华人民共和国人口与计划生育法》(以下简称《人口与计划生育法》)、《中华人民共和国母婴保健法》(以下简称《母婴保健法》)等法律中也有若干涉及婚姻家庭的规定。

(二) 行政法规和国务院所属部门制定的规章

行政法规是国家最高行政机关即国务院制定的规范性文件,国务院所属各部门可在各自的权限内制定行政规章。行政法规和行政规章中的有关规范,比法律更为具体,具有更强的可操作性,在调整婚姻家庭关系、保护公民婚姻权益等方面对法律作了重要的补充。《中华人民共和国婚姻登记条例》(以下简称《婚姻登记条例》)、《中国公民收养子女登记办法》中的规定,便是这方面的明显例证。

(三) 地方性法规、规章和民族自治地方的变通规定

地方性法规、规章中也有若干婚姻家庭法规范。其内容涉及婚姻,收养,计划生育,保护妇女、儿童和老人合法权益,防治家庭暴力等诸多方面。这些结合当地的实际情况所作的适用于本地区的规定,是保证全国性的婚姻家庭立法贯彻执行的必要措施。民族自治地方制定的有关执行《婚姻法》、《收养法》的变通规定等,也是本地方婚姻家庭法的渊源。这是以《宪法》第116条、《婚姻法》第50条、《收养法》第32条的授权为依据的。

在一国两制下,香港和澳门特别行政区各有其独立的婚姻家庭法律制度,特别行政区中调整婚姻家庭关系的法律等规范性文件,既是本特别行政区婚姻家庭法的渊源,又是我国婚姻家庭法规范体系的组成部分。

(四) 最高人民法院的司法解释

最高人民法院发布的有关适用婚姻家庭法的司法解释,是人民法院审理婚姻家庭案件的经验总结,这些司法解释具有一般规范性和很强的可操作性,是我国婚姻家庭法的渊源之一。在婚姻家庭法制尚未全面完善之时,其作用尤为重要。这方面的司法解释数量很多,发布于不同时期。《婚姻法》经2001年修正后,最高人民法院已发布了《关于适用〈中华人民共和国婚姻法〉若干问题的解释》(一)、(二)、(三),此后还将陆续发布。

(五) 我国缔结或者参加的国际条约

按照我国《民法通则》的规定,处理涉外婚姻家庭关系时可以适用我国缔结或者参加的国际条约,但我国声明保留的条款除外。在法定情形下,还可适用国际惯例。依照《民法通则》的有关规定,适用外国法律和国际惯例时,不得违背我国的社会公共利益。

除上述诸渊源外,我们认为,党和国家的婚姻家庭政策,以及为法律认可的、符合社会主义婚姻家庭道德的习惯,也是我国婚姻家庭法的渊源。在新中国建立初期全国范围的婚姻家庭制度改革中,党和国家的婚姻家庭政策起了巨大的作用。健康有益的习惯可以弥补法律之不足。例如,我国法律对直系姻亲是否禁止结婚的问题并无规定,在现实生活中是依习惯处理的。

需要补充说明的是,根据我国《宪法》第67条的规定,全国人民代表大会常务委员会的职权之一是解释法律。立法解释的效力高于司法解释,当然是重要的法律渊源。本题中未及列举,一是因为迄今为止尚无关于婚姻家庭法的立法解释;二是因为立法解释和被解释的法律具有同等的效力,将来如有这方面的立法解释,可将其归入法律的类别。

总之,我国婚姻家庭法的渊源不是单一的,而是复合的,各种渊源在法律体系中处于不同的位价,具有不同的效力,在适用范围上也是有区别的。① 我国的婚姻家庭法,是一个以《宪法》为依据,目前以《婚姻法》为核心,由各种有关法律、法规、规章等组成的规范体系。

第四节 婚姻家庭法在我国法律体系中的地位

一、婚姻家庭法在法律体系中的地位

婚姻家庭法在一国法律体系中的地位,与该国的法律传统和立法体例有很大关系。如在素有法典传统的法国和德国,婚姻家庭法规是民法典的重要组成部分,因此婚姻家庭法是民法的分支,附属于民法,这是非常明确的。而在盛行判例法的英美国家,大量的婚姻家庭法律规则是通过案例来确立的,这些案例与一些相关的成文法共同构成一个独立性较强的部门法。

就我国的成文法传统和现行立法体例来说,一方面,婚姻家庭法是民法的重要组成部分,如果将民法分为人身法和财产法的话,人身法的大量内容都存在于婚姻家庭法律规范中,但另一方面也要看到,婚姻家庭法已发展为一个具有一定独立性、较为成熟的部门法,以《中华人民共和国婚姻法》为核心的婚姻家庭法律文件自成体系,而且中国法学会也专门设有婚姻家庭法分会。

全面把握婚姻家庭法在我国法律体系中的地位,还应明确婚姻家庭法与其他部门法之间的关系。从部门法的角度而言,婚姻家庭法包含所有调整和规范婚姻家庭关系的法律规范,但这些法律规范也可能由于另外一些特点而归于其他部门法,这就产生了婚姻家庭法和其他部门法之间的交叉协作关系。在婚姻家庭法的学习和研究中,需要着重把握的相关部门法包括但不限于如下几个方面:

其一,婚姻家庭法和宪法的关系。将宪法作为一个部门法来考察其与婚姻家庭法的关系,主要掌握两点:一是宪法文件中有关调整婚姻家庭法律关系的法律条文是婚姻家庭法的重要渊源;二是宪法是全面规定我国基本制度和基本国策的部门法,由此决定,宪法中调整婚姻家庭法律关系的法律条文在婚姻家庭法领域有着极为重要的意义,对整个婚姻家庭法的制定和实施起着指导和统率的作用。如《中华人民共和国宪法》第48条关于男女平等和保护妇女权益的规定,以及第49条关于婚姻家庭基本规则的规定都是婚姻家

---

① 参见《中华人民共和国立法法》的有关规定。

庭法的基本立场和立法根据。

其二，婚姻家庭法与其他民事法律的关系。婚姻家庭法是民法中具有相对独立性质的组成部分，它与其他民事法律的关系，是同一法律部门中的内部关系。作为我国的民事基本法，《民法通则》中若干一般性的规定，同样是适用于婚姻家庭关系的，如公民的民事权利能力和行为能力、监护、宣告失踪和宣告死亡、法定代理、财产所有权和继承权、涉外民事关系的法律适用等。《民法通则》中还有若干直接针对婚姻家庭关系的规定，如"公民享有婚姻自主权，禁止买卖、包办婚姻和其他干涉婚姻自由的行为"，"婚姻、家庭、老人、妇女和儿童受法律保护"，"妇女享有同男子平等的民事权利"等（第103条至第105条）。这里所说的民事权利，当然也包括婚姻家庭领域的人身权利和财产权利。除《民法通则》外，婚姻家庭法和相关的民事单行法也有密切的联系。例如，《婚姻法》对亲属继承只是作了极为概括的原则规定，指出特定亲属之间具有相互继承遗产的权利，这方面的许多具体问题，如法定继承人的范围和继承顺序、代位继承、遗产的分配、胎儿继承份额的保留等，均须按《中华人民共和国继承法》（以下简称《继承法》）的有关规定办理。

另一方面，我们也要注意婚姻家庭法与其他民事法律的区别。例如，婚姻家庭法领域中的人身权，是基于特定的亲属身份而享有的，在性质上不同于民法中的其他人身权；婚姻家庭法领域中的财产权是依附于人身权的，性质上不同于民法中的其他财产权；特定亲属之间的扶养、抚养和赡养关系，不同于一般的债权债务关系；等等。关于民法总则的规定，如何适用于婚姻家庭法领域的问题，学者们有不同主张。我们认为，婚姻家庭法中有特别规定的，自可在适用上排除总则中的一般规定。例如，按照我国婚姻家庭法的规定，婚姻行为能力和收养行为能力的取得，在年龄上是高于一般的民事行为能力的。

其三，婚姻家庭法和民事诉讼法的关系。婚姻家庭法是民事实体法的组成部分，该领域的民事纠纷理应按照民事诉讼法的有关规定寻求法律裁决和法律救济。因此婚姻家庭法和民事诉讼法也存在一种实体法和程序法之间的对应关系，当然，婚姻家庭法远不能代表民事实体法的全部，这是必须加以明确的。从另一个角度来说，在遇到离婚纠纷、收养纠纷、赡养纠纷、继承纠纷等问题时，按照民事诉讼法所规定的有关程序寻求司法救济，这本身也是贯彻和执行婚姻家庭法的过程。

除以上几个方面外，还应注意把握婚姻家庭法与行政法、行政诉讼法、刑法、刑事诉讼法等这样一些重要部门法之间的关系。婚姻家庭法的很多方面都要由行政管理机关来具体执行，比如结婚登记、离婚登记、收养登记等，这时当事人会与行政机关形成行政法律关系，此种法律关系正是由行政法来加以调整。如果行政相对人与行政机关之间产生争议或纠纷，则应按照行政诉讼法的有关规定加以解决。所以婚姻家庭法的贯彻执行离不开行政法和行政诉讼法的支持。同理，违反婚姻家庭法，构成婚姻家庭犯罪的，理应按照刑法和刑事诉讼法来追究其刑事责任，维护法律尊严和社会利益。

总之，整个法律体系是一个有机的集合体，婚姻家庭法作为其不可分割的组成部分与其他部门法都有着深刻的内在关联，同时又因其调整对象具有特定性而发展为独立的部门法。

二、婚姻家庭法的法律效力

明晰了婚姻家庭法在整个法律体系中的地位之后,我们还要了解婚姻家庭法的法律效力,也即适用范围,具体而言,是指法律适用于哪些人、什么地域、什么期间,我们通常将其概括为三个方面:对人的效力、空间效力和时间效力。

(一) 婚姻家庭法对人的效力

我国婚姻家庭法适用于所有公民,即凡我国公民之间的结婚、离婚、收养等婚姻家庭事宜,都必须适用我国婚姻家庭法。

华侨与国内公民之间、港澳同胞与内地公民之间在我国境内办理结婚、离婚和收养等事宜,也应当适用我国婚姻家庭法。

此外,居住在我国境内的外国人、无国籍人原则上亦应适用我国相关涉外法律法规。

(二) 婚姻家庭法的空间效力

婚姻家庭法体系包括多种效力级别的法律文件,不同法律文件的空间效力应当具体分析。

全国性的婚姻家庭立法文件都适用于国家主权领域的一切地区,包括领陆、领水及其底土和上空,还包括延伸意义上的领土,即驻外使馆和领域外的本国交通工具。这些具有全国性空间效力的法律文件主要包括由全国人民代表大会制定的宪法、基本法,全国人大常委会制定的一般性法律,国务院及其所属部门制定的行政法规和行政规章。当然,如果这些法律文件中规定某些法律条文只在特定地区适用,应当根据这些规定来确定相关法律规范的空间效力。

地方性的婚姻家庭立法文件则只具有地域性空间效力。如省、自治区、直辖市人民代表大会或其常委会制定的地方性法规仅在整个省、自治区或直辖市的地域范围内有效,民族自治地区有权机关制定的婚姻家庭法变通性规定,也只适用于相应的民族自治地区。

(三) 婚姻家庭法的时间效力

婚姻家庭法的时间效力,是指婚姻家庭法律文件何时生效、何时失效以及对其颁布实施前的事件和行为是否具有溯及力的问题。

通常,婚姻家庭法的生效时间可通过两种方式来确定:一是法律文件中已明确规定了一个不同于发布时间的生效时间。如1980年婚姻法规定:"本法自1981年1月1日起施行。"那么,虽然婚姻法于1980年就已发布,也要到1981年1月1日起才生效。二是法律文件中未作明确规定,此种情形下,一般自其公布之日起生效。有时,法律文件中也会直接规定该法自发布之日起施行。

婚姻家庭法的失效时间也可通过两种方式来确定:一是按照新法的明文规定确定旧法的失效时间。如1980年婚姻法规定:"1950年5月1日颁布的《中华人民共和国婚姻法》,自本法施行之日起废止。"那么,1950年婚姻法的失效时间就是1980年婚姻法的施行之日即1981年1月1日。二是在新法未作明确规定的情形下,待新法施行后,旧法即失去法律效力。

关于婚姻家庭法是否具有溯及力,要考虑具体法律文件、具体法律问题来确定。就目前而言,我国婚姻家庭领域两大基本法即婚姻法和收养法都不溯及既往,即它们对其各自生效前的相关法律问题都不适用,也就是说,解决这些法律问题时还应适用当时的有关法律规范。

第五节　我国婚姻家庭法的基本原则

我国现行《婚姻法》第 2 条规定:"实行婚姻自由、一夫一妻、男女平等的婚姻制度。保护妇女、儿童和老人的合法权益。实行计划生育。"第 3 条规定:"禁止包办、买卖婚姻和其他干涉婚姻自由的行为。禁止借婚姻索取财物。禁止重婚。禁止有配偶者与他人同居。禁止家庭暴力。禁止家庭成员间的虐待和遗弃。"这两条从正反两个方面共同构建了我国婚姻家庭法的基本原则。

一、婚姻自由原则

所谓自由,"是我们所拥有的、享受我们有理由珍视的那种生活的可行能力"①。通俗地说,自由意味着一个人有权按照其自身意愿实现各种不同的生活方式。毫无疑问,婚姻状况属于生活方式的重要方面。婚姻自由是指婚姻当事人有权根据法律的规定,自主自愿地决定自己的婚姻问题,不受任何人的强制和非法干涉。坚持婚姻自由原则,不仅要全面深入地理解婚姻自由的内涵,还要明确并杜绝为法律所禁止的干涉婚姻自由的行为。

(1) 正确理解婚姻自由的内涵

从传统理论来讲,这一原则主要包括结婚自由和离婚自由,所谓结婚自由,是指当事人有依法缔结婚姻关系的自由,此种自由意味着当事人关于结婚的相关意愿在不违反法律的前提下都应得到尊重。离婚自由,是指夫妻有依法解除婚姻关系的自由,此种自由为当事人提供退出婚姻关系的机制。

正确地理解婚姻自由既要注重当事人的合意,也要注重履行有关的法定程序,但对这两个方面又不能等量齐观。也就是说,法律在一定的情形下应当更尊重当事人的意志,这在结婚制度上体现为承认未履行法定程序但双方存在结婚合意的当事人之间具有婚姻关系(虽然法律可能还会有其他条件上的限制),在离婚制度中体现为不仅承认合意离婚而且在确定离婚扶养费的问题上不再具有惩罚意识转而注重保护扶养一方的个体利益,这种观念和制度上的变迁使当事人的离婚自由得到进一步的落实和保障。

(2) 禁止包办、买卖婚姻和其他干涉婚姻自由的行为,禁止借婚姻索取财物

包办婚姻是指婚姻关系以外的第三人(包括父母)违反婚姻自由原则,在完全违背婚姻当事人意愿的情况下,强迫其缔结的婚姻。买卖婚姻是指婚姻关系以外的第三人(包括

---

① 〔印度〕阿马蒂亚·森:《以自由看待发展》,任赜、于真译,中国人民大学出版社 2002 年版,第 286 页。

父母)以索取大量财物为目的,包办、强迫他人缔结的婚姻。其他干涉婚姻自由的行为是指除包办、买卖婚姻以外的违反婚姻自由原则,阻挠、干涉他人行使婚姻自由权利的行为。如阻挠、干涉丧偶妇女再婚,子女阻挠丧偶、离婚的父母与他人结婚等。借婚姻索取财物是指当事人自愿结婚但以索取一定财物作为结婚必要条件的行为。

包办婚姻、买卖婚姻和借婚姻索取财物,是干涉婚姻自由的不同表现形态,三者各有特点:包办婚姻主要是将包办人的意志强加给婚姻当事人从而违反了婚姻自由原则;买卖婚姻则表现为以获取大量财物为主要目的、将婚姻当事人等同于商品致其不能在婚姻问题上自主;借婚姻索取财物中当事人对结婚基本是自愿的,主要是因袭陈规陋习妨害了婚姻当事人婚姻自由的正当行使。借婚姻索取财物的违法性虽然不如包办、买卖婚姻严重,但此类行为比包办、买卖婚姻更多,涉及面更广。对借婚姻索取财物的一方,应当予以批评教育,责令其改正错误,同时还要根据具体情况,妥善处理由此而引起的财物纠纷。这方面的纠纷有的是在悔婚时发生的,有的则是在离婚时发生的。最高人民法院在有关司法解释中指出:"当事人请求返还按照习俗给付的彩礼的,如果查明属于以下情形,人民法院应当予以支持:(一)双方未办理结婚手续的;(二)双方办理结婚登记手续,但确未共同生活的;(三)婚前给付并导致给付人生活困难的。适用前款第(二)、(三)项的规定,应以双方离婚为条件。"[①]未办结婚登记但办了婚礼而同居生活后产生的彩礼纠纷,可参照上述规定酌情返还。婚姻宣告无效后,当事人请求返还彩礼的,亦可参照上述规定酌情返还。在司法实践中,彩礼返还的额度一般根据当事人的请求,综合考虑双方共同生活时间长短、给付方经济状况以及过错责任等因素,根据公平原则全部或部分返还。诉讼主体不仅仅局限于男女本人,可根据实际情况以实际给付人和接受人为诉讼主体。凡涉及买卖婚姻性质的彩礼,当事人要求返还的,人民法院不予支持。

二、一夫一妻原则

一夫一妻是男女两性结合的最文明的方式,是人类走向文明的标志。一夫一妻制有利于建立稳定的婚姻关系,有利于对子女的抚养和教育,也有利于社会的安定。在文明时代,世界上绝大多数国家都实行一夫一妻制。

具体而言,一夫一妻原则可从两个方面来理解:第一,按照我国婚姻法的规定,任何人只能有一个配偶,不得同时有两个或两个以上的配偶,禁止一切形式的一夫多妻或一妻多夫的结合。第二,已婚者在婚姻终止即配偶死亡或离婚以前,不得再行结婚。

为了保障一夫一妻制的严格执行,我国婚姻法明确禁止重婚、有配偶者与他人同居和其他破坏一夫一妻制的行为。所谓重婚,是指有配偶者又与他人结婚的行为,即当事人在已存在合法婚姻关系的情况下又与他人缔结婚姻关系。当事人在前缔结的婚姻关系称为前婚,在后缔结的婚姻关系称为后婚。重婚不仅包括当事人先后通过婚姻登记缔结多个婚姻关系的情形,也包括当事人通过婚姻登记及事实婚姻各种方式缔结多个婚姻关系的

---

① 最高人民法院:《关于适用〈中华人民共和国婚姻法〉若干问题的解释(二)》,2003年12月25日。

情形,比如当事人前婚为登记婚姻,后婚为事实婚姻,也构成重婚。关于事实婚姻的认定,可参见本书关于结婚制度的相关内容。

有配偶者与他人同居的情形,是指有配偶者与婚外异性,不以夫妻名义,持续、稳定地共同居住。重婚和有配偶者与他人同居这两种违法行为既有相同之处又有不同之处,相同之处在于两者都是严重违反一夫一妻原则的行为,两者的主体都至少有一方是存在合法婚姻关系的当事人,且存在该当事人与配偶以外的人共同生活的事实。两者的重要区别在于,重婚是有配偶者与婚外异性公然以夫妻名义共同生活,周围的人也常以为当事人是夫妻关系,而有配偶者与他人同居的情形则是有配偶者与婚外异性共同生活却不以夫妻名义相称,周围的人大多也并不认为当事人是夫妻关系。在法律后果上,重婚和有配偶者与他人同居存在很大的不同,重婚行为应当追究刑事责任,而有配偶者与他人同居则主要承担民事责任。

其他破坏一夫一妻制的行为主要是指通奸、姘居等。通奸是指双方或一方有配偶的男女,秘密、自愿发生两性关系的违法行为。姘居是指双方或一方已有配偶的男女,非法的、缺乏长久共同生活目的的临时公开性同居。

三、男女平等原则

男女平等原则的核心内容是指男女两性在婚姻关系和家庭生活的各个方面都享有平等的权利,承担平等的义务。

正义是社会制度之第一美德,而平等是正义的题中应有之义。如何理解平等和正义的理念,美国法哲学家罗尔斯的观点可资借鉴。其关于正义的原则可以表述为:"所有社会价值——自由和机会、收入和财富、自尊的基础——都要平等地分配,除非对其中的一种价值或所有价值的一种不平等分配合乎每一个人的利益。"[①]在这些关于正义的论述中,我们可以发现,正义的建构必须遵循两大原则,第一个原则是平等分配权利和义务,第二个原则是在决定是否实行某种不平等分配时不对主体区别对待,也就是说,该原则本身必须平等地适用于各个主体。

罗尔斯的社会正义原则主要是从平等公民的地位、收入及财富的不同水平来评价社会体系的,但它也适用于由确定的自然特征所确定的地位,比如"两性的差别"。罗尔斯称,如果男人在基本权利的分配中较为有利,这种不平等就只能被一般意义上的差别原则如此辩护:只有当这种不平等有利于妇女,并能为她们接受的情况下才是正当的。也可以说,社会正义实际上可以理解为自由与平等的调和,也就是通过差别原则达到"补不足"的目的,即用形式上的不平等手段达到实质上平等的效果。一方面,如果不减轻自然存在的偶然因素对分配的影响,社会文化中存在的偶然因素也不可能完全地排除,另一方面,只要家庭制度存在,排除社会和后天条件的任意影响的公平机会原则实际上也不可能完全地实行,因此,仅仅主张机会上的公平平等原则是不够的,还必须把这一原则与一种有

[①] 〔美〕约翰·罗尔斯(Rawls.J.):《正义论》,何怀宏等译,中国社会科学出版社1988年版,第62页。

助于减轻自然因素对分配的影响的差别原则联系起来,要符合最少受惠者的最大利益。如果一切都根据最少受惠者的利益来取舍,长此以往,可望达致一个不仅实现了权利平等,而且最大限度地实现了福利平等的社会。

在婚姻法领域,男女平等原则的具体表现包括但不限于以下几个方面:(1) 男女双方同等适用法律规定的结婚或离婚条件及程序,同等享有法律规定的配偶权利,同等承担法律规定的配偶义务;(2) 父和母、子和女同等适用那些规范家庭关系的法律规范;(3) 兄弟与姐妹、(外)祖父与(外)祖母在家庭中地位平等,同等条件下同等适用相关法律规范。

四、保护妇女、儿童和老人的合法权益原则

妇女、儿童和老人是社会弱势群体,婚姻法确立保护妇女、儿童和老人的合法权益,既蕴含着对公平正义理念的坚持和发扬,也体现了社会主义制度下关怀妇女、爱护儿童、敬养老人的良好风尚。这里所说的妇女、儿童和老人的合法权益,是指前述主体在婚姻家庭关系中基于特定的亲属身份关系和共同生活关系所享有的权利与利益的总称,包括人身权益和财产权益多项内容。

关于妇女合法权益的全面、系统规范,主要体现在我国1992年颁行、2005年修订的《中华人民共和国妇女权益保障法》,而保护妇女在婚姻家庭关系中的合法权益则是《婚姻法》的历史使命。为了切实保障妇女在婚姻家庭中的合法权益,2001年婚姻法不仅继续保留1980年婚姻法中判决分割共同财产时照顾女方和子女权益的原则;而且设立补偿制度,规定一方因抚育子女、照料老人、协助另一方工作等付出较多义务的,离婚时可以向另一方请求补偿;此外,还强化帮助制度,对于离婚时生活困难的一方,强调另一方应从其住房等个人财产中给予适当帮助。由于妇女在家庭中往往承担了较多的义务,而收入却普遍低于丈夫,且在行使夫妻共同财产权利的过程中多属于弱势一方,因此,修改后的婚姻法新增设的这些内容特别有利于保护妇女的权益。需要澄清的是,保护妇女合法权益与实行男女平等原则具有一致的价值追求,男女平等原则是基础,注重保护妇女合法权益是补充,二者相辅相成,促成公平正义理念的实现。

保护儿童的合法权益,概指保护18周岁以下未成年人的合法权利和利益。关于全面保护儿童合法权益的法律规范,主要体现在我国于1991年颁行、2006年修订的《中华人民共和国未成年人保护法》,在贯彻婚姻法相关规定时,应注意与未成年人保护法相衔接。为了确保儿童的生存权和发展权,我国《婚姻法》明确禁止溺婴、弃婴和其他残害婴儿的行为,并要求父母对子女尽到抚养教育的义务。此种义务不因婚生子女、非婚生子女或养子女、继子女的差异而有所不同,亦不因父母离婚而免除。在特定情形下,有负担能力的祖父母、外祖父母或兄、姊有义务抚养未成年或没有独立生活能力的孙子女、外孙子女或弟、妹。在处理有关儿童的婚姻家庭问题时,我们要特别强调儿童本位、儿童利益最大化的理念。

敬老、爱老是中华民族的传统美德,目前我国老人权益维护主要是通过社会保障和家庭赡养来完成的。在社会层面,国家依据宪法关于保护老人权益的有关规定发展了较为全面的保障制度,比如对城镇离退休老人保障"五有"(即"老有所养、老有所学、老有所

为、老有所医、老有所乐"),对农村无劳动能力或无生活来源的老年成员,则实行"五保"制度(即"保吃、保穿、保住、保医、保葬")。但在目前社会物质资源有所欠缺的情况下,社会保障体系还不够坚实,不能独立承担保护老人合法权益的重担,家庭赡养对于保护老人合法权益具有不可替代、不可忽视的重要意义。这里所说的"赡养"不仅包括给予老人经济扶持和帮助,还包括悉心照料老人的起居以及细心抚慰老人的情绪等。1996 年全国人大常委会通过了《老年人权益保障法》,对老年人的基本权益和特殊权益作了具体而全面的规定。婚姻法强调保护老人合法权益,主要是从家庭关系的角度来加以规范和要求的,比如明确规定子女对父母应当尽到赡养的义务和责任。如果子女未主动履行义务,父母有权要求其给付赡养费。为了全面保护老人的合法权益,婚姻法还规定在特定情形下,孙子女或外孙子女有赡养祖父母或外祖父母的义务。

此外,为了切实保障妇女、儿童和老人的合法权益,《婚姻法》第 3 条第 2 款还规定:"……禁止家庭暴力。禁止家庭成员间的虐待和遗弃。"家庭暴力,是指行为人以殴打、捆绑、残害、强行限制人身自由或者其他手段,给其家庭成员的身体、精神等方面造成一定伤害后果的行为。这是最高法院《关于适用〈中华人民共和国婚姻法〉若干问题的解释(一)》[以下简称《婚姻法解释(一)》]对家庭暴力所作的界定,也是司法审判实务中据以认定家庭暴力的标准。这一界定采取了例示与概括相结合的方式,不仅列举了殴打、捆绑、残害、强行限制人身自由的手段和致家庭成员身体、精神受到伤害的后果,还以"其他手段"和"身体、精神等方面"的措辞对家庭暴力的形式和后果进行了更加全面、更加具有包容力的概括,使得婚姻法关于反对家庭暴力的规定能够得到更为广泛和更为灵活的运用。虐待是指以作为或不作为的形式对家庭成员歧视、折磨、摧残,使其在精神上、肉体上遭受损害的违法行为。虐待的形式多种多样,如打骂、恐吓、冻饿、限制人身自由,拒绝供应必要的衣食或放任疾病恶化等。这些违法行为与家庭暴力的形式具有一定的相似性,最高法院《婚姻法解释(一)》规定,持续性、经常性的家庭暴力,构成虐待。遗弃是指负有法定抚养、扶养、赡养义务的家庭成员,拒不履行法定义务,致使需要抚养、扶养、赡养的家庭成员不能得到法定供养,损害其合法利益的违法行为。这里的抚养主要是指长辈对晚辈如父母对未成年子女的法定供养义务,扶养主要是指配偶之间即夫妻之间的法定供养义务,赡养主要是指晚辈对长辈如成年子女对父母的法定供养义务。

五、实行计划生育原则

计划生育是指人类自身的生产应当有计划地进行,要有计划地控管全社会人口的运行。当前,我国实行计划生育的基本要求是:少生、优生、优育和适当地晚婚晚育。

(一) 实行计划生育的意义

从宏观层面来说,实行计划生育关系到人类社会各方面的生产状况是否协调一致,也即人口的生产和再生产能否与物质资料的生产和再生产协调一致。我国历来是世界人口大国,必须有效地调节人口的再生产并有计划地控制人口增长才能适应自然资源和物质生产状况,确保社会主义现代化建设事业的可持续发展。

从微观层面来说,在我国物质财富还不够丰盛、社会生产水平有待提高的当前阶段,有计划地控制家庭人口有助于减轻家庭经济负担,提高家庭成员的生活质量,保障家庭成员的全面发展。

(二) 计划生育是我国基本国策

我国自20世纪70年代起开始推行计划生育工作,其后将实行计划生育确定为一项基本国策,在宪法中规定:"国家提倡计划生育,使人口的增长同经济和社会发展计划相适应。"2001年12月29日第九届全国人民代表大会常务委员会第25次会议通过了《中华人民共和国人口与计划生育法》,以基本法的形式对计划生育工作进行了全面系统的规范。

婚姻家庭是执行计划生育工作的基本单位,作为规范婚姻关系的基本法律制度,我国婚姻法早在1980年即以宪法为依据将计划生育规定为基本原则,2001年婚姻法坚持了这一原则,并具体规定"夫妻双方都有实行计划生育的义务"。值得一提的是,在贯彻计划生育政策的工作中,应当注意婚姻法和收养法的衔接。收养行为会产生拟制的父母子女关系,同样应当符合计划生育政策。作为与婚姻法密切相关的部门法,我国收养法规定"收养不得违背计划生育的法律、法规",其在具体收养制度中主要表现为:收养人只能收养一名子女;送养人不得以送养子女为理由违反计划生育的规定再生育子女。

(三) 计划生育原则的主要内容

按照《中华人民共和国人口与计划生育法》,计划生育工作的基本方针是:国家稳定现行生育政策,鼓励公民晚婚晚育,提倡一对夫妻生育一个子女;具体办法由省、自治区、直辖市人民代表大会或者其常务委员会规定,少数民族也要实行计划生育,具体办法由省、自治区、直辖市人民代表大会或者其常务委员会规定。

可见,除了宪法、人口与计划生育法、婚姻法、收养法等法律外,各省、自治区、直辖市人民代表大会或者其常务委员会制定的地方法规也是指导计划生育工作的重要法律文件。综合上述法律法规,计划生育原则的主要内容可以从三个方面来理解:(1) 国家提倡和奖励一对夫妻生育一个孩子,凡响应国家号召,只生育一个孩子的,国家给予奖励;(2) 对有特殊情况需要生育第二胎的,国家实行严格控制的政策,符合法定条件的,允许生育第二胎;(3) 凡是未经指定主管部门批准生育二胎或多胎的,均为违法行为,应当依法予以处理。

六、倡导性法律规范

我国婚姻法除了明确规定以上原则外,也积极倡导平等、和睦和文明的婚姻家庭关系,提倡夫妻之间相互忠实、相互尊重,家庭成员之间敬老爱幼、互相帮助。这种区别于规则的倡导性规范既彰显了法律规制与道德准则的一致性,也充分注意到法律干预婚姻家庭关系的边界。比如,《婚姻法》总则第4条规定,"夫妻应当互相忠实,互相尊重……",但同时最高人民法院《婚姻法解释(一)》第3条规定:"当事人仅以婚姻法第4条为依据提起诉讼的,人民法院不予受理;已经受理的,裁定驳回起诉。"这说明,法律在干预婚姻中当事人相互之间的权利义务关系时,还是相当谨慎的。这主要是考虑到,夫妻之间是否互相忠实和互相尊重(情感上的尊重或言语、态度上的尊重),本身是个道德问题,法律不宜干预。

第六节　我国婚姻家庭法的救助措施与法律责任

对于严重违反婚姻家庭法的违法行为,我国现行《婚姻法》第 5 章较为系统地规定了相应的救助措施和法律责任。

(一) 关于救助措施的规定

救助措施,是指依照法律规定负有救助义务的机构应婚姻家庭违法行为受害人的请求为其提供的救援和帮助措施。救助措施具有以下几个方面的特征:其一,救助措施的主体应为法律规定具有救助义务的机构,如居民委员会、村民委员会以及当事人所在单位等。其二,救助措施的适用一般以婚姻家庭违法行为的受害人提出请求为前提,但如果受害人由于客观条件所限无法求助或由于精神状态处于极度的恐惧、胆怯而不敢求助,社会干预机构亦应采取适当的措施予以救助。其三,救助措施的目的和功用主要在于及时阻止婚姻家庭违法行为,及时保护受害人的生命健康,及时疏导婚姻家庭纠纷。

我国婚姻法明确规定的救助措施主要有劝阻、调解和制止等,有关救助机构应当依照法律规定采取适当的措施为婚姻家庭违法行为受害人提供救助。

1. 劝阻

根据《婚姻法》第 43 条和第 44 条的规定,有实施家庭暴力或虐待家庭成员以及遗弃家庭成员情形的,受害人有权提出请求,居民委员会、村民委员会以及所在单位应当予以劝阻、调解。该法第 43 条第 2 款尤其强调,对正在实施的家庭暴力,受害人有权提出请求,居民委员会、村民委员会应当予以劝阻。劝阻是指有关机构通过劝说、阻止等方式使实施家庭暴力或虐待家庭成员、遗弃家庭成员的当事人停止违法行为,也包括通过耐心和深入的思想工作使当事人明了其行为的违法性、危害性,从而杜绝以后再次实施此类行为。

2. 调解

对于实施家庭暴力或虐待家庭成员以及遗弃家庭成员的,受害人提出请求,居民委员会、村民委员会以及所在单位在予以劝阻之后,往往还需对婚姻家庭纠纷进行调解,从而使不良婚姻家庭关系得以调适和矫正,从根本上维护婚姻家庭秩序的稳定。目前,我国调解机制可分为人民调解、司法调解和专业调解,这里所说的调解主要指人民调解。

3. 制止

《婚姻法》第 43 条第 2 款规定,对正在实施的家庭暴力,受害人有权提出请求,居民委员会、村民委员会应当予以劝阻;公安机关应当予以制止。制止是公安机关特有的法定职权,也是公安机关的法定救助义务,是指公安机关基于受害人的请求,采取有效措施强迫正在实施家庭暴力的加害人停止违法行为。

（三）关于法律责任的规定

《婚姻法》第43条至第48条分别针对重婚、有配偶者与他人同居、家庭暴力、虐待或遗弃家庭成员等婚姻家庭违法行为规定了相应的民事法律责任、行政法律责任和刑事法律责任，并通过第49条的规定将其他法律有关婚姻家庭的违法行为和法律责任的规定引入婚姻家庭法律体系，使婚姻法责任认定规则更加趋于系统化。

1. 民事法律责任

综合我国民法通则、婚姻法、继承法和收养法的相关规定，婚姻家庭领域的民事责任主要有以下几个方面：

（1）遗弃家庭成员的，应依法支付扶养费、抚养费和赡养费。根据《婚姻法》第44条第2款和第48条的规定，对遗弃家庭成员，受害人提出请求的，人民法院应当依法作出支付扶养费、抚养费、赡养费的判决；对拒不执行有关扶养费、抚养费、赡养费判决，由人民法院依法强制执行，有关个人和单位应负协助执行的责任。

（2）因重大婚姻家庭违法行为导致离婚的，应承担损害赔偿责任。重婚、有配偶者与他人同居、实施家庭暴力以及虐待、遗弃家庭成员的重大婚姻家庭违法行为严重损害了婚姻当事人及其他家庭成员的身心健康及其对婚姻家庭所享有的特定利益，有损害即应有赔偿，我国《婚姻法》经2001年修改后首次于第46条明确规定有上述情形之一，导致离婚的，无过错方有权请求损害赔偿。具体如何行使此种损害赔偿请求权，可参见本书第五章离婚制度有关内容。

（3）妨害夫妻共同财产分割的，承担不利法律后果。我国《婚姻法》第47条第1款规定："离婚时，一方隐藏、转移、变卖、毁损夫妻共同财产，或伪造债务企图侵占另一方财产的，分割夫妻共同财产时，对隐藏、转移、变卖、毁损夫妻共同财产或伪造债务的一方，可以少分或不分。离婚后，另一方发现有上述行为的，可以向人民法院提起诉讼，请求再次分割夫妻共同财产。"最高人民法院《婚姻法解释（一）》进一步规定，离婚后，另一方当事人向人民法院提起诉讼，请求再次分割夫妻共同财产的诉讼时效为2年，从当事人发现之次日起计算。妨害夫妻共同财产分割的当事人除了承担上述不利后果外，还有可能因为妨害民事诉讼而被法院施以制裁，按照民事诉讼法的有关规定，人民法院可根据情节轻重对当事人予以罚款、拘留；构成犯罪的，依法追究刑事责任。

（4）婚姻家庭违法行为对监护法律关系、收养法律关系、继承法律关系的影响。根据我国民法通则的有关规定，未成年人的父母是未成年人的监护人，监护人不履行监护职责或者侵害被监护人的合法权益的，应当承担责任；给被监护人造成财产损失的，应当赔偿损失；人民法院可以根据有关人员或者有关单位的申请，撤销监护人的资格。因此，监护人如实施家庭暴力、虐待、遗弃等不法行为损害被监护人的利益，则应承担相应的民事责任，且有可能被取消监护资格。

根据我国收养法的规定，养父母与成年养子女关系恶化、无法共同生活的，可以协议解除收养关系；不能就此达成协议的，可以向人民法院起诉，通过诉讼程序解决。可见，成年养子女不尽赡养义务，虐待、遗弃养父母的，养父母可通过诉讼要求养子女善尽义务，如双方关系恶化无法继续共同生活,则可诉请养子女返还抚养费用,解除收养关系。

根据我国继承法的有关规定,继承人故意杀害被继承人、为争夺遗产杀害其他继承人、遗弃被继承人或虐待被继承人情节严重的,伪造、篡改或销毁遗嘱情节严重的,丧失继承权。那么,家庭成员存在遗弃或虐待行为,情节严重的,可能会因此失去继承权,当然,被遗弃、被虐待的家庭成员也可通过遗嘱的方式将实施婚姻家庭违法行为的当事人排除在继承人的范围之外。

2. 行政法律责任

结合我国婚姻法、收养法、治安管理处罚法等有关法律法规的内容来看,婚姻家庭领域的行政法律责任可分为两大类,即行政处罚和行政处分。

(1) 行政处罚

行政处罚是指行政机关对违反行政法律规范但尚未构成犯罪的行政相对人给予制裁的具体行政行为。对于婚姻家庭违法行为,较常用的行政处罚主要是警告、罚款、行政拘留等。婚姻家庭违法行为往往会侵害受害人的人身权利和财产权利,公安机关应受害人的请求可根据有关行政法规尤其是 2006 年 3 月 1 日起施行的《中华人民共和国治安管理处罚法》(以下简称《治安管理处罚法》)第三章第三节关于"侵犯人身权利、财产权利的行为和处罚"的具体内容予以制裁。

对于家庭暴力、虐待、遗弃这些较为突出的婚姻家庭违法行为,我国婚姻法和治安管理处罚法专门规定予以行政处罚。《婚姻法》第 43 条第 3 款规定,实施家庭暴力或虐待家庭成员,受害人提出请求的,公安机关应当依照治安管理处罚的法律规定予以行政处罚。《治安管理处罚法》第 45 条规定:"有下列行为之一的,处 5 日以下拘留或者警告:(一) 虐待家庭成员,被虐待人要求处理的;(二) 遗弃没有独立生活能力的被扶养人的。"

(2) 行政处分

行政处分是指国家机关、人民团体、企事业单位依照有关规章制度对其工作人员违法违纪行为给予的处理和制裁,主要包括警告、记过、记大过、降级、撤职、开除等。婚姻家庭领域的行政处分,可分为针对行政执法人员的行政处分和针对违法行为人的行政处分。有关行政机关的工作人员在处理婚姻登记、收养登记等公务中出现违法违纪情形的,须接受行政处分。但我们这里所说的行政处分主要是针对婚姻家庭违法行为的当事人而言的,即作为家庭成员的当事人在处理婚姻家庭关系中出现违法违纪行为须承担的行政处分。

自 2007 年 6 月 1 日起施行的《行政机关公务员处分条例》第 29 条明确规定:"有下列行为之一的,给予警告、记过或者记大过处分;情节较重的,给予降级或者撤职处分;情节严重的,给予开除处分:(一) 拒不承担赡养、抚养、扶养义务的;(二) 虐待、遗弃家庭成员的;(三) 包养情人的;(四) 严重违反社会公德的行为。有前款第(三)项行为的,给予撤职或者开除处分。"此外,《浙江省保护妇女儿童合法权益的若干规定》、《河北省保护妇女儿童合法权益的规定》等地方性法律文件都较为广泛地运用行政处分来加强对婚姻家庭违法行为的制裁和处理。

3. 刑事法律责任

我国婚姻法针对重婚、实施家庭暴力或虐待、遗弃家庭成员构成犯罪的情形规定了刑事法律责任,在追究犯罪嫌疑人的刑事法律责任时应按照相应的刑事法律规范来认定和处理。其他婚姻家庭违法行为,触犯刑事法律规范,构成刑事犯罪的,亦应依法追究其刑事法律责任。

(1) 婚姻法关于婚姻家庭犯罪的规定

《婚姻法》第 45 条规定:"对重婚的,对实施家庭暴力或虐待、遗弃家庭成员构成犯罪的,依法追究刑事责任。受害人可以依照刑事诉讼法的有关规定,向人民法院自诉;公安机关应当依法侦查,人民检察院应当依法提起公诉。"

家庭暴力犯罪是一个概括性的语词,包括各种因实施家庭暴力而构成的犯罪,主要是侵害公民人身权利的犯罪,比如故意杀人罪、故意伤害罪、非法拘禁罪等。至于重婚罪、虐待罪和遗弃罪,现行《中华人民共和国刑法》(2009 年 2 月 28 日第十一届全国人民代表大会常务委员会第七次会议最新修正,以下简称《刑法》)有专门的条文进行规定:①《刑法》第 258 条是关于重婚罪的规定,其内容为:有配偶而重婚的,或者明知他人有配偶而与之结婚的,处 2 年以下有期徒刑或者拘役。②《刑法》第 260 条是关于虐待罪的规定,其内容为:虐待家庭成员,情节恶劣的,处 2 年以下有期徒刑、拘役或者管制。犯前款罪,致使被害人重伤、死亡的,处 2 年以上 7 年以下有期徒刑。第 1 款罪,告诉的才处理。②《刑法》第 261 条是关于遗弃罪的规定,具体内容为:对于年老、年幼、患病或者其他没有独立生活能力的人,负有扶养义务而拒绝扶养,情节恶劣的,处 5 年以下有期徒刑、拘役或者管制。

(2) 刑法关于其他婚姻家庭犯罪的规定

除了上述重婚罪、虐待罪和遗弃罪之外,刑法关于婚姻家庭领域特有犯罪行为的规定还包括暴力干涉婚姻自由罪和破坏军婚罪等:①《刑法》第 257 条是关于暴力干涉婚姻自由罪的规定,具体内容为:以暴力干涉他人婚姻自由的,处 2 年以下有期徒刑或者拘役。犯前款罪的,致使被害人死亡的,处 2 年以上 7 年以下有期徒刑。第 1 款罪,告诉的才处理。②《刑法》第 259 条是关于破坏军婚罪的规定,具体内容为:明知是现役军人的配偶而与之同居或者结婚的,处 3 年以下有期徒刑或者拘役。利用职权、从属关系,以胁迫手段奸淫现役军人的妻子的,依照本法第 236 条的规定定罪处罚。而《刑法》第 236 条是关于强奸罪的规定。

第二章 亲属制度

第一节 亲属的意义、分类和范围

一、亲属的概念

1. 亲属释义

亲属一词由来已久,汉儒刘熙在《释名·释亲属》中说:"亲,衬也,言相隐衬也。""属,续也,恩相连续也。"这些解释意在说明亲属之间具有不同于常人的相衬相续的密切关系。亲属的网络,是以婚姻和血缘联系为纽带编织而成的。中国古代典籍中"亲"与"属"二字具有不同的含义,常将其分别使用。一般说来,较近之亲称为亲,较远之亲称为属。后世始将亲属两字连用,使其意义合一。除"亲属"外,中国古籍中还有"亲族"、"亲戚"等称谓。中国封建时代后期,律例中的亲族一词往往是作为宗族的同义语使用的。"亲戚"一词在中国古籍中有时用以泛指族内外的亲属。有时则专指族外,如外戚、姻戚等。中国古代的亲属以宗亲为本,亲戚一词在律例中极为罕见。

亲属在自然意义上无非是被两性结合和血缘关系联结起来的个人。然而,社会因素却使亲属关系获得了超自然的社会价值。恩格斯指出:"父母、子女、兄弟、姐妹等称谓,并不是简单的荣誉称号,而是一种负有完全确定的、异常郑重的相互义务的称呼。这种义务的总和便构成这些民族的社会制度的实质部分。"① 一般说来,古代社会亲属关系在社会生活中的作用十分强大,至近现代已有所弱化。但是,一定范围的亲属关系仍具有相当的法律效力。

2. 当代法学中亲属的概念

亲属的概念可以大致表述于下:亲属,系指人们基于婚姻、血缘和法律拟制而形成的社会关系。亲属关系一经法律调整便在相关的主体之间产生法定的权利和义务。婚姻是亲属之源,血亲是亲属之流。血亲也可依法拟制,通过收养而形成。姻亲则是以婚姻为中介而发生的。也有一些国家的法律仅以血亲、姻亲为亲属,配偶自为配偶,不以亲属相称。但是,配偶关系也是由亲属法(婚姻家庭法)加以调整的。

为了正确把握亲属的概念,依法调整亲属关系,应当注意以下几个问题:

第一,亲属关系与亲属法律关系的区别。

亲属网络极为广泛。作为现实存在的亲属关系,纵向的关系须受人们寿命的限制,不可能超过若干代,横向的关系却是由此及彼、漫无边际的。只有为法律所调整的亲属关

---

① 《马克思恩格斯全集》第21卷,人民出版社1965年版,第40页。

系,才是亲属法律关系(通常是较近的亲属关系),具有相应的法律效力。其他未为法律所调整的亲属关系,主体之间没有法定的权利义务,仅具有伦理上、传统习俗上的意义,亲属之间的关系是松散的或比较松散的。

第二,亲属与家庭成员的区别。

作为社会的基本生活单位,家庭是由同居一家、共同生活的亲属组成的,家庭成员一般均为近亲属,例外的情形极为罕见。有亲属关系的人,甚至是有近亲属关系的人,不可能都是同一家庭的成员,而是分属于不同家庭的。两者的区别在于,家庭成员间不仅有亲属关系,还有以家庭为单位的共同经济和共同生活的关系。

第三,亲属与家属的区别。

家属是家长的对称,从历史上来看是家长制家庭的产物。我国历代封建法律中所称的家属,除家长的配偶和其他同居一家的亲属外,还包括妾和奴婢等,家属不以亲属为限。1930年的国民党政府民法亲属编中仍保留家制,按其规定,家置家长,同家之人,除家长外均为家属。虽非亲属而以永久共同生活为目的同居一家者,视为家属。我国婚姻家庭法中未设家制。现实生活中虽有家长、家属的称谓,但并不具有法律上的意义。

二、亲属在法律上的分类

亲属关系错综复杂,不同的亲属关系的主体之间各有其特定的身份。就法理而言,可从不同的角度、依据不同的标准加以分类,亲系、行辈、亲属关系的亲疏远近等均可作为分类的依据。本题以亲属关系的发生原因为依据将其分为配偶、血亲和姻亲三类,这是当代许多国家在法律上对亲属的基本分类,在立法上和法律的适用上都具有重要的意义和应用价值。

(一) 配偶

在婚姻关系存续期间,夫妻双方互为配偶。配偶在亲属关系中具有重要的地位和独特的作用,它是其他亲属关系的源泉和桥梁,如果没有配偶的结合和生育行为,便不可能形成血亲关系,如果不以婚姻为中介,便不可能形成姻亲关系。但是关于是否将配偶列为亲属类别之一,各国有不同的立法例,学者们所持的主张也不尽相同。

有些国家在法律中并无以配偶为亲属类别之一的概括性规定。在德国法中,狭义上的亲属仅指血亲,广义上的亲属还兼指姻亲。瑞士民法中亦无以配偶为亲属的规定,另一些国家在法律中则是明定配偶为亲属类别之一的,如日本法、韩国法等。在这些法律中,配偶在亲属类别中是与血亲、姻亲并列的。

中国古代的礼与律均认为配偶是亲属,服制图中有妻为夫服、夫为妻服的规定,在有关律条中,亲属一词的含义也是包括夫妻的。目前,我国现行法律中并无亲属类别的概括性规定,但是,从有关法律的具体规定来看,配偶不仅是亲属,而且是在亲属中居于核心地位的近亲属。

(二) 血亲

血亲系指相互之间具有血缘联系的亲属,这种血缘联系可以是直接的,也可以是间接的(详见后文)。原来意义上的血亲本为自然血亲,即生物学意义的血亲,扩大意义上的血亲还包括拟制血亲。

1. 自然血亲

自然血亲在血缘上具有同源关系,他(们)是共同的祖先的后裔,相互之间是被血缘纽带联结在一起的。例如,父母与子女,祖父母与孙子女,外祖父母与外孙子女,兄弟姐妹,伯、叔、姑与侄、侄女,舅、姨与甥、甥女,堂兄弟姐妹,表兄弟姐妹等,均为自然血亲。

这里所说的同源关系或共同祖先,包括父系和母系两个方面。对于自然血亲,应当破除父系本位的旧传统,确立父母双系并重的亲属观。同源于父母双方的为全血缘的自然血亲,同源于父母一方的为半血缘的自然血亲(如同父异母或同母异父的兄弟姐妹)。自然血亲关系不受婚生或非婚生的影响。例如,父母与婚生子女是自然血亲,父母与非婚生子女也是自然血亲。自然血亲的形成是以血缘联系为其客观依据的。

2. 拟制血亲

拟制血亲是指相互之间本无该种血亲应具有的血缘联系,经依法拟制后,始具有与该种血亲相同的权利义务的亲属,这种血亲不是自然形成的,而是人为地依法创设的,故亦称法亲或准血亲。应当指出的是,拟制血亲并不仅以原无血缘联系者为限。即使原来便具有某种血亲关系,经依法拟制后则创设了另一种血亲关系,从而出现了亲属关系重复的现象。在这种情形下,权利义务不是按照原来的,而是按照所拟制的血亲关系确定的。例如,收养同辈旁系血亲的子女为己之子女,是现实生活中很常见的现象。

按照我国《婚姻法》和《收养法》的规定,养父母与养子女,继父、继母与受其扶养教育的继子女,均为拟制血亲的父母子女。以此为中介,还会形成拟制血亲的祖孙关系、兄弟姐妹关系等。

(三) 姻亲

姻亲是以婚姻为中介而形成的亲属关系,但配偶本身是除外的。姻亲因婚姻而生,就法理而言,姻亲本应以血亲的配偶和配偶的血亲为限,有些法律将配偶的血亲的配偶列为姻亲,这无非是配偶的血亲的延长和扩张。韩国民法中姻亲的范围更为广泛,将血亲的配偶的血亲也作为姻亲的类别之一。按照我国婚姻家庭法学中比较公认的见解,现将不同种类的姻亲列示于下。

1. 血亲的配偶

在亲属关系中,己身的长辈旁系血亲、同辈血亲和晚辈血亲的配偶,均为己身的姻亲。如伯、叔、舅之妻(伯母、婶母、舅母),姑、姨之夫(姑父、姨父),兄弟之妻(兄嫂、弟妇),姐妹之夫(姐夫、妹夫),子之妻(儿媳),女之夫(女婿)等。长辈直系血亲的配偶,同样是己身的血亲而非姻亲。但也有例外,如无扶养关系的继父母、继子女,继父或继母是继子女的长辈直系姻亲。

2. 配偶的血亲

在亲属关系中,己身的配偶的长辈血亲、同辈血亲和晚辈旁系血亲,均为己身的姻亲。如妻之父母(岳父、岳母),夫之父母(公、婆),妻之兄弟姐妹及其子女,夫之兄弟姐妹及其子女等。但是，配偶的晚辈直系血亲，同样是己身的血亲而非姻亲。但也有例外，如无扶养关系的继父母、继子女，继子女是继父或继母的晚辈直系姻亲。

3. 配偶的血亲的配偶

这种姻亲也是以婚姻为中介的，但不是以一次婚姻为中介，而是以两次婚姻为中介。我国亲属关系中的连襟（指夫与妻之姐妹之夫）和妯娌（指妻与夫之兄弟之妻），便是这方面的例证。这种姻亲关系比较疏远，仅具有传统习俗上的意义。

三、亲属关系法律调整的范围

亲属关系十分广泛，法律既没有必要，也没有可能将一切亲属关系均列入其调整范围。法律所调整的，只是一定范围的亲属关系，所规定的，只是其中必须依法处理的事项。其他亲属关系和亲属关系中不具有法律意义的问题，是可以通过道德、习惯等加以调整的。关于亲属关系法律调整的范围，世界各国有两种不同的立法例。

一种是非概括主义的规定。法律并不明文规定亲属关系法律调整的范围，只是分别地在具体事项上规定亲属关系的法律效力。这些事项包括禁婚亲、亲属身份权、监护、扶养和亲属继承等。另一种是概括主义的规定。法律明文规定亲属的范围，在此之外的亲属关系不为法律所调整。

关于亲属关系法律调整的范围，目前我国现行法律尚无统一的概括性规定。按照我国《婚姻法》、其他相关法律和司法解释中的规定，作为法律调整对象的亲属关系，包括夫妻、父母子女、兄弟姐妹、祖父母与孙子女、外祖父母与外孙子女等。我们认为，法律调整的亲属关系的范围应以近亲属为限，在法典化的民法中，应对此作出明确的概括性的规定。对一些具体事项，还可作超出这一范围的特别规定，如禁婚亲等。

第二节 亲系和亲等

一、亲系

亲系是亲属间的联络系统。亲属的网络是由不同的亲系相互交织而成的。这种联络系统的载体，是这样或那样的血缘联系。狭义上的亲系仅指血亲的联络系统，自然血亲之间的血缘联系是客观存在的，拟制血亲可以比照自然血亲认定其也有这种联系。广义上的亲系还包括姻亲的联络系统，姻亲虽以婚姻为中介，但它是配偶一方与另一方血亲之间的关系，配偶双方与各自的血亲间，都是有血缘联系，有亲系可循的。亲系的划分适用于血亲和姻亲，但不适用于配偶关系。父系亲和母系亲、男系亲和女系亲、直系亲和旁系亲，是亲系的基本分类。为了方便起见，行辈问题也置于本题一并说明。

（一）父系亲和母系亲

父系亲是通过父方的血缘关系而联络的亲属。例如，己身与祖父母、伯、叔、姑及其子女等，其联络都是以父为中介的。母系亲是通过母方的血缘关系而联络的亲属。例如，己身与外祖父母、舅、姨及其子女等,其联络都是以母为中介的。

人类社会自进入父系氏族时代后,父系亲便是亲属关系的基干。中国古代的亲属制度是父系本位,重父系亲而轻母系亲的。按照我国现行法的规定,父系亲和母系亲并无重轻之分、亲疏远近之别。

(二) 男系亲和女系亲

男系亲是通过男子的血缘关系而联络的亲属。女系亲是通过女子的血缘关系而联络的亲属。中国古代的亲属制度是男尊女卑,重男系亲而轻女系亲的。所谓宗亲兼具父系亲和男系亲的性质。外亲、妻亲等相对于宗亲而言,在亲属关系中处于次要的、从属的地位。我国现行《婚姻法》以男女平等为原则,男系亲和女系亲的地位并无区别。

需要指出的是,父系亲、母系亲之分和男系亲、女系亲之分具有不同的意义。两者既有联系又有区别,有时互相重合,有时各有所指,例如,己身与伯叔之子女(堂兄弟姐妹),既是父系亲又是男系亲;己身与姑之子女,虽是父系亲,但不得称其为男系亲,因其间已有女子介入。

(三) 直系亲和旁系亲

1. 直系血亲和旁系血亲

直系、旁系之分,本于血缘联系有直接、间接之别。直系血亲指相互间具有直接的血缘联系的血亲。己身所从出和从己身所出的血亲(包括生育自己的和自己生育的上下各代),均为直系血亲,如父母与子女,祖父母与孙子女,外祖父母与外孙子女等。上至曾祖、高祖,下及曾孙、玄孙(长辈兼指父母双系,晚辈兼指男女两性)……概莫能外。

旁系血亲指相互间具有间接的血缘联系的血亲。在血缘上具有同源关系的,除直系血亲外均为旁系血亲。例如,兄弟姐妹因同源于父母而具有间接的血缘联系;己身与伯、叔、姑因同源于祖父母而具有间接的血缘联系;己身与舅、姨因同源于外祖父母而具有间接的血缘联系;等等。这些血亲均为旁系血亲。

2. 直系姻亲和旁系姻亲

姻亲的直系、旁系之分,准用其配偶与配偶的血亲的亲系。例如,儿媳与公、婆为直系姻亲,因为其夫与父、母为直系血亲;女婿与岳父、岳母为直系姻亲,因为其妻与父、母为直系血亲;己身与兄弟之妻、姐妹之夫为旁系姻亲,因为己身与兄弟姐妹为旁系血亲;夫妻一方与另一方的兄弟姐妹为旁系姻亲,因为夫或妻与其兄弟姐妹为旁系血亲。

(四) 行辈

行辈亦称辈行或辈分,它不同于亲系,是按照亲属的世代来划分的。以行辈为依据,可将亲属分为长辈亲属(旧称尊亲属)、同辈亲属和晚辈亲属(旧称卑亲属)。父母辈和高于此辈的是长辈亲属,与己身处于一辈的是同辈亲属,子女辈和低于此辈的是晚辈亲属。

直系亲不可能行辈相同,配偶间无行辈之分。既是配偶,必为同辈。将行辈与亲属的类别和亲系相结合,可以得出一系列概括性、集合性的亲属称谓。如长辈直系血亲、晚辈直系血亲、长辈旁系血亲、同辈旁系血亲、晚辈旁系血亲等。姻亲的称谓亦可按此排列组合。

二、亲等

(一) 亲等的概念

亲等指亲属的等级,是计算亲属关系亲疏远近的基本单位。在亲属关系中,它起着类似度量衡的作用。不同的血缘联系是确定亲等的客观依据,所以亲等是以血亲为基准,通过换算而准用于姻亲的。但亲等不适用于配偶。

就法理而言,确定亲等应以世数为依据,世数少者其亲近,世数多者其亲远。这对确定直系血亲的亲等十分方便。旁系血亲可以通过同源关系计算,其远近也是取决于世数多少的。中国古代的服制等级虽有与亲等类似之处,但并不是严格意义上的亲等制。

(二) 亲等的计算方法

当代多数国家采用罗马法的亲等计算法,另一些国家采用寺院法的亲等计算法。我国婚姻家庭法中,血亲关系的亲疏远近,则是用世代来表示的。现分别简介于下,并附录中国古代的丧服制度以供参考。

1. 罗马法的亲等计算法

计算直系血亲亲等的规则是,以己身为基点,向上或向下数,以间隔一世为一亲等。例如,父母与子女为一亲等直系血亲;祖父母与孙子女、外祖父母与外孙子女为二亲等直系血亲;曾祖父母与曾孙子女、外曾祖父母与外曾孙子女为三亲等直系血亲,依此类推。

计算旁系血亲的规则是:先从己身上数至己身与对方(即与其计算亲等者)最近的共同的长辈直系血亲,再从该长辈直系血亲下数至对方,两边各得一世数,将其相加即为旁系血亲的亲等数。例如,兄弟姐妹为二亲等旁系血亲;伯、叔、姑与侄、侄女、舅、姨与甥、甥女,为三亲等旁系血亲;堂兄弟姐妹、表兄弟姐妹为四亲等旁系血亲,依此类推。

2. 寺院法的亲等计算法

计算直系血亲亲等的规则与罗马法相同,以间隔一世为一亲等,此处无须重复。

计算旁系血亲亲等的规则与罗马法不同。其计算规则如下:先从己身上数至己身与对方(即与其计算亲等者)最近的共同的长辈直系血亲,得一世数,再从对方上数至该长辈直系血亲,又得一世数,如果两边的世数相同,即以此数定其亲等,如果两边世数不同,则按世多的一边定其亲等。例如,兄弟姐妹为一亲等旁系血亲;伯、叔、姑与侄、侄女,舅、姨与甥、甥女,为二亲等旁系血亲;堂兄弟姐妹、表兄弟姐妹亦为二亲等旁系血亲,依此类推。由于旁系血亲的行辈可能相同,也可能不同,这种计算法往往不能准确地反映旁系血亲间的亲疏远近关系。

将罗马法的旁系血亲亲等计算规则与寺院法相比较,前者显然优于后者。随着罗马法的传播和各国法律文化的交流,罗马法亲等计算法已为当代多数国家所采用。寺院法的亲等计算法源自天主教的宗教法规,基于宗教的影响和立法传统,至今仍为一些国家所采用。

上述两种亲等计算法亦可用于计算姻亲的亲等,计算时应以配偶为中介进行换算。血亲的配偶从其配偶的亲等,配偶的血亲和配偶的血亲的配偶从其与配偶的亲等。例如,儿媳是公、婆的血亲的配偶,因儿媳之夫与父母为一亲等直系血亲,故儿媳与公、婆为一亲等直系姻亲;岳父、岳母是女婿的配偶的血亲,因女婿之妻与其父母为一等亲等直系血亲,故女婿与岳父、岳母为一亲等的直系姻亲;夫与妻之兄弟之妻、姐妹之夫,妻与夫之兄弟之妻、姐妹之夫,均为配偶的血亲的配偶,属于二亲等的旁系姻亲(上述诸例中所说的亲等按罗马法计算)。

3. 我国《婚姻法》中的计算法

在我国先后颁行的两部《婚姻法》中,都用代数的不同来表示旁系血亲的亲疏远近,如五代以内旁系血亲、三代以内旁系血亲等。这种表示方法也可用于直系血亲。

计算直系血亲的代数时,以一辈为一代,相隔一世即为两代。例如,父母子女为两代内直系血亲,祖父母与孙子女、外祖父母与外孙子女为三代内直系血亲,曾祖父母与曾孙子女、外曾祖父母与外曾孙子女为四代内直系血亲,高祖父母与玄孙子女、外高祖父母或外玄孙子女为五代内直系血亲。

计算旁系血亲的代数时,须以同源关系为依据。例如,同源于父母的兄弟姐妹,是两代内的旁系血亲;同源祖父母、外祖父母的,是三代内旁系血亲;同源于曾祖父母、外曾祖父母的,是四代内旁系血亲;同源于高祖父母、外高祖父母的,是五代内旁系血亲。这种表示法可用罗马法的亲等计算法进行换算。例如,两代内的旁系血亲是二亲等的旁系血亲,三代内的旁系血亲是四亲等内的旁系血亲,四代内的旁系血亲是六亲等内的旁系血亲,五代内的旁系血亲是八亲等内的旁系血亲。

三、中国古代丧服制度

丧服制度简称服制。它是以服制的不同来表示亲属的亲疏远近的。丧服制度始创于礼,后入于律,服制的效力不仅及于亲属关系,而且及于其他诸多领域。中国古代并无亲等之说,我们不妨将服制等级视为具有中国古代特色的一种亲等制。

服制五等,重轻有差。亲者,近者其服重。疏者,远者其服轻。五服以内的为有服亲,五服以外的为袒免亲即无服亲。现将服制等级简介于下。

第一等:斩衰。为三年之服。丧服以粗麻布制作,且不缝下边。例如,子与在室女为父母丧,嫡孙为祖父母丧,妻为夫丧,有斩衰三年之服。

第二等:齐衰。服期长短有别。丧服以稍粗的麻布制作。齐衰有杖期(一年之服,须持丧杖)、不杖期(一年之服,不持丧杖)、五月、三月之别。例如,子为出母、嫁母丧,夫为妻丧(父母不在时),有齐衰杖期之服。孙为祖父母丧,出嫁女为父母丧,夫为妻丧(父母在时),有齐衰不杖期之服。曾孙、曾孙女(在室)为曾祖父母丧,有齐衰五月之服。玄孙、玄孙女(在室)为高祖父母丧,有齐衰三月之服。

第三等:大功。为九月之服。丧服以粗熟布制作。例如,妻为夫之祖父母丧,父母为众子妇丧,有大功之服。

第四等:小功。为五月之服。丧服以稍粗的熟布制作。例如,己身为伯叔祖父母、堂伯叔父母丧,妻为夫之伯叔父母丧,有小功之服。

第五等：缌麻。为三月之服。丧服以稍细的熟布制作。例如，己身为族伯叔父母丧，为妻之父母丧，有缌麻之服。

上述种种仅为示例性的说明，并未全部列举，详见明、清律所附之服制图，服制等级并不仅仅以世数为依据，还受着尊卑、性别、名分等因素的影响，不能准确地表示亲属关系亲疏远近的程度。

第三节　亲属关系的变动和效力

一、亲属关系的变动

亲属关系不是静止的，时时处于变动之中。生生、死死，结合、离异，拟制关系的成立和解除等，都是亲属关系变动的原因（对亲属法律关系来说，这些原因起着法律事实的作用）。对亲属关系不仅要作静态的研究，也要作动态的研究。本题按照亲属的类别，将配偶、血亲、姻亲关系的发生和终止的原因分述于下。

（一）配偶关系的发生和终止

1. 配偶关系的发生

配偶关系以婚姻的成立为发生原因，结婚行为是夫妻关系依法成立的法律事实。古代法中婚约的效力相当强大，男女双方订婚后被认为准配偶关系。近现代法律中订婚已非结婚的必经程序。按照我国《婚姻法》的规定，婚姻登记机关准予结婚登记、发给结婚证的时间，便是配偶关系发生的时间。

2. 配偶关系的终止

配偶关系以婚姻的终止为终止原因。婚姻借以终止的法律事实有二：一是配偶死亡，包括自然死亡和宣告死亡。二是双方依法离婚。按照我国《婚姻法》和相关法律的规定，配偶一方自然死亡的时间，人民法院宣告死亡的判决书生效的时间，婚姻登记机关准予离婚登记、发给离婚证的时间，人民法院准予离婚的调解书或判决书生效的时间，便是配偶关系终止的时间。

（二）血亲关系的发生和终止

1. 自然血亲关系的发生和终止

自然血亲关系以出生为发生原因，亲子关系和其他自然血亲关系均基于出生的事实而发生，出生的时间便是自然血亲关系发生的时间。所谓血缘联系，是以一次或多次出生的事实为其客观标志的，有的学者主张，非婚生子女与生父的自然血亲关系经生父认领后始为发生，这在法理上是欠妥的，生父与非婚生子女的血缘联系是客观存在的事实，认领只是一种事后的追认。认领的效力是溯及既往的。

自然血亲关系以死亡为终止原因。这里所说的死亡，包括自然死亡和宣告死亡。自然死亡的时间，人民法院宣告死亡的判决书生效的时间，便是自然血亲关系终止的时间。但是，以死者为中介的自然血亲关系并不因此而终止。例如，父虽死亡，其子女与死者的尚生存的父母,即孙子女与祖父母仍为自然血亲。自然血亲关系除因死亡而终止外,不能人为地解除。父母离婚后,子女不论由何方直接抚养,仍为父母双方的子女。子女为他人收养后,与父母和父母方的自然血亲关系仍然存在,法律中有关自然血亲的规定(如禁婚亲等)仍然适用,不受收养成立的影响。

2. 拟制血亲关系的发生和终止

拟制血亲关系以所拟制的亲属身份关系依法成立为发生原因。以收养为例,按照我国《收养法》的规定,准予收养登记,取得收养证的时间,便是养父母与养子女这种拟制血亲关系发生的时间,收养的拟制效力还及于被收养人与收养人的近亲属,从而形成了以收养为中介的其他拟制血亲关系,如养祖孙、养兄弟姐妹等。

拟制血亲关系以死亡或所拟制的亲属身份关系依法解除为终止原因。以收养为例,养父母养子女关系可因一方死亡而终止,亦可因依法定程序解除而终止。养父母或养子女一方死亡的,以收养为中介的其他拟制血亲关系一方死亡的,自然死亡的时间、人民法院宣告死亡的判决书生效的时间,便是拟制血亲关系终止的时间。死亡只是终止了以死者为一方的拟制血亲关系,并没有终止以收养为中介的其他拟制血亲关系。依法解除收养关系的,发给解除收养关系证明的时间、人民法院准予解除收养的调解书或判决书生效的时间,便是拟制血亲关系终止的时间。与死亡不同,收养关系依法解除后,以收养为中介的其他拟制血亲关系随之终止。

(三) 姻亲关系的发生和终止

1. 姻亲关系的发生

姻亲关系亦因婚姻的成立而发生。婚姻成立的时间,便是姻亲关系发生的时间。但是,对婚姻成立时尚未发生,以后新发生的姻亲关系来说,除该婚姻的成立外,还需要有其他的发生原因。例如,婚姻成立以后,一方与另一方的新出生的弟、妹之间的姻亲关系,是以该婚姻的成立和该弟、妹的出生作为发生原因的。

2. 姻亲关系的终止

姻亲关系的终止问题比较复杂,各国有不同的立法例,学者们也有不同的见解。

姻亲关系因一方死亡,主体缺位而终止,这是不言而自明的,需要重点说明的是,作为姻亲中介的婚姻双方离婚或一方死亡时,是否终止姻亲关系的问题。

姻亲关系是否因作为其中介的婚姻当事人离婚而终止?对此有消灭主义和不消灭主义两种不同的立法例。前者如日本民法的规定,姻亲关系可因离婚而终止。[①] 韩国民法和我国台湾地区的民法规定与此相同。后者如德国民法的规定:"由婚姻而生的姻亲关系,不因该婚姻解除而消灭。"[②]瑞士民法的规定与此相同。

姻亲关系是否因作为其中介的婚姻当事人一方死亡而终止?各国法律有不同的规定,有规定不终止的,有规定生存一方再婚前不终止、再婚后终止的,也有采任意主义、听

---

① 参见《日本民法典》第728条。
② 参见《德国民法典》第1590条。

凭姻亲双方自行决定的。日本民法规定,夫妻一方死亡,姻亲关系可因出于生存配偶的意思表示而终止。①

我国婚姻家庭法对姻亲关系的终止原因并无规定,按照民间习惯,离婚似应作为姻亲关系终止的原因。配偶一方死亡后是否继续保持姻亲关系,可由当事人自行决定。

(四) 亲属关系的重复

亲属关系的重复,系指二人之间具有不止一种的亲属身份。这是社会生活中相当常见的现象。亲属关系为什么会重复? 这主要是由婚姻和血亲的法律拟制而引起的。例如,在不禁止中表婚的国家,表兄与表妹结婚后,既是配偶,又是四亲等的旁系血亲。又如,收养兄弟姐妹的子女,收养人与被收养人既是养父母养子女,是一亲等的直系血亲,又是三亲等的旁系血亲(上述亲等均按罗马法计算)。在中国古代,立嗣、兼祧等也是亲属关系重复的重要原因。

在亲属关系重复的情形下,不同的亲属关系是独立存在的,并不相互吸收或相互排斥,此关系的终止,对他关系并无影响。例如,表兄妹离婚后仍为表兄妹,叔侄间解除收养关系后仍为叔侄。一些学者认为,在配偶关系、养父母养子女关系与其他亲属关系重复时,主体间的权利和义务应适用法律有关夫妻、亲子的规定,他种亲属关系的法律效力处于停止状态。配偶、亲子关系的法律效力,显然是比他种亲属关系的法律效力更为强大的。

二、亲属关系的法律效力

为法律所调整的亲属关系,均具有一定的法律效力。这种效力是亲属关系在婚姻家庭生活、社会生活中的地位和作用在法律上的具体表现。

古代社会中亲属关系的法律效力特别强大,法律中的许多规定都是同亲属身份有关的。以中国历代的封建法律为例,亲属关系的法律效力及于民事、刑事、行政、诉讼等诸多领域。当代社会的亲属关系较古代有所淡化,亲属关系的法律效力不宜过大。但是,赋予亲属关系一定的法律效力仍然是很有必要的,这对处理与亲属相关的各种法律问题,保护公民的婚姻家庭权益和社会公共利益,都具有很重要的意义。不同国家有关亲属关系法律效力的规定,既有相同、相似之处,又有基于历史传统而形成的各自的特色。下面仅就我国现行法的规定,对亲属关系的法律效力略作例示性的说明。

(一) 亲属关系在婚姻家庭法上的效力

亲属关系的法律效力,在婚姻家庭法领域的表现是集中而又系统的。夫妻间、父母子女间、祖孙间、兄弟姐妹的权利和义务,都是基于亲属关系的法律效力而发生的。

例如,一定范围的亲属为禁婚亲;配偶间的财产关系适用法定夫妻财产制(另有约定的除外);法定亲属间的扶养、抚养和赡养,收养三代以内同辈旁系血亲的子女可以适当放宽收养条件;等等。这方面的许多问题,本书在有关章节中还要详加论述。

---

① 参见《日本民法典》第 728 条。

(二) 亲属关系在其他民事法律上的效力

在民事法律领域,不少法律关系都是同亲属身份有关的。例如,一定的亲属关系是法定监护的基础法律关系,从而也是法定代理的基础法律关系。一定范围的亲属可依法提出宣告失踪和宣告死亡的申请,以及撤销上述宣告的申请;失踪人的财产由其一定的亲属代为管理;法定继承人的范围和顺序以亲属关系为依据;继承人的晚辈直系血亲有代位继承权;列入法定继承人范围的亲属得为遗嘱继承人;等等。

(三) 亲属关系在刑法上的效力

刑法中规定的某些犯罪,也是同亲属身份有关的。某些犯罪主体和被害人之间具有特定的亲属身份,如虐待罪和遗弃罪;暴力干涉婚姻自由罪的犯罪主体,一般也多为被干涉者的亲属;某些犯罪的主体须为已有特定亲属关系或明知他人有特定亲属关系的人,如重婚罪;某些告诉才处理的犯罪,可由被害人的近亲属告诉;等等。

(四) 亲属关系在诉讼法上的效力

在民事诉讼法和刑事诉讼法中,对涉及亲属的事项在程序上都有若干特别规定。例如,一定的亲属关系为回避的原因;在民事诉讼中,没有诉讼行为能力的当事人由其作为法定代理人的亲属代为诉讼;强制执行时,应保留被执行人所供养的家属(多为近亲属)的生活必需费用和必需品;在刑事诉讼中,一定的亲属得为被告的辩护人;被告人的近亲属经被告的同意可依法提出上诉,还可依法提出申诉;等等。

此外,亲属关系在劳动法、行政法等领域,也有相应的法律效力。亲属关系的法律效力,并不仅仅局限于婚姻家庭法领域,研究亲属关系的法律效力,是法学中相关学科的共同任务。

第三章 结婚制度

第一节 婚姻的成立和结婚制度的沿革

结婚制度是婚姻家庭制度的重要组成部分。自阶级社会形成以后,各国大都通过法律制度规范婚姻的成立。从表面上看,结婚似乎是男女之间的个人行为,但是,结婚行为又与社会密切相关。对社会而言,结婚就不仅仅是发生在男女当事人之间的私事,因为它还关系到民族的繁衍和社会的完整。"为了社会新陈代谢作用的重要,社会上必须预备下这负责抚育的基本团体来完成这任务。每一个社会所容许出生的孩子必须能得到有人抚育他的保证。所以在孩子出生之前,抚育团体必须先已组成。男女相约共同担负抚育他们所生孩子的责任就是婚姻"[1]。因此,古今中外任何国家,都从巩固、发展与其经济和政治要求相适应的婚姻家庭制度出发,对婚姻问题作出了必要的法律规定。我国《婚姻法》在第2章中,对结婚制度作了专章规定。

一、婚姻成立的概念和要件

(一) 婚姻的概念

我国古代"婚姻"一词作"昏姻"或"昏因"。其含义有三[2]:其一,婚姻是指结婚的仪式,是创设夫妻关系的行为。《诗·郑风》曰:"婚姻之道,谓嫁娶之礼"。其二,婚姻是指夫妻之称谓,通过结婚形成夫妻关系。《礼记·经解》曰:"婿曰昏,妻曰姻"。其三,婚姻是指由结婚形成的姻亲关系。《尔雅·释亲》曰:"婿之父为姻,妇之父为婚……妇之父母,婿之父母相谓为婚姻"。近现代以来,婚姻一词的含义缩小,仅指夫妻关系,不包括姻亲关系。现代婚姻一词即指婚姻的缔结,也包括婚姻关系本身。婚姻的一般概念可以表述为:婚姻是为当时社会制度所确认的,男女双方互为配偶的结合。这一概念为人类学、社会学、伦理学、人口学等诸多学科普遍使用。[3]

(二) 婚姻成立的概念

婚姻的成立即结婚,又称婚姻的缔结,是指男女双方依照法律规定的条件和程序,建立夫妻关系的民事法律行为。婚姻关系的确立就是以结婚这一法律事实的发生为前提。严格意义上说,结婚是与一夫一妻制的婚姻家庭制度相适应的法律形式。结婚制度是婚姻家庭制度的重要组成部分。

婚姻成立的概念有广义和狭义之分。广义的婚姻成立不仅包括夫妻关系的确立,也

---

[1] 费孝通:《生育制度》,商务印书馆1999年版,第71页。
[2] 参见陈顾远:《中国婚姻史》(上),上海文艺出版社1987年影印本,第3—4页。
[3] 杨大文编著:《亲属法》,法律出版社2004年版,第64页。

包括婚约的订立。狭义的婚姻成立仅指男女完婚,而不包括婚约的订立。从历史的发展看,结婚的成立概念是一个从广义向狭义演进的过程。古代法多采用广义说,近现代法多采用狭义上的婚姻成立。在现代,婚姻是否成立,完全看有无依法办理结婚登记或依法举行结婚仪式,至于之前有无订婚不影响婚姻的效力。我国《婚姻法》对婚约没有作出规定,不承认婚约的效力,亦采用狭义说。

结婚行为具有以下三个方面的特征:第一,结婚行为的主体必须是男女异性。两性的差别和性的本能是婚姻关系成立的自然条件,同性不能结成婚姻。结婚行为只能发生在男女两性之间,这由婚姻关系的自然属性和社会属性所决定,同时也是一夫一妻制度的要求。第二,结婚行为是一种法律行为,必须依照法律规定的条件和程序进行。男女双方不按结婚条件和程序而自行结合的,一般不发生婚姻的效力。第三,结婚行为的结果是确立稳定的夫妻关系。"婚姻实质上是伦理关系。婚姻是具有法的意义的伦理性的爱,这样就可以消除爱中一切稍忽即逝的、反复无常的和赤裸裸主观的因素"[①]。男女双方因结婚而建立了夫妻身份,互为配偶,相互承担法律规定的权利义务。未经法定程序,双方不得任意解除已确立的夫妻关系。

(三) 婚姻成立的要件

合法性是婚姻的本质属性。自结婚制度出现以后,不论任何时代,国家都要通过法律手段,规范婚姻成立的各种要件。在国家形态下,结婚是一种法律行为,必须具备法定的要件。法律规定结婚的要件,是国家对婚姻这种社会关系的形成进行干预、审查和监督的手段。法律所规定的结婚要件,无不取决于一定社会的经济基础和社会制度,反映着统治阶级的意志和利益。所以,在不同的历史时期和不同性质的国家中,关于结婚要件的规定差别很大。我国法律所规定的结婚要件,体现了当事人、国家和社会利益的统一。在通常情况下,凡是欠缺法定要件的男女结合,不具有婚姻的效力。

根据各国的婚姻立法,对结婚要件有以下主要分类:

1. 实质要件和形式要件

实质要件是指法律规定的关于结婚当事人本身及双方之间的关系必须符合的条件。例如,当事人必须达到一定的年龄;必须无禁止结婚的疾病;必须有双方的合意;必须非近亲属等。在我国婚姻法学中,将实质要件称为结婚条件。形式要件是指法律规定的结婚程序及方式。要求结婚的程序必须合法,是规定形式要件的根本目的。在世界立法史上,关于结婚有两种立法主义:一是事实婚主义,即只要有当事人双方的合意和事实上的夫妻关系存在,婚姻即为有效;二是形式婚主义,即结婚必须履行一定的手续,一旦在形式上得到肯定,婚姻即告成立。形式婚又有法律婚与仪式婚之别,结婚仪式又有世俗仪式和宗教仪式两种。由于法律婚有利于社会对婚姻关系的承认和保护,有利于双方权利的行使和义务的履行,现代立法多加采用,并且规定了相应的要件。在我国,结婚的形式要件称为结婚程序。

---

① 〔德〕黑格尔:《法哲学原理》,贺麟译,商务印书馆1996年版,第177页。

2. 必备条件和禁止条件

结婚的实质要件分为必备条件和禁止条件。必备条件又称积极要件,它是指结婚当事人双方必须具备的不可缺少的条件。如须双方合意,须达法定婚龄等。结婚的禁止条件又称消极要件,或称婚姻障碍,它是指法律规定不允许结婚的情况。如近亲不得结婚;有法律禁止结婚的疾病者不得结婚等。在欧洲中世纪的寺院法中,婚姻障碍又称为阻却婚姻成立的原因。

3. 公益要件和私益要件

公益要件是指与社会公共利益有关的要件。例如,结婚当事人须非重婚,禁止近亲结婚等。私益要件是指仅与私人利益有关的要件。例如,当事人须有结婚的合意等。

二、结婚制度的沿革

结婚制度是婚姻家庭制度的重要组成部分,其性质、内容和特点总是为当时的社会制度所决定和制约的。

(一) 古代社会的结婚制度

结婚制度始于个体婚制,源于原始社会末期私有财产的出现,随着社会的演变而发展变化,经历了不同的发展阶段。其结婚形式有掠夺婚、有偿婚、赠与婚、聘娶婚、宗教婚等。

掠夺婚亦称抢婚,指男子以暴力掠夺女子为妻,这种结婚方式大致出现于对偶婚制向一夫一妻制过渡的时期。中国古籍《周易》中有"乘马班如,泣血涟如"、"匪寇,婚媾"等句,郭沫若等学者均以其为对掠夺婚的形象化的描述。现代社会有些民族还保留了抢婚习俗,但仅作为结婚成立的形式,不再具有暴力和违背女方意志的内容。掠夺婚形式的出现,反映了人类婚姻从对偶婚的"从妇居"向着个体婚的"从夫居"的转化。

有偿婚指男方向女方家庭支付一定的代价为条件而成立的婚姻。依据男方支付的代价的种类的不同,又可分为:买卖婚、交换婚和劳役婚。买卖婚指男方支付女方的身价而成立的婚姻。相传"伏羲制嫁衣,以俪皮为礼"[①],就是开买卖婚之先河。这是古代社会各民族较为普遍通行的一种嫁娶方式。交换婚又称互易婚或换亲,指双方父母互换其女儿为儿媳,即以人易人。劳役婚指男方为女方家庭提供一定的劳务为条件而成立的婚姻。由于是以力代财,所以在这种婚姻中男子的地位较低。

赠与婚指有主婚权的父母、尊长将女赠与他人为妻,并不索取代价。它不同于买卖婚,但女子仍处于赠与标的物的低下地位。

聘娶婚指男方家庭向女方家庭支付一定数量的聘财为要件而成立的婚姻。我国的聘娶婚源于西周时期的"六礼",即婚姻成立的具体程序:纳采、问名、纳吉、纳征、请期、亲迎。其中,纳征是重要的一步,即订婚,是"六礼"的核心所在,聘财的多少依据双方的身份和地位而定。"六礼备,谓之聘;六礼不备,谓之奔"。据《礼记》、《仪礼》所载,六礼为:

(1) 纳采,"纳其采择"之意,即男方求亲,须先委托媒人通言。女方经过斟酌应允之

---

① 陈顾远:《中国婚姻史》上,上海文艺出版社1987年影印本,第84页。

后,男方才能备礼贽见。(2)问名,即男方遣媒问明女子的名字及出生年、月、日、时,以便"卜其吉凶"。(3)纳吉,吉即吉兆,通过迷信手段,卜得吉兆后,通知女家。(4)纳征,亦称纳币,即男家送交聘礼,"婚姻之事于是定",产生人身上的约束力。(5)请期,即男方家择定婚期,并在形式上商请女家同意。(6)亲迎,即新郎亲至女方家迎娶新娘,履行一定仪式后,婚礼告成。此后,再经"庙见",女方便成为男方宗族的正式成员。六礼以纳征为中心,聘财的多寡依双方的身份、地位而定。六礼程序到后来虽有变通,但是聘娶婚的本质则始终如一,是变相的买卖婚姻。聘娶婚是我国奴隶社会和封建社会的主要的婚姻形式。

宗教婚是指欧洲中世纪盛行的结婚方式,由基督教的寺院法规范人们的结婚行为。随着基督教的广泛传播,教会法在调整婚姻家庭关系方面具有很大的权威。当时的基督教认为婚姻是神作之合,结婚是一种宣誓圣礼,故教会法规定结婚须经公告程序并在神职人员面前举行宣誓仪式。教会法不仅为婚姻的成立规定了严格的条件,列举了许多婚姻障碍,而且在形式要件方面要求当事人履行一定的宗教仪式。当事人双方合意是结婚成立的必备条件,不能人道、重婚、相奸婚、近亲婚等是婚姻不能成立及有效的原因。结婚如果违反宗教仪式,会受到教会的非难,甚至会受到教规的处罚。随着欧洲中世纪的结束,宗教婚逐渐被民事婚所取代。

(二) 近、现代社会的结婚制度

欧洲宗教改革的后果之一就是婚姻还俗运动,婚姻由宗教婚发展成民事婚。16世纪荷兰最先规定了选择民事婚制度,允许当事人自由选择采用宗教婚还是法律婚,1787年被法国效仿。法国大革命后,1791年宪法正式宣布了用法律婚取代宗教婚。19世纪英国和德国也相继肯定了法律婚的地位。德国1850年的法兰克福地方法率先采用法律婚;1874年的普鲁士法和1875年的帝国法颁行后,法律婚在全国范围内取代宗教婚。英国1836年的婚姻法承认在政府登记的婚姻的效力,1898年的婚姻法规定了结婚无须举行宗教仪式。[①]

在资产阶级革命的进程中,新兴的资产阶级在反封建主义斗争中提出了"自由、平等、博爱"的口号,近现代"共诺婚"的概念随之产生。共诺婚亦称为自由婚或契约婚,它是以男女双方合意而成立的婚姻。自由婚强调双方合意,这是以契约论为基础的,即认为婚姻是夫妻双方以互相占有、共同生活为目的而自愿订立的契约。共诺婚的确立无疑是一个历史的进步,它把婚姻的自主权从父母或其他人手中归还给了当事人,使当事人享有了自主支配自己的婚姻自由权,有利于民主、和睦的婚姻关系的建立。

在半封建半殖民地的旧中国,传统的聘娶婚是主要的结婚形式。1930年公布、1931年施行的国民党政府民法亲属编,效仿日、德等国的法律,也基于契约说规定婚姻的成立要以当事人的合意为要件。但是,在结婚方式上仍然采取仪式婚制,结婚须举行公开仪式,并有2人以上的证人证明。然而,在半封建半殖民地的社会条件下,这一规定没有得

---

① 参见杨大文主编:《亲属法》,法律出版社2004年,第70页。

到真正的实现,封建的婚姻家庭制度仍然存在。

新中国成立后,在法律上确立了婚姻自由原则。1950年我国婚姻法就规定了婚姻自由原则,实行自由婚,要求结婚的男女双方必须完全自愿,法律保障结婚当事人的合法权益,禁止封建社会的包办婚姻和买卖婚姻。结婚形式方面,实行登记婚制度,要求在"男女双方完全自愿"的基础上缔结婚姻,保障当事人的自由合法的婚姻关系的建立,保障人们婚姻自由权利的实现。因此,不仅应当注重实现自由婚的形式,更应当注重实现自由婚的内容,使自由婚日臻完善。1980年婚姻法以及2001年婚姻法修正继续规定了婚姻自由原则。我国婚姻法为当事人实现真正的婚姻自由提供了法律保证。但是,由于旧观念的影响和人们经济条件的限制,落后习俗和贫困仍然存在,还必须与我国残存的包办买卖婚姻缔结方式作斗争,才能逐步地彻底实现婚姻自由。

第二节　结婚实质条件

结婚的实质条件包括结婚的必备条件和结婚的禁止条件。我国婚姻法从两方面作了规定,现行《婚姻法》第5、6、7条规定了结婚的必备条件和禁止条件。

一、结婚的必备条件

必备条件,又称结婚的积极要件,指当事人结婚时必须具备的法定条件。根据我国婚姻法的规定,结婚必须具有以下三个条件。

(一) 必须男女双方完全自愿

《婚姻法》第5条规定:"结婚必须男女双方完全自愿,不许任何一方对他方加以强迫或任何第三者加以干涉。"这是婚姻自由原则在结婚制度中的具体体现。这条规定的核心是:在符合法律规定的条件下,当事人是否结婚、与谁结婚的决定权属于当事人本人。法律排斥当事人一方对他方的强迫,排斥当事人父母或第三人的包办干涉。男女双方完全自愿包括以下含义:一是男女双方完全自愿。男女双方的结合应以爱情为基础,法律为这种婚姻的建立提供了保障。婚姻自由的实现不应有附加条件。男女双方完全自愿具体要求是:男女双方自愿,不是一方一厢情愿;男女双方本人自愿,不是父母同意或他人同意;男女双方完全自愿,不是勉强同意。二是要求当事人必须具有结婚的行为能力和无婚姻障碍。因为,结婚行为是法律行为,结婚当事人至少必须具有完全的民事行为能力,才能作出结婚的真实意思表示,才能对自己的行为负责。而且,结婚行为还有达到法定年龄的要求。所以,当事人须具有结婚的行为能力,结婚的意思表示必须真实自愿。凡是未达法定婚龄的人、丧失行为能力的人以及有其他婚姻障碍的人所作的同意结婚的意思表示,违反了这一规定,均属无效。因受胁迫、欺诈所作出的虚假的意思表示,因重大误解所作出的错误的意思表示,其意思表示受不法干涉而有瑕疵,所以不产生同意的效力。不以结婚为目的而成立的虚假的婚姻,也是无效的。

结婚须当事人双方合意,是现代世界各国法律规定的共同要求。各国对同意结婚的要求,不尽一致。有的国家规定,须双方同意,不附加任何其他条件;有的规定,同意须在主管结婚机关或官员面前为意思表示;有的国家规定,除在结婚申报机关为意思表示外,还必须有两个证人在场;有的国家规定,须以"双方填写结婚申请书"等以示同意。美国统一结婚离婚法就是采用此种方法的。外国法关于婚姻合意的条件,概括起来有两个:第一,成立合意的人必须具有结婚的能力,即具有成立婚姻的行为能力。婚姻行为能力的取得,则须以达到法定婚龄,具有婚姻的意思能力为必要条件。因此,要求即达到法定婚龄,又具有完全民事行为能力。如果当事人已达法定婚龄,但欠缺完全民事行为能力,处于精神错乱或无意识状态的,则不能作出有效的同意结婚的意思表示。在有些国家,法定婚龄低于成年年龄,当事人要求结婚的,须征得其法定代理人的同意。例如:《法国民法典》第148条规定:"未成年人非经父母同意不得结婚"[1]。瑞士、意大利和葡萄牙等国的法律均有类似规定。第二,有关结婚意思表示必须真实,无重大瑕疵,即不是欺诈、胁迫、恐吓、重大误解、虚伪婚姻、附条件或附期限的婚姻等。结婚属于创设夫妻关系的身份行为,对意思表示的真实性应该有严格的要求。在确定结婚当事人有无真实的结婚意思表示时,不能仅凭当事人外在的意思表示,还应注意这种外在的意思表示与当事人的内心意思是否一致。为确定结婚当事人的真实意思表示,多数国家要求当事人必须亲自到场,表达自己同意结婚的意思表示,不得委托他人代理。

(二) 必须达到法定婚龄

法定婚龄是指法律规定的最低的结婚年龄,即结婚当事人在此年龄以上始得结婚,在此以下不许结婚。我国《婚姻法》第6条规定:"结婚年龄,男不得早于22周岁,女不得早于20周岁。晚婚晚育应予鼓励"。这一规定说明,结婚自由虽然是我国公民享有的一项权利,但是,并不是任何公民都可以成为婚姻法律关系的主体。婚姻关系的自然属性和社会属性要求结婚行为人必须达到一定的年龄,古今中外的法律对年龄均有明确的规定。

1. 法定婚龄立法依据及历史沿革

确定法定婚龄的因素有两方面:一是自然因素,即人的生理、心里发育情况和智力成熟情况。同时,还包括这一地区的气候、地理条件等影响。一般来说,女性在18岁左右,男性在20岁左右,身体发育基本成熟。在确定婚龄时,应考虑男女的这种生理和心理特点,尊重自然规律。二是社会因素,即一定的生产方式以及与之相适应的社会条件,当事人所在国的政治、经济、文化和人口发展的要求。在不同的历史时期、不同的环境条件和不同的社会制度下,对结婚行为人的年龄要求有所不同。我国现行法定婚龄的确定,既反映了自然规律的要求,也符合现阶段我国的实际情况。现行法定婚龄是从我国国情出发所作的规定,符合人民群众、国家和社会的利益。

从世界各国法定婚龄的规定来看,虽有高低的差异,但总的发展趋势是:古代低,近现代不断提高。在原始社会群婚或对偶婚制下,男女两性的结合并无法律约束。奴隶制社会基于宗法家族制度的需要,关于婚龄的规定一般都很低。如古罗马法的《查士丁尼法

---

[1] 罗结珍译:《法国民法典》,北京大学出版社2010年版。

典》规定的适婚年龄是男子年满 14 岁,女子年满 12 岁。我国西周时期规定,男子 20 岁、女子 15 岁以上即可结婚。实行早婚是封建社会婚龄立法的明显特征。在中国,宋代以前的婚龄变化多端,如依唐玄宗二十二年令:"男年 15、女年 13 以上听婚嫁。"(《唐会要·嫁娶》)自宋而后,均以男 16 岁、女 14 岁为嫁娶之期。旧中国国民党民法亲属编将婚龄规定为男 18 岁、女 16 岁。而在现实生活中,中国人当时大量实行早婚,它有着深刻的社会原因。就经济关系来看,在封建社会的生产方式和自然条件下,家庭需要不断补充劳动力。就政治制度来看,封建政权既需要充足的兵源,又需要大量可供驱使的役丁,早婚可以巩固和发展封建政权和家族的利益。就政治思想来看,长期占统治地位的儒家思想一直将"不孝有三、无后为大"奉为信条,对人们的婚姻观和生育观有很大的影响。① 新中国成立后,1950 年婚姻法规定:"男 20 岁、女 18 岁始得结婚。"1980 年婚姻法规定:"结婚年龄,男不得早于 22 周岁,女不得早于 20 周岁。"2001 年婚姻法修正维持了 1980 年的法定婚龄。

世界各国关于法定婚龄的立法情况不尽相同。总体上看,表现出婚龄逐渐提高的趋势。如果以 18 岁为中界,大体可以分为高、中、低三个婚龄层次。高法定婚龄为男 21 岁、女 18 岁左右。中等法定婚龄为男女各 18 岁左右。低法定婚龄的为男女均在 16 岁以下。达到法定婚龄但不具有完全民事行为能力即低于完全民事行为能力年龄的人结婚,需征得其法定代理人即父母的同意。

2. 正确理解法定婚龄

我国现行法定婚龄较 1950 年婚姻法规定的法定婚龄,男女各提高了 2 岁。它符合结婚自然规律的要求,也切合我国现阶段的实际情况。较好地平衡了公民个人利益与社会公共利益之间的关系。但是,应指出,法定婚龄不是人们结婚的最佳年龄,也不是必须结婚的年龄。达到法定婚龄,只是行为人具备了结婚的生理条件,不一定充分具备了结婚的心理条件和组成家庭的物质条件。我国《婚姻法》在规定法定婚龄的同时,还规定了"晚婚晚育应予鼓励"。在生活实践中,人们也不是到了法定婚龄就结婚,而是自觉遵守晚婚晚育。所谓晚婚是指男 25 周岁、女 23 周岁以上结婚。晚育是指女青年 24 周岁后生育第一胎。从效力来看,法定婚龄属于法律规定,是强制性的规则,是人们必须遵守的结婚的最低年龄界限;晚婚年龄是号召性和鼓励性的措施。在实践中既不能用晚婚年龄代替法定婚龄,又要大力提倡适当晚婚。

(三) 必须符合一夫一妻制

一夫一妻制要求结婚的当事人必须单身无配偶。有配偶者只能在原婚姻关系终止后始得再婚,否则构成重婚。离婚的双方要求复婚,必须是双方单身情况。任何人不论职务、年龄、性别等不同,要求结婚的双方必须符合一夫一妻制。

二、结婚的禁止条件

结婚的禁止条件又称消极条件,或婚姻的障碍,是法律不允许结婚的情况。按照我国

---

① 参见杨大文主编:《婚姻法学》,北京大学出版社 1991 年版,第 94—95 页。

婚姻法规定,一定范围内的血亲和患有特定疾病的人禁止结婚。

(一) 禁止结婚的血亲关系

禁婚亲是指法律规定禁止结婚的亲属。从广义上说,他们不仅包括一定范围的血亲,有的国家还包括一定范围的姻亲。禁止一定范围的亲属结婚,源于原始社会的婚姻禁忌。从人类婚姻禁忌的历史发展来看,人类自身由最初的杂乱的两性关系发展到血缘婚、亚血缘婚、对偶婚到一夫一妻婚,其发展呈现为不断自我限制、禁止亲属通婚的过程。人类在漫长的进化过程中和在自然选择规律的作用下,逐步排除了纵向的直系血亲间的两性行为,以及横向的旁系血亲兄弟姐妹间的通婚。禁忌的产生是人们意识的进步的结果,使人们的自然活动具有社会属性。自然选择规律开始被人们所认识,说明人们的两性生活开始具有受到理性控制的因素,减少了人们的性交行为的随意性,人们的两性关系受到了初步的限制,使人类的行为具有社会属性,表现为原始社会的社会约束力的萌芽,从而成为以后人类社会规范的源泉。① 进入一夫一妻制婚后,人类有意识地通过立法限制近亲结婚。近现代法律规定禁止一定范围内的血亲结婚,其根据主要有两大方面:一是基于遗传学和优生学原理。根据遗传学,血缘太近的男女结婚容易将生理上和精神上的疾病或缺陷遗传给子女,违反优生学原理,不利于民族的健康和人类的发展。二是基于伦理道德的要求。近亲结婚有悖于人类长期形成的婚姻伦理道德,容易造成亲属身份上的紊乱。"儿子和母亲结婚,就要搞乱事物的秩序。儿子应该对母亲有无限的尊敬,……如果母亲和儿子结婚的话,就将把双方的天然地位都推翻了。父亲和女儿结婚同样是违背自然的"②。

禁止直系血亲间结婚,是各国立法的通例,但是对旁系血亲的禁婚范围,由于文化传统和风俗习惯的不同,各国限制的范围不同。

我国《婚姻法》关于禁婚亲的规定。我国《婚姻法》第7条规定,"直系血亲和三代以内的旁系血亲"禁止结婚。因此,禁止结婚的血亲包括两大类:一是直系血亲,指所有的直系血亲,没有世代的限制,均不得结婚。二是三代以内旁系血亲,三代以内旁系血亲的范围包括:第一,兄弟姐妹之间,含同胞兄弟姐妹和同父异母或同母异父的兄弟姐妹。他们是同源于父母的同辈分旁系血亲。第二,堂兄弟姐妹和表兄弟姐妹之间。他们是源于祖父母或外祖父母的同辈分旁系血亲。第三,叔伯与侄女之间,姑姑与侄子之间,舅舅与外甥女之间,姨与外甥之间。他们是同源于祖父母或外祖父母的不同辈分的旁系血亲。拟制的旁系血亲之间,只要不存在三代以内的旁系血亲,无论辈分相同或不同,均不在禁止结婚的范围之内。《婚姻登记条例》第6条规定"属于直系血亲或者三代以内旁系血亲的",婚姻登记机关不予结婚登记。

关于直系姻亲之间能否结婚的问题。直系姻亲是指公公和儿媳、岳母和女婿、未形成抚养关系的继父母和继子女之间的关系。

---

① 王学辉:《从禁忌习惯到法起源运动》,法律出版社1998年版,第8页。
② 〔法〕孟德斯鸠:《论法的精神》(下),张雁深译,商务印书馆1982年版,第185—186页。

关于直系姻亲之间能否结婚的问题,我国现行婚姻法没有明确规定。有些国家禁止姻亲结婚,则基于伦理和习惯的考虑。一些国家禁止直系姻亲之间通婚,如禁止公公和儿媳、岳母和女婿之间通婚,如法国和瑞士。我国现行婚姻法没有禁止姻亲结婚的规定,但在社会生活中人们是将这类关系当成父母子女关系看待的,如儿媳和女婿一般都将公婆或岳父母称为"爸爸、妈妈"。直系姻亲之间通婚有违社会道德和风俗习惯。因此,尽管法律没有明文禁止,但基于伦理上的要求,也应予以限制为宜。我国20世纪50年代最高人民法院曾作出关于公公与儿媳等可否结婚的批复,指出婚姻法虽无禁止其结婚的规定,但是为了照顾群众影响,尽量劝说其不要结婚;对劝说无效的,建议其迁居异地。①

关于拟制血亲之间能否结婚的问题。我国《婚姻法》规定了养父母与养子女、继父母和受其抚养教育的继子女之间的权利义务适用父母子女关系的规定。拟制的直系血亲之间具有与自然的直系血亲之间完全相同的权利义务。据此推定,拟制的直系血亲之间相当于父母子女关系,适用法律禁止结婚的规定,即使在拟制血亲关系如收养关系解除后仍然适用,因为他们之间相当于父母子女关系。拟制的旁系血亲之间无血缘关系,也无伦理障碍,应该不受禁婚亲的限制。

(二) 禁止患一定疾病的人结婚

法律禁止患一定疾病的人结婚,其目的是为了防止和避免疾病的传染和遗传,保护婚姻当事人的利益和社会利益。《婚姻法》第7条规定:"患有医学上认为不应当结婚的疾病"的人,禁止结婚。《婚姻登记条例》第6条规定"患有医学上认为不应当结婚的疾病的",婚姻登记机关不予结婚登记。纵观世界各国有关法律,禁止结婚的疾病分为两类:第一类是严重的精神方面的疾病,如痴呆症和精神病等。患有这类疾病的人,一般属于无民事行为能力人,对自己的行为及后果欠缺理性的判断,不具有承担夫妻间权利和义务的能力,并且,婚后有将精神疾病遗传给后代的可能。第二类是身体方面的疾病,主要是指重大不治的传染性疾病或遗传性疾病,患者婚后会危害对方和下一代的健康。

婚前健康检查制度在我国部分地区已实行多年。实践证明,这是防止患有禁止结婚的疾病者结婚,保护人民健康的有效措施。1994年的《婚姻登记管理条例》第9条规定:"在实行婚前健康检查的地方,申请结婚登记的当事人,必须到指定的医疗保健机构进行婚前健康检查,向婚姻登记管理机关提交婚前健康检查证明。"1994年的《母婴保健法》第12条规定:"男女双方在结婚登记时,应当持有婚前医学检查证明或者医学鉴定证明。"《母婴保健法实施办法》第16条指出,在实行婚前医学检查的地区,婚姻登记机关在办理结婚登记时,应当查验婚前医学检查证明或者医学鉴定证明。婚前医学检查和婚前健康检查,两者是名异而实同的。现行的《婚姻登记条例》是自2003年10月1日起施行的。该条例删去了有关婚前检查的原规定。就法理而言,这并不是对婚前健康检查制度的否定。

根据我国《母婴保健法》第8条的规定,婚前医学检查包括对下列疾病的检查:(1) 严

---

① 刘素萍主编:《婚姻法学参考资料》,中国人民大学出版社1989年版,第191页。

重遗传性疾病;(2) 指定传染病;(3) 有关精神病。经婚前医学检查,医疗保健机构应当出具婚前医学检查证明。《母婴保健法》第 38 条还对严重遗传性疾病、指定传染病、有关精神病进行了解释:指定传染病,是指《中华人民共和国传染病防治法》中规定的艾滋病、淋病、梅毒、麻风病以及医学上认为影响结婚和生育的其他传染病。严重遗传性疾病,是指由于遗传因素先天形成,患者全部或者部分丧失自主生活能力,后代再现风险高,医学上认为不宜生育的遗传性疾病。有关精神病,是指精神分裂症、躁狂抑郁型精神病以及其他重型精神病。

我国婚姻法关于禁止患有医学上认为不应当结婚的疾病是概括性规定,具体哪些疾病属于不应当结婚的疾病,不能任意解释,在认定时必须有充分的科学依据,必要时应当进行专门的鉴定。卫生部 2002 年《婚前保健工作规范(修订)》,婚前医学检查的主要疾病为:(1) 严重遗传性疾病;(2) 指定传染病;(3) 有关精神病;(4) 其他与婚育有关的疾病,如重要脏器疾病和生殖系统疾病。经检查后出具的医学意见有以下几条:(1) 建议不宜结婚:一方或双方患有重度、极重度智力低下,不具有婚姻意识能力;重型精神病,在病情发作期具有攻击危害行为的。(2) 建议不宜生育:严重的遗传性疾病或其他重要脏器疾病,以及不宜生育的疾病。(3) 建议暂缓结婚:指定传染病在传染期内,有关精神病在发病期内等。(4) 建议采取医学措施,尊重受检者意愿:对于婚检发现的可能会终生传染的不在发病期的传染病患者或病原体携带者,应向受检者说明情况,提出预防、治疗等医学措施意见。如果受检者坚持结婚,应充分尊重受检双方的意愿。(5) 未发现医学上不宜结婚的情形。

有性生理缺陷者是否禁止结婚？因生理缺陷而不具有性行为能力,在传统的亲属法学中称为不能人道。一些国家的立法将其作为婚姻障碍,禁止有上述情形者结婚,并以此种情形作为婚姻无效的原因。也有仅将一方缺乏性行为能力在结婚时为另一方所不知,作为婚姻无效原因的。我国 1950 年《婚姻法》曾规定,"有生理缺陷不能发生性行为者"禁止结婚。现行《婚姻法》中则无此规定。这方面的一些具体问题,应当分别情况妥善处理。

基于婚姻的性质和功能,有生理缺陷不能为性行为的,似以不准结婚为宜。在通常情况下,对方也不会同意与无性行为能力者结婚。但是,实际生活中也有例外的情形。例如,双方均有上述缺陷,仍愿结为夫妻;一方虽然无此缺陷,由于本人年老、疾病需要照顾等原因,在明知另一方有此缺陷的情形下,仍然同意与其结婚;等等。这些当事人结婚的目的,主要是为了在婚后能够互相扶助。我们认为,这些结合对当事人和社会并无危害性,只要两厢情愿,可准予结婚。

对于双方或一方为无性行为能力者的结婚问题,当事人应当在慎重考虑后再作决定,以免日后发生纠纷。如果婚后才发现一方有原为另一方所不知的性生理缺陷,导致感情破裂,另一方要求解除婚姻关系的,可按离婚程序处理。

第三节 结婚形式要件

一、结婚程序的概念及其类型

结婚的程序又称结婚的形式要件,指法律规定结婚必须采取的方式。当事人的结婚行为,必须符合法律规定或认可的方式。符合结婚实质要件的当事人,只有履行法定的结婚程序,其婚姻关系才被国家和社会承认,产生法律效力。从世界各国的法律规定看,结婚的程序主要有登记制、仪式制、登记与仪式结合制。

登记制是指依法办理结婚登记是婚姻成立的唯一要件。要求结婚的当事人必须向婚姻登记机关提出结婚申请,接受婚姻登记机关的审查,履行登记手续,婚姻即告成立。登记制简便易行,有利于国家与政府对结婚行为进行管理和监督,同时也具有无可置疑的公信力。登记制是近代发展起来的结婚程序,为现代许多国家采纳。如我国、德国和日本等国均实行结婚登记制。《德国民法典》第1310条第1款规定:"婚姻唯有通过结婚当事人双方在户籍官员前表示愿意相互缔结婚姻,始为缔结"[1]。《日本民法典》第739条规定:"婚姻依户籍法的规定为申报后,即生效力"。"申报须由当事人双方及二人以上的成年证人以口头或署名的书面形式为之"[2]。这里的结婚申报就是依据行政程序办理结婚登记。

仪式制是指以举行结婚仪式为婚姻成立的形式要件。仪式制又有三种:宗教仪式、世俗仪式和法律仪式。宗教仪式是根据宗教教义的要求,在神职人员的主持下举行的结婚仪式,如西班牙、希腊等国;世俗仪式是按照民间习俗,在主婚人和证婚人的主持下举行的结婚仪式,反映民族和地域的文化传统;法律仪式是依据法律规定,在政府官员的主持与参与下举行结婚仪式,如瑞士。有些国家采取法律仪式与宗教仪式双轨制,当事人可任选其一,均有法律效力,如英国、丹麦等国。

登记与仪式结合制是既要求办理结婚登记,又要求举行法定的结婚仪式,两个程序完成后,婚姻成立。这种结婚制度使得结婚程序既严格又庄重,既能实现国家监督,又能满足当事人结婚仪式隆重热烈的愿望。采用此制的有法国和罗马尼亚等国。

二、我国结婚登记制度

(一) 结婚登记的目的和意义

我国《婚姻登记条例》第1条规定:"为了规范婚姻登记工作,保障婚姻自由、一夫一妻、男女平等的婚姻制度的实施,保护婚姻当事人的合法权益,根据《中华人民共和国婚姻法》,制定本条例。"据此,结婚登记的目的就是保障我国婚姻制度的实施,保护婚姻当事人的合法权益。结婚登记的意义主要有以下三方面:

---

[1] 陈卫佐译:《德国民法典》,法律出版社2010年版。
[2] 王书江译:《日本民法典》,中国人民公安大学出版社1999年版。

1. 保障社会主义婚姻制度的实行

国家通过结婚登记,可以对公民的婚姻的建立进行监督,保障婚姻自由、一夫一妻、男女平等制度的实施,有利于维护法律的严肃性,防止包办婚姻、买卖婚姻、早婚和重婚事件的发生,以国家的强制力确保社会主义婚姻家庭制度的巩固。

2. 保护婚姻当事人的合法权益

国家实行结婚登记制度,可给予争取婚姻自主的男女及时的法律援助,保护基于爱情而要求结合的男女的正当权利;还可以帮助、指导婚姻当事人,避免因无知或受欺骗而陷于不幸的婚姻之中。

3. 及时防止和惩治违反婚姻法的行为

通过结婚登记,国家工作人员可以直接对婚姻当事人开展法制教育,及时发现违反婚姻法的行为,并采取相应的有效措施。

(二) 结婚登记的机关和程序

《婚姻登记条例》第2条第1款规定:"内地居民办理婚姻登记的机关是县级人民政府民政部门或者乡(镇)人民政府,省、自治区、直辖市人民政府可以按照便民原则确定农村居民办理婚姻登记的具体机关。"办理结婚登记的机关是县级人民政府民政部门或者乡(镇)人民政府。婚姻登记管理机关管辖的范围,原则上与户籍管辖范围相适应。结婚当事人的户口在同一地区的,到共同的户口所在地婚姻登记机关办理结婚登记。结婚当事人的户口不在同一地区的,可以到任何一方户口所在地的婚姻登记机关办理结婚登记。由于结婚登记是建立当事人身份关系的行为,因此要求结婚的男女双方必须亲自到婚姻登记机关办理结婚登记。

1. 申请

自愿结婚的男女,必须亲自到婚姻登记机关申请结婚登记。办理结婚登记的当事人应当出具下列证件和证明材料:(1) 户口本;(2) 身份证;(3) 本人无配偶以及与对方当事人没有直系血亲和三代以内旁系血亲关系的声明。关于婚前医学检查证明,由双方当事人自主自愿选择,不是必须提交的材料。申请结婚登记的当事人,应当如实向婚姻登记管理机关提供上述材料,不得隐瞒真实情况。

2. 审查

婚姻登记机关依法对当事人的结婚申请进行审核查实。婚姻登记机关一方面审查结婚登记当事人双方是否符合法定的结婚条件;另一方面对结婚登记当事人出具的证件、证明材料进行审查并询问相关情况。审查是结婚登记程序的中心环节,审查应依法办事,不得草率或拖延。

3. 登记

婚姻登记机关对当事人的结婚申请进行审查后,符合结婚条件的,应当当场予以登记,发给结婚证。对离过婚的,应当注销其离婚证。当事人从取得结婚证起,确立夫妻关系。

婚姻登记机关在审查中,如果发现申请结婚登记的当事人有下列情形之一的,不予登记:(1)未到法定结婚年龄的;(2)非双方自愿的;(3)一方或者双方已有配偶的;(4)属于直系血亲或者三代以内旁系血亲的;(5)患有医学上认为不应当结婚的疾病的。婚姻登记机关对当事人不符合结婚条件不予登记的,应当向当事人说明不予登记的理由。根据2003年通过的《婚姻登记条例》,2003年10月1日后公民申请结婚登记要签署声明书。根据声明书式样,公民申请结婚登记要在声明书中写明本人和对方的姓名、性别、国籍、出生日期、民族、职业、文化程度、身份证件号、常住户口所在地、婚姻状况等基本情况,并申明本人与对方均无配偶,没有直系血亲和三代以内旁系血亲关系,了解对方的身体健康状况,并强调自愿结为夫妻。最后,声明人和监誓人共同在声明书上签字。

我国《婚姻法》第8条规定:"要求结婚的男女必须亲自到婚姻登记机关进行结婚登记,符合本法规定的予以登记,发给结婚证,取得结婚证,即确立夫妻关系……"男女双方只要履行结婚登记的程序,取得结婚证,无论是否举行结婚仪式,即发生夫妻间的权利义务关系。

我国夫妻身份关系的确立是以结婚登记作为标志。婚姻登记机关颁发的结婚证就是具有法律效力的夫妻关系证明书。在现实生活中,由于各种原因,当事人遗失或损毁了结婚证的,需要证明其夫妻关系,如以夫妻身份申请出国探亲或继承配偶的遗产,当事人无法出具结婚证书,则需当事人持所在单位、村民委员会或者居民委员会出具的婚姻状况证明,向原办理婚姻登记管理机关申请出具婚姻关系证明。婚姻登记管理机关对当事人出具婚姻关系证明的申请进行审查,并根据当事人的婚姻登记档案,为遗失或毁损结婚证的当事人出具夫妻关系证明书。夫妻关系证明书与结婚证具有同等的法律效力。

第四节 婚姻的无效和撤销

一、无效婚姻和可撤销婚姻的概念

(一) 有关无效婚姻和可撤销婚姻的立法例

无效婚姻、可撤销婚姻都是欠缺婚姻成立要件的违法婚姻,前者依法不具有婚姻的法律效力,后者经撤销请求人请求,依法撤销后不具有婚姻的法律效力。有关无效婚姻和可撤销婚姻的规定,是以保障婚姻合法成立、防治违法婚姻为其立法宗旨的,这些规定是婚姻法的重要组成部分。

在比较婚姻法的领域里,无效婚姻和可撤销婚姻是相当复杂的问题,这方面的规定有不同的立法例,因不同的时代和国家而异。

从历史上来看,中国历代封建法律中均有"违律嫁娶"的规定,对"违律嫁娶"的结合不仅否定其婚姻的效力,而且还要对有责者处以刑罚。《唐律·户婚》中的有关各条,如为婚女家妄冒、有妻更娶、居父母丧嫁娶、同姓为婚、夫丧守志、奴娶良人为妻等,都是明显的例证。古巴比伦王国的《汉谟拉比法典》,将事先未订婚约的结合视为无效婚姻。在欧洲中世纪寺院法的兴盛时代,无效婚姻制度是作为禁止离婚的救济手段而得到重视和应用的。

近现代各国有关无效婚姻和可撤销婚姻的立法例,往往具有基于历史传统而形成的自身特点。1804年的《法国民法典》继承了罗马亲属法的有关规定,设有婚姻无效制度。法国法将无效婚姻分为两种,即绝对无效婚姻和相对无效婚姻。前者多为违反公益要件,当事人、利害关系人和检察官均得请求确认婚姻无效。后者多为违反私益要件,只有当事人和其他有撤销请求权的人始得请求确认婚姻无效。1896年的《德国民法典》,在亲属编中兼采无效婚和撤销婚两种制度,无效和撤销,各以不同的法定原因为依据。此后,瑞士、日本、英国和美国的部分州等,都相继规定了婚姻无效和撤销制度。在我国,1930年的国民党政府民法亲属编中也有类似的规定。其实,德国法中的无效婚大致相当于法国法中的绝对无效婚;德国法中的撤销婚大致相当于法国法中的相对无效婚。此外,还有一些国家在立法上是仅采无效婚制不采撤销婚制的,将欠缺婚姻成立要件的违法结合统称为无效婚姻,也没有绝对无效和相对无效之别。采用此制的有原苏联各加盟共和国、古巴、秘鲁、罗马尼亚、保加利亚等。

在兼采无效婚制和撤销婚制的法律中,何者为无效婚姻,何者为可撤销婚姻?这只能依各国法律的具体规定而定。就原因而言,各国的规定虽大致类似,但不尽相同,在客观上并没有统一的标准。某一要件的欠缺,在此国法律中为婚姻无效的原因,在彼国法律中则为婚姻可撤销的原因,这种情形是很常见的。例如,对重婚和近亲间违法结婚,瑞士民法以其为无效原因,日本民法则以其为撤销原因。

就程序而言,有些国家的法律对无效婚姻采取当然无效制,为数更多的国家则采取宣告无效制。至于可撤销婚姻,则是须依有撤销权人的请求,经司法程序始得撤销的。就效力而言,在一般情形下,婚姻无效的宣告是溯及既往的,无效婚姻自始无效。婚姻的撤销则不溯及既往,只是从撤销之时起废止该婚姻的效力(我国现行法的规定与此不同,参见后文)。但是,在一些国家晚近以来的立法例中,婚姻无效的宣告只有部分的追溯力或者并无追溯力。综观当代国家有关无效婚和撤销婚的立法例,我们可以看到这样一种发展趋势,两者相互联系,相互渗透,越来越接近。

(二)我国《婚姻法》增设无效婚、可撤销婚制度的必要性

1950年《婚姻法》和1980年《婚姻法》中未设婚姻无效和可撤销的制度,这是结婚制度上应予填补的立法空白。2001年修正后的《婚姻法》增设了这方面的规定,对完善我国的结婚制度具有很重要的意义。

增设这种制度,有利于坚持结婚的法定条件,保障婚姻的合法成立,对依法成立的婚姻予以承认和保护,对欠缺婚姻成立要件的结合按无效婚或可撤销婚处理,这是维护法律的严肃性和权威性的必然要求,是防治违法婚姻的根本对策。

增设这种制度,有利于预防和减少婚姻纠纷,保障公民的婚姻权益。在司法实践中,因违法婚姻而导致的纠纷占有一定的比重。适用有关无效婚和可撤销婚的规定,可以使违法结合得到纠正,恢复原状,从总体上保证婚姻的质量,预防和减少婚姻纠纷。使当事人免受违法婚姻之害,是对其婚姻权益的重要保障。

增设这种制度,有利于增强执法力度,制裁结婚问题上的违法行为。就法理而言,婚姻的无效和撤销只是从法律上否定违法结合的婚姻效力,还事物以本来面目。无效和撤销本身并不是一种制裁手段。但是,这种法律上的判断,却为对导致违法婚姻发生的责任主体适用相应的制裁手段提供了依据。当然,这方面的情形比较复杂,有些婚姻在客观上是违法的,但并不是违法行为造成的,如当事人不知本人患有禁止结婚的疾病等。制裁,是以违法行为的存在为前提的。

同相应的外国立法例相比较,我国《婚姻法》中有关无效婚姻和可撤销婚姻的规定具有自身的特点。例如,我国《婚姻法》兼采无效婚制和撤销婚制,两者均以欠缺婚姻成立的实质要件为法定原因;欠缺婚姻成立的形式要件,并未列入无效的原因,而是以补办结婚登记为救济手段的。又如:婚姻的撤销仅以当事人一方受胁迫为单一的原因,不及其他意思表示的重大瑕疵;无效的和被撤销的婚姻均为自始无效,在效力上不作区别;等等。

二、无效婚姻

(一) 婚姻无效的原因

我国《婚姻法》第10条规定:"有下列情形之一的,婚姻无效:(一)重婚的;(二)有禁止结婚的亲属关系的;(三)婚前患有医学上认为不应当结婚的疾病,婚后尚未治愈的;(四)未到法定婚龄的。"

对无效婚姻的认定,应以法定的无效原因的存在为依据,如果当事人在结合当时具有婚姻无效的原因,在无效原因消失后,不得再宣告该婚姻无效。最高人民法院在有关司法解释中指出:"当事人根据《婚姻法》第10条规定向人民法院申请宣告婚姻无效的,申请时,法定的无效婚姻情形已经消失的,人民法院不予支持。"①例如,结婚时双方或一方未达法定婚龄,随着时间的推移,双方均已达法定婚龄;结婚时一方患有禁止结婚的疾病,婚后已经治愈;等等。在无效原因消失后再去宣告婚姻无效,是有悖于无效婚制度的立法宗旨的。

(二) 宣告婚姻无效的请求权人

有权依法请求宣告婚姻无效的,应为婚姻当事人和利害关系人,以利害关系人为请求权人,其范围应当适度,失之过窄不利于防治违法婚姻,失之过宽不利于婚姻关系的稳定。确定利害关系人的范围不宜一刀切,应当考虑不同的无效原因。最高人民法院在有关司法解释中指出:"有权根据《婚姻法》第10条规定向人民法院就已办理结婚登记的婚姻申请宣告婚姻无效的主体,包括婚姻当事人和利害关系人。利害关系人包括:(一)以重婚为由申请宣告婚姻无效的,为当事人的近亲属及基层组织。(二)以未到法定婚龄为由申请宣告婚姻无效的,为未到法定婚龄者的近亲属。(三)以有禁止结婚的亲属关系为由申请宣告婚姻无效的,为当事人的近亲属。(四)以婚前患有医学上认为不应当结婚的疾

---

① 最高人民法院:《关于适用〈中华人民共和国婚姻法〉若干问题的解释(一)》,2001年12月25日。

病,婚后尚未治愈为由申请宣告婚姻无效的,为与患者共同生活的近亲属。"①

（三）宣告婚姻无效的程序

宣告婚姻无效应经司法机关依诉讼程序办理,这是采用宣告无效制的国家的立法通例。按照我国最高人民法院的有关司法解释,在程序上应当注意以下几个问题：

（1）宣告婚姻无效,应由婚姻当事人或上述利害关系人本人向人民法院提出申请。以利害关系人为申请人的,婚姻当事人双方均为被申请人。夫妻一方死亡的,生存一方为被申请人。夫妻均已死亡的,不列被申请人。夫妻一方或者双方死亡后1年内,生存一方或者利害关系人依据《婚姻法》第10条的规定申请宣告婚姻无效的,人民法院应当受理。②

（2）法律有关婚姻无效的规定是强行性规范,婚姻有无效力只能根据客观事实依法认定,并不取决于案件当事人的主观意愿,关于婚姻有无效力应以判决的方式结案,而不应以调解的方式结案,因为这并不是当事人有权处分的权利。最高人民法院在司法解释中指出："人民法院审理宣告婚姻无效案件,对婚姻效力的审理不适用调解,应当依法作出判决；有关婚姻效力的判决一经作出,即发生法律效力。"③"人民法院受理申请宣告婚姻无效的案件后,经审查确属无效婚姻的,应当依法作出宣告婚姻无效的判决,原告申请撤诉的,不予准许。"④

（3）宣告婚姻无效案件中所涉及的子女和财产问题,不同于婚姻效力问题,既可以调解的方式结案,也可以判决的方式结案,并且不适用有关一审终审的解释。最高人民法院在司法解释中指出：人民法院审理宣告婚姻无效案件,"涉及财产分割和子女抚养的,可以调解。调解达成协议的,另行制作调解书。对财产分割和子女抚养问题的判决不服的,当事人可以上诉"⑤。对于婚姻效力的认定和财产分割、子女抚养等纠纷的处理,应当分别制作裁判文书。

（4）应当将申请宣告婚姻无效的案件和离婚案件加以区别。人民法院受理离婚案件后,经审查确属无效婚姻的,应当将婚姻无效的情形告知当事人,并依法作出宣告婚姻无效的判决。人民法院就同一婚姻关系分别受理了离婚和申请宣告婚姻无效案件的,对于离婚案件的审理,应当待申请宣告婚姻无效案件作出判决后进行。如果婚姻关系被确认有效,即可审理离婚案件。如果婚姻关系被宣告无效,案内涉及财产分割和子女抚养的部分,应当继续审理。⑥

需要附带说明的是,我国1994年的《婚姻登记管理条例》中曾有下列规定："申请婚姻登记的当事人弄虚作假,骗取婚姻登记的,婚姻登记管理机关应当撤销婚姻登记,对结婚、复婚的当事人宣布其婚姻关系无效,并收回结婚证……"这是一种单向的、由婚姻登记

---

① 最高人民法院：《关于适用〈中华人民共和国婚姻法〉若干问题的解释（一）》,2001年12月25日。
② 最高人民法院：《关于适用〈中华人民共和国婚姻法〉若干问题的解释（二）》,2003年12月25日。
③ 最高人民法院：《关于适用〈中华人民共和国婚姻法〉若干问题的解释（一）》,2001年12月25日。
④ 最高人民法院：《关于适用〈中华人民共和国婚姻法〉若干问题的解释（二）》,2003年12月25日。
⑤ 最高人民法院：《关于适用〈中华人民共和国婚姻法〉若干问题的解释（一）》,2001年12月25日。
⑥ 最高人民法院：《关于适用〈中华人民共和国婚姻法〉若干问题的解释（二）》,2003年12月25日。

管理机关依职权采取的、按照行政程序宣告婚姻无效的规定,现行的、即2003年颁行的《婚姻登记条例》中,已无此规定,这方面的法律纠纷需要通过司法途径解决。

此外,当事人以《婚姻法》第10条规定以外的情形申请宣告婚姻无效的,人民法院应当判决驳回当事人的申请。当事人以结婚登记程序存在瑕疵为由提起民事诉讼,主张撤销结婚登记的,告知其可以依法申请行政复议或者提起行政诉讼。① 现实生活中,常常有当事人以结婚登记程序中存在瑕疵为由申请宣告婚姻无效,如一方当事人未亲自到场办理婚姻登记、借用或冒用他人身份证明进行登记、婚姻登记机关越权管辖、当事人提交的婚姻登记材料有瑕疵等。在结婚登记程序存在瑕疵时,如果同时欠缺了结婚的实质要件,在法律规定的情形内,可以被人民法院宣告无效,但对仅有程序瑕疵的结婚登记的法律效力缺乏明确的法律规定。当事人以婚姻登记中的瑕疵问题申请宣告婚姻无效的,只要不符合《婚姻法》第10条关于婚姻无效的四种规定情形之一,法院就只能判决驳回当事人的申请。

三、可撤销婚姻

(一) 婚姻撤销的原因

我国《婚姻法》第11条规定:"因胁迫结婚的,受胁迫的一方可以向婚姻登记机关或人民法院请求撤销该婚姻,受胁迫的一方撤销婚姻的请求,应当自结婚登记之日起1年内提出。被非法限制人身自由的当事人请求撤销婚姻的,应当自恢复人身自由之日起1年内提出。"

按照有关的司法解释,本条所称的胁迫,"是指行为人以给另一方当事人或者其近亲属的生命、身体健康、名誉、财产等方面造成损害为要挟,迫使另一方当事人违背真实意愿结婚的情况"②。胁迫婚的当事人之间缺乏有效的结婚合意,违背我国《婚姻法》第5条有关结婚必须男女双方完全自愿的规定,故以受胁迫而结婚为婚姻可撤销的法定原因。

(二) 婚姻撤销的请求权人

按照我国《婚姻法》的规定,撤销请求属于受胁迫方本人,其他任何人或单位均无此权利。受胁迫方是否行使撤销请求权,只能由本人自行决定。可撤销婚姻只是可以撤销而不是必须撤销。受胁迫方的意愿,也是可能发生变化的,在某些情形下,结婚时虽然因受胁迫而缺乏有效的合意,但婚后双方均有保持婚姻关系的意思,此时应认为意思表示的瑕疵已经消失,他人是无权主张撤销该婚姻的。

而受胁迫方行使撤销请求权的法定期限为1年,从结婚登记之日起算。有请求权人被非法限制人身自由的情形下,上述期限自恢复人身自由之日起算。逾期不行使请求权,在法理上应认为对该项请求权的默示的放弃,婚姻登记机关和人民法院不再受理。撤销婚姻请求权的行使期间在性质上不同于民事诉讼时效期间,它是以1年为不变期间,尽管

---

① 最高人民法院:《关于适用〈中华人民共和国婚姻法〉若干问题的解释(三)》,2011年8月9日。
② 最高人民法院:《关于适用〈中华人民共和国婚姻法〉若干问题的解释(一)》,2001年12月25日。

起算点有所不同,民事诉讼时效期间在法定情形下则是可变的。最高人民法院在有关司法解释中指出:"《婚姻法》第 11 条规定的 1 年,不适用诉讼时效中止、中断或者延长的规定。"①

(三) 婚姻撤销的程序

受胁迫方既可依行政程序向婚姻登记机关提出撤销婚姻的请求,也可依诉讼程序向人民法院提出撤销婚姻的请求。适用何种程序,可由其自行选择。

我国现行的《婚姻登记条例》第 9 条规定:因胁迫而结婚,受胁迫的当事人依据《婚姻法》第 11 条规定向婚姻登记机关请求撤销其婚姻的,应当出具下列证明材料:(1) 本人的身份证、结婚证;(2) 能够证明受胁迫结婚的证明材料。婚姻登记机关经审查认为受胁迫结婚的情况属实且不涉及子女抚养、财产及债务问题的,应当撤销该婚姻,宣告结婚证作废。如果涉及子女抚养、财产及债务等问题,婚姻的撤销应经由诉讼程序处理。

人民法院审理婚姻当事人因受胁迫而请求撤销婚姻的案件,应当适用简易程序或者普通程序。

四、婚姻无效和被撤销的法律后果

我国《婚姻法》第 12 条规定:"无效或被撤销的婚姻,自始无效。当事人不具有夫妻的权利和义务。同居期间所得的财产,由当事人协议处理;协议不成时,由人民法院根据照顾无过错方的原则判决。对重婚导致的婚姻无效的财产处理,不得侵害合法婚姻当事人的财产权益。当事人所生的子女,适用本法有关父母子女的规定。"

按照上述规定,婚姻无效和被撤销的法律后果可从以下两个方面加以说明。

(一) 对当事人的后果

在我国,经宣告无效或被撤销的婚姻,均为自始无效,自违法结合之时起便不具有婚姻的法律效力。这是法律对违法结合的根本否定。无效或被撤销婚姻的当事人间,不具有基于婚姻效力而发生的夫妻的权利和义务,不适用《婚姻法》有关夫妻人身关系和财产关系的各项规定。例如,在人身关系方面,不适用《婚姻法》第 14 条、第 15 条和第 16 条的规定。由于当事人并无配偶,一方与另一方的血亲及其配偶间不发生姻亲关系。在监护、代理等问题上,不适用以配偶关系为基础法律关系的规定。在财产关系方面,无效或被撤销婚姻的当事人不适用法定夫妻财产制和有关夫妻财产约定的规定,同居期间所得财产应由当事人协议处理,协议不成时依法判决。最高人民法院在有关司法解释中指出:"被宣告无效或被撤销的婚姻,当事人在同居期间所得财产,按共同共有处理,但有证据证明为当事人一方所有的除外。"②人民法院有关财产的判决,应依据照顾无过错方的原则。这里所说的无过错方,并不是指在同居期间各方均无过错的当事人,而是指对无效婚姻、被撤销婚姻的发生并无过错的当事人。当然,在有些情形下,双方对违法结合的发生都是

---

① 最高人民法院:《关于适用〈中华人民共和国婚姻法〉若干问题的解释(一)》,2001 年 12 月 25 日。
② 同上。

有过错的。

因重婚而导致婚姻无效的,在财产处理问题上应当依法保护合法婚姻当事人的财产权益,使其免受侵害。最高人民法院在有关司法解释中指出:"人民法院审理重婚导致的无效婚姻案件时,涉及财产处理的,应当准许合法婚姻当事人作为有独立请求权的第三人参加诉讼。"①这就从程序上对合法婚姻当事人的财产权益提供了有效的司法保障。

(二) 对子女的后果

父母的婚姻无效或被撤销,以欠缺婚姻成立的法定要件为依据,父母与子女的关系,则是以相互间的血缘联系为依据的。无效或被撤销婚姻的当事人与其所生子女的关系,是不受父母的婚姻无效或被撤销的影响的。

我国《婚姻法》中有关父母子女间权利和义务的规定,同样适用于无效或被撤销婚姻中出生的子女。在抚养、教育、保护、赡养、监护、代理、继承、送养等问题上,这些子女与父母的法律关系,同合法婚姻中出生的子女毫无区别。我们认为,我国《婚姻法》第36条至第38条有关离婚后子女抚养教育的规定,亦可适用于婚姻被宣告无效或撤销后的父母子女关系。这同宣告婚姻无效或撤销不适用离婚程序是并不矛盾的。父母离婚后,父母因婚姻被宣告无效或撤销而终止同居关系后,都要妥善处理子女不能与父母双方共同生活时的抚养教育和探望等问题。上述规定是为父母子女关系而设的,无效或被撤销婚姻的当事人与其子女的关系当然也不例外。

第五节 与结婚制度相关的问题

一、婚约

婚约是指男女双方以将来结婚为目的所作的事先约定。成立婚约的行为称订婚或定婚,订立婚约的当事人双方称为"订婚人"或"未婚夫妻"。

(一) 婚约的历史类型

婚约在历史上大致经历了两个发展阶段:第一,早期型婚约,即古代社会的婚约。在奴隶社会和封建社会,婚约相当盛行,婚约是结婚的必经程序,具有法律约束力。订立婚约须由父母作主,当事人无任何自由意志。婚约订立不得反悔,无故悔约,要受到法律制裁。中国古代的"六礼",十分重视订婚程序,订婚是结婚的必备条件。由于早期型的婚约往往是父母等其他家长包办订立的,所以,违约责任亦由父母等其他家长承担。唐律规定,订婚后,男方反悔者不得索回聘财,女方反悔者须追究主婚人的刑事责任。古巴比伦王国的《汉谟拉比法典》规定:"倘自由民娶妻而未订契约,则此妇非其妻";并且规定,在婚约订立后,女方之父不得将女嫁他人。罗马法规定,婚约具有以下效力:与他人结婚时,婚约得视为法律上的障碍;未解除婚约前若与他人订立婚约,构成不名誉;订立婚姻时的

---

① 最高人民法院:《关于适用〈中华人民共和国婚姻法〉若干问题的解释(一)》,2001年12月25日。

赠与,在无正当理由的情况下,不得请求返还;违反婚约者须负赔偿责任。① 欧洲中世纪寺院法,对违反婚约者给予宗教上的处罚。第二,晚期型婚约,即近、现代的婚约。无论法律对订立婚约是否有规定,婚约都不具有法律效力。与早期型婚约不同,首先,订立婚约已不是结婚的必经程序,是否订立婚约,由当事人自由抉择。有的国家对婚约采取不干涉主义,法律不规定婚约条款,如法国、日本、美国、俄罗斯等。有的国家虽规定婚约,但不将其视为结婚的必经程序,如墨西哥、秘鲁等国。其次,婚约的订立仅取决于当事人本人的自愿,家长等无权包办代理。第三,婚约无约束力,当事人双方或一方,可随时解除。但对解除引起的财产纠纷,法律予以规定处理。关于双方的赠与物,瑞士、德国、法国和日本等国的法律和判例认为得依不当得利原则而请求返还。例如,《瑞士民法典》第94条规定:"(1) 婚约双方的赠与物,在解除婚约时可请求返回。(2) 如赠与物已不存在,可依照返还不当得利的规定办理"②。《德国民法典》第1301条规定:"婚姻不缔结的,订婚人任何一方可以关于依返还不当得利的规定,向另一方请求返还所赠的一切或作为婚约标志所给的一切"③。关于因解除婚约而造成的实际财产损失,各国法律规定不同。有的国家认为婚约不是独立的契约,法律追究违约责任。有的国家将婚约视为以婚姻为目的的契约行为,规定过错方有赔偿责任。关于因一方过错而解约造成他方的"精神损害",墨西哥、秘鲁、瑞士等国,在法律上赋予受害的无过错方请求赔偿的权利。

(二) 我国对婚约的态度和处理原则

第一,订婚不是婚约成立的必经条件,法律既不提倡,也不禁止。我国1950年婚姻法和1980年婚姻法以及2001年修订后的婚姻法都没有关于婚约的规定。第二,婚约没有法律约束力。法律对婚约不予保护,不强制履行。婚约不是我国婚姻法所调整的对象,当事人是否订立婚约,听其自便。但是,父母不得为未成年子女订立婚约。④ 关于因一方的过错而致婚约解除的,无过错方无权要求过错方赔偿因婚约不履行所遭受的损失,因为,婚约只是男女双方将来缔结婚姻的事先约定,属于事实行为。因此,无论违约方是否有过错,均不能要求其承担损害赔偿责任。第三,对因解除婚约引起的财产纠纷,区别情况,妥善解决。对属于包办买卖婚姻性质的订婚所受的财物,应依法没收或酌情返还。对以订婚为名诈骗钱财的,原则上应返还受害人。对以结婚为目的赠送价值较高的财物,例如彩礼,应酌情返还。最高人民法院2003年《关于适用〈中华人民共和国婚姻法〉若干问题的解释(二)》(以下简称《婚姻法解释(二)》)第10条规定了彩礼返还的条件即当事人请求返还按照习俗给付的彩礼的,如果双方未办理结婚登记的,人民法院应当予以支持。因为,这种彩礼的给付一般是基于当地的风俗习惯,很少有心甘情愿主动给付的,与一般意义上的无条件的赠与行为不同。而且,作为给付彩礼的代价中,本身就蕴含着以对方答应

---

① 江平、米健:《罗马法基础》,中国政法大学出版社2004年版,第160页。
② 殷生根、王燕译:《瑞士民法典》,中国政法大学出版社1999年版。
③ 陈卫佐译:《德国民法典》,法律出版社2010年版。
④ 《中华人民共和国未成年人保护法》第11条:"父母或者其他监护人不得允许或者迫使未成年人结婚,不得为未成年人订立婚约"。

结婚为前提。如果没有结婚,彩礼应当退还。

二、事实婚姻和补办结婚登记

(一) 事实婚姻及其对策

事实婚姻是法律婚姻的对称。它是不符合婚姻成立的形式要件的,以夫妻关系相对待的两性结合。许多国家都有事实婚姻和法律婚姻并存的现象,综观各国的立法例,对事实婚姻有采取不承认主义的;有采取承认主义的;也有采取相对承认主义的,即符合某些法定条件的事实婚姻始具有婚姻的效力。我国最高人民法院曾在《关于贯彻执行民事政策法律的意见》(1979年2月2日)中指出:"事实婚姻是指没有配偶的男女,未进行结婚登记,以夫妻关系同居生活,群众也认为是夫妻的。"按此解释,事实婚姻的主体仅限于原无配偶的男女,双方以夫妻关系同居生活并有一定的公示性,与不以夫妻名义的非婚同居有着严格的区别。

中华人民共和国成立以后,在一个相当长的时期内,司法实践中并没有一般地否认事实婚姻的效力,而是分别情况,区别对待,有条件地承认事实婚姻的,最后才从有条件地承认转为不承认。最高人民法院对此所作的历次司法解释,表明了事实婚姻的法律对策在不同时期中是有所发展变化的。这种发展变化,可以通过以下三个阶段略作说明(这些司法解释,主要是从处理婚姻纠纷特别是离婚纠纷的角度制定的)。

第一个阶段:自中华人民共和国建立初期至1989年11月21日。在此期间,司法实践中是承认符合结婚法定条件的事实婚姻的。详见最高人民法院在《关于贯彻民事政策法律的意见》(1979年2月2日)、《关于贯彻执行民事政策法律的若干具体意见》(1984年8月30日)中所作的有关司法解释。

第二个阶段:1989年11月21日至1994年2月1日。在此期间,司法实践中仍然有条件地承认事实婚姻,但是条件比过去严格,通过有关发生时间的规定,体现了过去从宽、后来从严的精神。最高人民法院在《关于人民法院审理未办结婚登记而以夫妻名义同居生活案件的若干意见》(1989年11月21日)中指出:1986年3月15日《婚姻登记办法》施行以前,未办结婚登记手续即以夫妻名义同居生活,群众也认为是夫妻关系的,一方向人民法院起诉"离婚",如起诉时双方均符合结婚的法定条件,可认定为事实婚姻关系;如起诉时一方或双方不符合结婚的法定条件,应认定为非法同居关系。1986年3月15日《婚姻登记办法》施行以后,未办理结婚登记手续即以夫妻名义同居生活,群众也认为是夫妻关系的,一方向人民法院起诉"离婚",如同居时双方均符合结婚的法定条件,可认定为事实婚姻关系;如同居时一方或双方不符合结婚的法定条件,应认定为非法同居关系。上述《若干意见》还指出:自民政部新的《婚姻登记管理条例》施行之日起,未办结婚登记即以夫妻名义同居生活的,按非法同居关系对待(当时该条例尚未颁行,此解释仅为预告)。需要说明的是,上述《若干意见》中所说的事实婚姻关系,是具有婚姻的法律效力的,在概念上同过去的解释不尽一致。

第三个阶段:1994年2月1日以后。《婚姻登记管理条例》是于1994年2月1日施行的,自该日起,未办理结婚登记即以夫妻名义同居生活的,仅为非婚同居关系,不具有婚姻的法律效力。

(二) 补办结婚登记及其效力

许多国家的结婚法,均将欠缺婚姻成立的形式要件(不符合法定的结婚方式),作为婚姻无效的原因。我国《婚姻法》经2001年修正后,增设了有关无效婚姻的规定,但并没有将未办结婚登记列为婚姻无效的原因,而是作了应当补办结婚登记的规定。对此,不应当理解为未办结婚登记即以夫妻关系同居生活也是合法有效的婚姻。《婚姻法》第8条规定,办理结婚登记,取得结婚证,即确立夫妻关系。如果不办理结婚登记,未取得结婚证,当然不能确立夫妻关系。在我国,经由法定程序宣告婚姻无效或撤销,仅限于已办理结婚登记的情形,未办理结婚登记即以夫妻名义同居生活,在法理上应视为婚姻不成立。这种结合不具有婚姻的效力,是无须经法定程序宣告的,只有通过补办结婚登记,才发生婚姻的效力。

关于事实婚姻和补办结婚登记的问题,最高人民法院在《婚姻法解释(一)》中指出,未按《婚姻法》第8条规定办理结婚登记而以夫妻名义同居生活的男女,起诉到人民法院要求离婚的,应当区别对待:(1) 1994年2月1日民政部《中华人民共和国婚姻登记管理条例》公布实施以前,男女双方已经符合结婚实质要件的,按事实婚姻处理。(2) 1994年2月1日民政部《婚姻登记管理条例》公布实施以后,男女双方符合结婚实质要件的,人民法院应当告知其在案件受理前补办结婚登记;未补办结婚登记的,按解除同居关系处理。上述司法解释还指出:男女双方根据《婚姻法》第8条规定补办结婚登记的,婚姻关系的效力从双方均符合《婚姻法》所规定的结婚的实质要件时起算。就法理而言,既曰补办,当然认其有追溯力。作这样的解释是有利于稳定婚姻关系,保障当事人权益的。上述司法解释还指出:未按《婚姻法》第8条规定办理结婚登记而以夫妻名义同居生活的男女,一方死亡,另一方以配偶身份主张享有继承权的,按照上述原则处理。

第四章 夫妻关系

第一节 夫妻的法律地位

一、夫妻关系的性质和内容

(一) 夫妻关系的性质

夫妻是男女双方以永久共同生活为目的依法结合的伴侣。男女因结婚而成为夫妻,双方具有特定的身份,与其他两性关系有着本质的区别。

夫妻关系不仅是重要的伦理关系,而且是重要的法律关系。夫妻关系的本质特征是:

(1) 夫妻必须是男女两性合法的结合。男女双方符合法律所规定的结婚条件,并履行了法定的结婚手续,才能结为夫妻。男女两性间任何形式的非法结合(如重婚、非法同居)都不是夫妻关系。

(2) 夫妻必须具有永久共同生活的目的。男女双方不以永久共同生活为目的之结合,也不是夫妻关系。

(3) 夫妻是共同生活的伴侣,必须共同承担生育和抚养子女、赡养和扶助老人等责任。

(二) 夫妻关系的内容

夫妻关系的内容十分广泛,如果仅就法律关系而言,主要是指夫妻双方在人身方面和财产方面享有的权利与承担的义务。夫妻关系是家庭关系的核心,在家庭中起着承上启下、养老育幼的特殊作用,因此,法律对夫妻之间的权利和义务必然要加以具体规定。夫妻在家庭中的地位因不同的时代和社会制度而异,这在夫妻间的权利和义务问题上有着十分明显的表现。

二、夫妻法律地位的历史沿革

夫妻双方在家庭中的地位,是与男女两性的社会地位相一致的。夫妻关系的性质和特点,归根结底决定于一定的社会经济基础。随着社会经济基础及与之相适应的婚姻家庭制度的发展,夫妻在家庭中的地位也随之变化。

(一) 对夫妻关系立法主义的评析

在资产阶级国家的法学著作中,常常用立法主义的不同来说明夫妻在家庭中法律地位的变迁。他们把夫妻关系立法分为两大类型:一种是夫妻一体主义,又称夫妻同体主义。即夫妻因婚姻成立而合为一体,双方的人格互相吸收。从表面看,夫妻的地位是平等的。实际上,只是妻的人格被夫所吸收,妻处于夫权的支配之下。故夫妻一体主义不过是夫权主义的别名。此立法主义主要为古代和中世纪的亲属法所采用。我国古代也采取此说。如古籍载有"夫妇,一体也",礼教还认为"夫者妻之天也","夫为妻纲"。这表明妻的人格为夫所吸收。另一种是夫妻别体主义,或称夫妻分离主义。即指夫妻婚后仍各是独立的主体,各有独立的人格。夫妻双方虽受婚姻效力的约束,仍各有法律行为能力和财产权利。资产阶级国家的亲属法多采取夫妻别体主义。但资产阶级国家早期的立法中,仍保留有一定的封建残余。随着社会的发展,许多资本主义国家对有关夫妻地位的法律作了修改,使夫妻双方的法律地位在形式上逐渐趋于平等。

由于上述分类只是以某些法律形式上的特征为依据,故它无法说明不同社会制度下夫妻关系的本质。

(二) 不同时代的夫妻法律地位

按历史唯物主义的观点,夫妻关系的性质及其发展变化,由社会经济基础所决定,并受上层建筑诸部门的影响和制约。因此,夫妻在家庭中的地位,与不同的社会制度相适应。可分为以下三个时期:

(1) 男尊女卑、夫权统治时期。这是指奴隶社会、封建社会夫妻在家庭中的地位,以男尊女卑、夫权统治为特征。我国古籍载:"男帅女,女从男,夫妇之义由此始也,妇人从人者也,幼从父兄,嫁从夫,夫死从子。"[①]"夫者,妻之天也。"[②]"夫为妻纲。"[③]这些都表明夫妻的地位是不平等的,妻无独立的人格,处于服从丈夫的地位。夫妻关系完全是一种尊卑、主从的关系。这种不平等的关系,公开被法律所确认。如封建法律规定,在人身关系上,妻的地位低于夫。《唐律疏议》认为,"其妻虽非卑幼,义与其亲卑幼同。"在财产关系上,妻对家庭财产只有使用权而无处分权和继承权。在婚姻关系上,丈夫有纳妾和休妻的特权,而妻子除和离外,没有提出离婚的权利。同时,妻还受封建礼教的束缚,"一与之齐,终身不改"[④]。妻对丈夫要"从一而终",不能提出离婚。在刑事责任上,夫妻相犯也是同罪不同罚。即在适用刑罚上,相同的罪,对夫犯妻采取从轻、减轻处罚原则;对妻犯夫,采取从重处罚原则。

(2) 在法律形式上渐趋平等的时期。这是指资本主义社会的夫妻关系,在法律上渐趋平等。资产阶级在反封建的斗争中提出了男女平等的口号。在资产阶级革命胜利后制定的亲属法中,规定了不少反映男女平等的条文。但是,资本主义国家早期的亲属法带有明显的封建残余,对已婚妇女的人身权利和财产权利,以致她们的行为能力都作了各种限制。如1804年《法国民法典》第213条规定:"夫应保护其妻,妻应顺从其夫。"随着社会的发展,当代资本主义国家的亲属法进行了修改,一般均规定夫妻权利义务平等。但这种平等往往只是法律形式上的平等,实际生活与法律规定之间存在明显的差距。

(3) 从法律上的平等向实际上平等的过渡时期。这是指社会主义社会的夫妻关系,

---

① 《礼记·郊特牲》。
② 《仪礼·丧服》。
③ 《白虎通·三纲六纪》。
④ 《礼记·郊特牲》。

从法律上的平等向实际生活中的完全平等过渡。在社会主义制度下,男女两性在政治、经济、文化、社会和家庭生活等方面具有完全平等的法律地位。这些历史性的转变必然给夫妻关系带来深刻的变化。夫妻关系不再是过去那种尊卑、主从的关系,而是新型的地位平等、人格独立的关系。但是,由于我国还处于社会主义初级阶段,各地经济、文化的发展不平衡,在一些地方尤其是较偏僻的地区,封建的男尊女卑、夫权思想仍残留在一些人的头脑中。在一些家庭中仍然有夫妻不平等的现象存在,影响着夫妻关系。妇女在家庭中的地位与法律规定的要求还存在一定差距。这就要求我们既要从法律上保障夫妻的地位平等,又要加快社会主义物质文明和精神文明建设,为夫妻地位从法律上的平等向实际生活中的完全平等过渡,创造有利的条件。

三、我国婚姻家庭法对夫妻法律地位的原则规定

我国《婚姻法》第13条规定:"夫妻在家庭中地位平等。"这是男女平等原则的具体体现,是对夫妻法律地位的原则性规定。我国婚姻法对夫妻关系的其他具体规定,都体现了这一原则的精神。夫妻是家庭的基本成员,只有在家庭地位平等的基础之上,才能平等地行使权利,平等地履行义务。实现夫妻在家庭中的地位平等,有利于消除夫权统治和家长专制等封建残余影响,建立社会主义新型的夫妻关系。

根据我国婚姻法的规定,夫妻在人身关系和财产关系两个方面的权利和义务都是完全平等的。法律不允许夫妻任何一方只享受权利而不尽义务,或者只尽义务而不享受权利。

夫妻在家庭中地位平等,既是确定夫妻间权利和义务的总原则,也是处理夫妻间权利和义务纠纷的基本依据。对于夫妻间的权利和义务纠纷,婚姻法有具体规定的,应按具体规定处理;无具体规定的,则应按夫妻在家庭中地位平等原则的精神予以处理。

四、我国婚姻家庭法上的夫妻扶养义务和继承权

(一)《婚姻法》有关夫妻扶养义务的规定

《婚姻法》第20条规定:"夫妻有互相扶养的义务。一方不履行扶养义务时,需要扶养的一方,有要求对方付给扶养费的权利。"夫妻之间的扶养权利和义务,是夫妻身份关系所导致的必然结果。当夫妻一方没有固定收入和缺乏生活来源,或者无独立生活能力或生活困难,或因患病、年老等原因需要扶养,另一方不履行扶养义务时,需要扶养的一方有权要求对方承担扶养义务,给付扶养费,以维持其生活所必需。当夫妻间因履行扶养义务问题发生争议时,需要扶养的一方可以向人民调解组织提出调解申请,也可以向人民法院提起追索扶养费的民事诉讼。夫妻一方不履行法定的扶养义务,情节恶劣,后果严重,致使需扶养的一方陷入生活无着的境地,从而构成遗弃罪的,则在承担刑事法律责任时亦不免除其应当继续承担的扶养义务。(参见本书第八章第二节)

(二)法律有关配偶继承权的规定

我国1950年和1980年的两部《婚姻法》都规定:"夫妻有相互继承遗产的权利"。夫

妻遗产继承权是婚姻效力的表现之一,它派生于配偶身份关系,是夫妻之间权利义务不可缺少的内容。夫妻互享遗产继承权,是男女平等原则的重要体现,是"继承权男女平等"在夫妻关系中的反映。在现阶段,特别应该注意保护妻子享有的继承丈夫遗产的合法权利,认真贯彻执行《妇女权益保障法》第31条的规定,即:"妇女享有的与男子平等的财产继承权受法律保护。在同一顺序法定继承人中,不得歧视妇女。"最后,凡是侵害夫妻合法继承权的,应当依照《民法通则》第106条、第117条和第134条等规定承担民事责任。侵害妻方合法继承权的,还必须执行《妇女权益保障法》第52条的规定,即:"侵害妇女的合法权益,造成财产损失或者其他损害的,应当依法赔偿或者承担其他民事责任"。

根据我国《民法通则》、《继承法》、《婚姻法》的规定,把握夫妻遗产继承权时应当注意:

第一,合法的配偶身份是夫妻遗产继承权的前提。只有婚约的男女之间、姘居的以及非法同居的男女之间、已经离婚的男女之间不享有夫妻遗产继承权。依法被认定为事实婚姻关系的,可以配偶身份继承遗产。已经领取结婚证尚未同居时一方死亡,或是已经提起离婚诉讼未获有效离婚裁决时一方死亡,生存方都可以配偶身份享有遗产继承权。

第二,配偶一方死亡,另一方系无民事行为能力人或者限制民事行为能力人的,依然享有夫妻遗产继承权。其继承权可由法定代理人代理行使或者征得法定代理人同意后行使。法定代理人代理配偶一方行使继承权,不得损害被代理人的利益,一般不得代理放弃继承权。明显损害继承人利益的代理行为无效。

第三,夫妻相互继承遗产时,应先行分割夫妻共同财产和家庭成员共有财产,确定遗产范围,防止侵害生存方和其他家庭成员的合法利益。

第四,我国实行限定继承制度,继承遗产应当清偿被继承人依法应当缴纳的税款和债务,缴纳税款和清偿债务以遗产的实际价值为限。超过遗产实际价值的死亡配偶个人债务,生存配偶不必清偿,自愿代为偿还的除外。

第五,依照我国《继承法》第10条的规定,夫妻互为第一顺序法定继承人。继承开始后,被继承人有子女、父母的,生存配偶一般应按份额均等原则与他们共同继承;子女先于被继承人死亡的,由其晚辈直系血亲代位继承。没有其他第一顺序法定继承人和代位继承人的,由生存配偶单独继承。

第六,《继承法》第19条规定:"遗嘱应当对缺乏劳动能力又没有生活来源的继承人保留必要的遗产份额。"其中当然包括缺乏劳动能力又没有生活来源的配偶。最高人民法院《关于贯彻执行〈中华人民共和国继承法〉若干问题的意见》第37条第1款规定:"遗嘱人未保留缺乏劳动能力又没有生活来源的继承人的遗产份额,遗产处理时,应当为该继承人留下必要的遗产,所剩余的部分,才可参照遗嘱确定的分配原则处理。"

第七,夫妻一方死亡后,另一方(尤其是妻子一方)不论再婚与否,均有权处分继承的遗产,任何人不得干涉。

第二节　夫妻人身关系

一、我国法律对夫妻人身关系的规定

我国《婚姻法》规定的夫妻人身关系,包括姓名权、人身自由权、婚姻住所决定权、计划生育义务四个方面的内容:

(一) 夫妻姓名权

姓名权是人格权的重要组成部分,是一项重要的人身权利。所谓姓名,是姓与名的合称。姓(又称姓氏)是表示家族的字,名(又称名字)是代表一个人的语言符号。姓名虽然只是用来表示个人的特定符号,但有无姓名权却是有无独立人格的重要标志。

在我国封建社会,婚姻多实行男娶女嫁,女子婚后即加入夫宗,冠以夫姓而丧失姓名权(赘夫则冠以妻姓)。1930 年国民党政府《民法》亲属编第 1000 条也规定:"妻以其本姓冠以夫姓。赘夫以其本姓冠以妻姓。但当事人另有订定者,不在此限。"这里虽有但书的规定,但仍带有明显的封建残余。直到 1998 年 6 月 17 日台湾地区"民法"亲属编第 1000 条被修正,改为规定:"夫妻各保有其本姓,但得以书面约定以其本姓冠以配偶之姓,并向户政机关登记。冠姓之一方得随时回复其本姓。但于同一婚姻关系存续中以一次为限"。

中华人民共和国成立后,1950 年和 1980 年两部《婚姻法》均规定:"夫妻双方都有各用自己姓名的权利。"这里虽然是夫妻并提,但其针对性主要是保护已婚妇女的姓名权和男到女家落户的婚姻中的男方的姓名权。这体现了男女平等原则,有利于破除旧的习俗和法律。当然,此规定并不妨碍夫妻就姓名问题另作约定。只要夫妻双方自愿达成一致的协议,无论是夫妻别姓(各用自己的姓氏)、夫妻同姓(妻随夫姓或夫随妻姓),或相互冠姓,法律都是允许的。

夫妻享有平等的姓名权对子女姓氏的确定有重要意义。我国《婚姻法》第 22 条规定:"子女可以随父姓,可以随母姓。"子女的姓氏,应当由父母双方协调确定。在我国奴隶社会和封建社会,子女从来就是从父姓,这是宗法制度对姓氏问题的必然要求。1930 年国民党政府民法亲属编也以子女从父姓,赘夫之子女从母姓为一般原则。我国《婚姻法》对子女姓氏的规定,体现了夫妻法律地位平等的精神,有利于改变子女只能从父姓的旧传统,有利于破除以男系为中心的宗法制度的残余影响。

(二) 夫妻人身自由权

夫妻有人身自由权是夫妻家庭地位平等的重要标志。在旧中国,妇女受"男女有别"、"男外女内"、"三从四德"等封建礼教的束缚,只能从事家务,伺候丈夫和公婆,没有参加工作和社会活动的权利,完全丧失了人身自由,成为家庭奴隶。这不仅摧残了妇女本身,也阻碍了社会经济的发展。

新中国成立后,1950 年《婚姻法》第 9 条规定:"夫妻双方均有选择职业,参加工作和参加社会活动的自由。"1980 年《婚姻法》第 11 条进一步规定:"夫妻双方都有参加生产、

工作、学习和社会活动的自由,一方不得对他方加以限制或干涉。"这些规定,既是夫妻地位平等的标志,又为夫妻平等地行使权利和承担义务提供了法律保障。夫妻双方都有参加生产、工作、学习和社会活动的自由。它适用于夫妻双方,任何一方都有权参加生产、工作、学习和社会活动,另一方不得对他方行使该项人身自由权利进行限制或干涉。但就其针对性而言,主要是为了保障已婚妇女享有参加生产、工作、学习和社会活动的自由权利,禁止丈夫限制或干涉妻子的人身自由。新中国成立以来,我国妇女在政治、经济、文化和婚姻家庭等方面获得了与男子平等的地位,在社会生产劳动中发挥了重要作用。但在现实生活中,由于男女在经济、文化等方面仍存在着事实上的差距,在一些家庭的夫妻关系中,封建夫权思想的残余影响还仍然存在,有的丈夫对妻子的人身自由常常加以限制。因此,进一步破除封建思想的影响,保障已婚妇女的人身自由具有积极意义。

在这里还须指出,夫妻双方都必须正当行使上述人身自由权,不得滥用权利损害他方和家庭的利益。任何一方在行使该项权利时,都必须同时履行法律规定的自己对婚姻家庭承担的义务。如果夫妻任何一方不当行使该项权利,对方有权提出意见,进行必要的劝阻。应当把善意的帮助、建议与非法的限制、干涉区别开来。

坚持夫妻在家庭中具有平等的法律地位,夫妻结婚后的居住落户方式也是平等的。1980 年《婚姻法》第 8 条规定:"登记结婚后,根据男女双方约定,女方可以成为男方家庭的成员,男方也可以成为女方家庭的成员。"这一规定体现了社会主义婚姻家庭中,夫妻双方平等地享有居住落户方式决定权。其立法精神是提倡男方成为女方家庭成员,是对我国传统的"妇从夫居"婚姻居住方式的一项重要改革。2001 年修正后的《婚姻法》第 9 条对原法第 8 条作了一处重要的文字修改,将"男方也可以成为女方家庭的成员"中的"也"字删去,更彻底地体现了男女平等的精神。

这一规定的含义有二:一是登记结婚后,夫妻双方平等地享有婚姻住所决定权。对于婚后夫妻共同生活的住所的选择,应由夫妻双方自愿约定。一方不得对另一方强迫,第三人也不得干涉。二是夫妻双方享有互为对方家庭成员的约定权。登记结婚后,根据男女双方约定,女方可以成为男方家庭的成员,即"女到男家落户",妻从夫居。男方可以成为女方家庭的成员,即"男到女家落户",夫从妻居。对于结婚时的约定,婚后也可以通过协商加以变更。当然夫妻婚后也可另组新家庭,不加入任何一方原来的家庭,即从新居。这里必须明确,一方成为对方家庭成员后,他(她)与对方的亲属间只是姻亲关系,并不因此而产生法律上的权利和义务。

男到女家落户的婚姻与旧式的"入赘婚"有本质区别。所谓入赘婚,又称赘婿婚,指婚入妻家所成的婚姻。由于赘婚为"家贫无聘财,不能娶妇,乃身入妇家作质"[①],即所谓"家贫子壮则出赘"。[②] 在以男系为中心的封建宗法制度下,入赘违反了男娶女嫁、妇从夫居的通例,故赘婿在社会上和家庭中受到歧视,被称为"无能小子"。旧式"入赘婚"与男

---

① 参见陈鹏:《中国婚姻史稿》,中华书局 1994 年版,第 741、742 页。
② 《汉书·贾谊传》。

到女家落户的婚姻主要有如下区别:首先,两者的性质和目的不同。"入赘婚"是在以男系为中心的宗法制度下,女方家庭招赘婿以达到传宗接代的目的。而男到女家落户的婚姻,是在社会主义男女平等原则的基础上,提倡男到女家落户,其目的主要是为树立新型的婚姻家庭观和生育观,解决有女无儿户的实际困难,促进计划生育。其次,两者产生的条件和法律地位也不同。"入赘婚"往往是男子被迫的行为,即所谓"家贫子壮则出赘"。其夫妻法律地位也不平等,赘夫往往受到社会和女家的歧视。而男到女家落户的婚姻,是男女双方协商自愿选择婚姻住所的结果。其夫妻法律地位平等,男方在社会和女家不受歧视。

(三) 夫妻计划生育义务

计划生育是我国的一项基本国策,也是社会主义家庭职能的一项重要内容。婚姻家庭担负人口再生产的重要任务,因此我国婚姻法既通过调整婚姻家庭关系而间接作用于生育关系,也直接调整生育关系。我国《婚姻法》第16条规定:"夫妻双方都有实行计划生育的义务。"其基本精神有三:

(1) 实行计划生育是夫妻的法定义务。实行计划生育是夫妻的法定义务,必须严格履行。育龄夫妻应当按照国家有关计划生育的政策和法律规定生育子女,不得计划外生育。如果夫妻的生育行为违反计划生育法规,应承担法律责任。

(2) 实行计划生育是夫妻双方的法定义务。实行计划生育是夫妻双方的职责,夫妻双方应自觉承担此法定义务。夫妻任何一方都不得拒绝履行该项义务,更不得将计划生育仅视为女方的义务。

(3) 实行计划生育也是夫妻双方的法定权利。实行计划生育也是夫妻双方的一项法定权利。夫妻双方享有依照有关计划生育规定生育子女的权利,受国家法律的保护,任何人不得侵犯。同时,夫妻双方也有不生育的自由,任何人包括丈夫不得强迫或干涉。夫以妻擅自中止妊娠侵犯其生育权为由请求损害赔偿的,人民法院不予支持;夫妻双方因是否生育发生纠纷,致使感情确已破裂,一方请求离婚的,人民法院经调解无效,应依照《婚姻法》第32条第3款第5项的规定处理。① 即将夫妻行使生育权的冲突纳入判决离婚的理由中,以保护男性的生育权。

育龄夫妻双方按照国家有关规定实行计划生育,计划生育工作部门应当提供安全、有效的避孕药具和技术,保障实施节育手术的夫妻的健康和安全。

育龄夫妇应根据国家的计划生育政策,结合考虑对家庭未来的子女以及社会应负的责任,作出是否生育和何时生育的选择。为了实行计划生育,必须破除重男轻女和只有男子才能传宗接代的旧传统观念。从历史上看,剥削阶级从来就把妇女看做是生儿育女的工具,把生育的责任单方面地加在妇女身上。我国封建社会的礼制和法律甚至把无子作为出妻的理由之一。新中国成立后,破除了旧的生育观,但其残余影响仍在一些人的头脑中存在。妇女婚后如不生育或只生育女孩,往往受公婆或丈夫的歧视或虐待,甚至成为一

---

① 最高人民法院:《关于适用〈中华人民共和国婚姻法〉若干问题的解释(三)》,2011年8月9日。

些男子要求离婚的原因。有些人认为,计划生育只是妇女的事,与男子无关。这不仅违背男女平等原则,也不符合生育的实际情况,以致妨碍计划生育工作的推行。因此,必须严格禁止歧视、虐待不生子女或只生女孩的妇女的行为。有关部门和人民法院应依法保护实行计划生育一方的合法权益,对违法行为一方应给予批评教育、行政处分,或法律制裁。

二、有关夫妻人身关系的外国立法例

从世界上其他国家的法律规定看,夫妻人身关系,除与我国相似的"姓名权"、"择业自由权"外,主要有"夫妻同居义务"、"夫妻忠实义务"、"夫妻日常家事代理权"等。具体内容如下:

(一) 夫妻同居义务

夫妻同居义务,指男女双方婚后以配偶身份共同生活的义务。夫妻共同生活的内容,主要包括物质生活、精神生活以及性生活等方面,也就是说,夫妻同居,除了有共同的婚姻住所外,还包括夫妻间的性生活、夫妻共同的精神生活(相互理解、慰藉)、夫妻互相扶助(救助)和共负家庭生活责任等内容。亲属法理论认为,同居是夫妻间的本质性义务,是夫妻关系固有的基本要求,是婚姻成立的当然后果及婚姻维系的基本条件。但夫妻同居义务得在一定条件下暂时或部分中止履行。外国立法关于停止同居义务的原因,可分为两种情形:

(1) 因正常理由暂时中止同居。如一方因处理公私事务的需要在较长的时间内合理离家;一方因生理方面的原因对同居义务部分或全部的不履行等。一般来说,这种中止原因对夫妻关系不产生实质性影响,当中止的原因消失后,夫妻同居义务便自然恢复。故法律通常对此不作专门的规定。

(2) 因法定事由而停止同居。这些事由包括,一方擅自将住所迁至国外或在不适当的地点定居,一方的健康、名誉或经济状况因夫妻共同生活受到严重威胁,一方提起离婚或分居的诉讼以及婚姻关系已破裂等。如《墨西哥民法典》第163条规定:如果一方并非出于公务需要或社团业务需要将自己的住所迁移至国外,或是在不卫生或不恰当的地点定居,法院可以因此免除配偶他方的这种(同居)义务。[①]《瑞士民法典》第175条规定:配偶一方,在其健康、名誉或者经济状况因夫妻共同生活而受到严重威胁时……有权停止共同生活;提起离婚或分居的诉讼后,配偶双方在诉讼期间均有停止共同生活的权利。

此外,一些国家还规定了无故违反夫妻同居义务的法律后果,大体可分为两种:一种是申请法院裁决,由不履行义务的一方承担损害(包括财产损害和精神损害)的赔偿责任,如法国之立法;另一种是把不履行同居义务视为遗弃行为,成为司法别居的一个法定理由,如英国之立法。当然,同居义务不得强制履行,这是各国立法通例。

(二) 夫妻忠实义务

外国立法中的夫妻忠实义务,主要是指贞操义务,即专一的夫妻性生活义务。广义的

[①] 参见李志敏主编:《比较家庭法》,北京大学出版社1988年版,第103页。

解释还包括不得恶意遗弃配偶，以及不得为第三人的利益而损害或牺牲配偶他方的利益。在古代社会，仅片面地要求妻子承担贞操义务。到近代社会，早期资本主义国家立法对贞操义务的要求，是对妻严，对夫宽。如 1804 年《法国民法典》第 229、230 条规定，夫得以妻与他人通奸为由诉请离婚，而妻只能以夫与他人通奸，并在婚姻住所姘居为由诉请离婚。随着社会发展，男女平等原则的实行，现代一些资本主义国家立法规定，夫妻互负忠实义务。① 关于违反夫妻忠实义务的法律责任，由于这种行为涉有第三人，故法律责任可分为两个方面：夫妻一方违反夫妻忠实义务，无过错方得以此为由提起离婚之诉，并可在离婚时请求对方给予精神损害赔偿。但对他方过错表示"宥恕"或超过一定期限者除外。与有配偶者通奸或姘居的第三人也应负损害赔偿责任。

第二次世界大战以来，世界上有不少国家的夫妻关系法发生了很大变化，很多国家不再规定夫妻忠实义务和违反夫妻忠实义务要承担法律责任。如英国 1970 年修正法，删除了因通奸所生的损害赔偿请求权，仅把一方与他人通奸规定为证明婚姻关系破裂的法定情形之一。② 美国 1976 年之后，实务上认为要已婚者因与他人有自然的、自发的性关系而负责任，已非国家所关心之事，甚至认为此种损害赔偿之请求，是侵害个人基于自然合意性关系的隐私权。③

（三）夫妻日常家事代理权

夫妻日常家事代理权，又称夫妻相互代理权，指夫妻因日常家庭事务与第三人为一定法律行为时互为代理的权利。即夫妻于日常家庭事务范围内互为代理人，互为代理权。被代理方须对代理方从事日常家事行为所产生的债务，承担连带责任。如英国 1970 年的《婚姻程序及财产法》规定，夫妻互有家事代理权。《日本民法典》第 761 条规定："夫妻一方就日常家事同第三人实施了法律行为时，他方对由此而产生的债务负连带责任。但是，对第三人预告不负责任意旨者，不在此限。"《德国民法典》第 1357 条除规定夫妻互有日常家事代理权外，还规定，夫妻一方有限制或禁止他方从事其效果对自己有影响的事务的权利；但此项限制或禁止为无充分理由者，监护法院得因他方请求而取消之。

第三节 夫妻财产制

一、夫妻财产制的概念和种类

夫妻财产制又称婚姻财产制，是指规定夫妻财产关系的法律制度。其内容包括各种夫妻财产制的设立、变更与废止，夫妻婚前财产和婚后所得财产的归属、管理、使用、收益、处分，以及家庭生活费用的负担，夫妻债务的清偿，婚姻终止时夫妻财产的清算和分割等

---

① 参见《法国民法典》第 212 条；《瑞士民法典》第 159 条；《意大利民法典》第 143 条。
② 参见《英国婚姻诉讼法》，丁保庆译，第 41 条，载任国钧等选编：《外国婚姻家庭法资料选编》，中国政法大学民法教研室 1984 年版，第 49 页。
③ 参见林秀雄：《家族法论集（二）》，台湾汉兴书局有限公司 1995 年版，第 184 页。

问题。

男女因结婚产生夫妻人身关系,并随之产生夫妻财产关系。法律为确保夫妻地位平等和婚姻生活的圆满,并保障夫妻与第三人交易安全,维护社会秩序,设立夫妻财产制,调整夫妻财产关系。

夫妻财产制的种类具有一定的地域性和时代性。在古代,各国立法对夫妻财产基于夫妻一体主义的人身关系的要求,多采取"吸收财产制",妻的财产因结婚而为夫家或夫所有,否认妻有独立的财产权。到近代、现代,夫妻财产制随社会的发展而变化,出现了多种形式。对其可从不同的角度,作如下分类:

1. 依夫妻财产制的发生根据,可分为法定财产制与约定财产制

(1) 法定财产制,它指在夫妻婚前或婚后均未就夫妻财产关系作出约定,或所作约定无效时,依法律规定而直接适用的夫妻财产制。由于各国政治、经济、文化及民族传统习惯不同,不同时代不同国家规定的直接适用的法定财产制形式也不尽相同。目前,各国采用的法定财产制主要有分别财产制、共同财产制、剩余共同财产制等形式。

(2) 约定财产制。它是相对于法定财产制而言的,指由婚姻当事人以约定的方式,选择决定夫妻财产制形式的法律制度。许多国家的立法都规定了约定财产制,它具有优先于法定财产制适用的效力。但苏联等一些国家的立法,则不允许夫妻就财产关系作出约定,法定财产制是唯一适用的夫妻财产制。在允许约定财产制的国家,立法内容不尽相同,有详略之分和宽严之别。从立法限制的程度看,大体可分为两种情况:一种是立法限制较少的,即对婚姻当事人约定财产关系的范围和内容不予严格限制,立法既未设立几种财产制形式供当事人选择,也未在程序上作特别要求,如英国、日本等国立法即属此类。另一种是立法限制较多的,即在约定财产制的范围上,明定约定时可供选择的财产制,如规定当事人只能在管理共同制、一般共同制、分别财产制等类型中选择;在约定的内容上明列不得相抵触的事由;在程序上,还要求夫妻订立要式契约,如要求书面形式并经登记或公证,如法国、德国、瑞士等国立法即属此类。

在通常情况下,依婚姻当事人双方的约定或依法律的直接规定而适用某种财产制处理财产问题,所以这些在通常情况下被采用的财产制又称为普通财产制,包括约定的财产制和法定的财产制。在有些国家和地区,为了克服共同财产制的某些缺陷,法律规定在特殊情况下,当出现法定事由时,依据法律之规定或经夫妻一方(或夫妻之债权人)的申请,由法院宣告撤销原依法定或约定设立的共同财产制,改设为分别财产制。由于在特殊情况下才能改设为分别财产制,所以此时的分别财产制又称为非常财产制(包括瑞士立法中的特别财产制,法国、德国立法中的共同财产制之撤销制度)。它是相对于普通财产制而言的。

2. 依夫妻财产制的内容,可分为共同财产制、分别财产制、剩余共同财产制、统一财产制和联合财产制

在各国有关夫妻财产制的立法中,它们有的被作为法定财产制直接适用,有的被作为约定财产制供当事人选择适用。

(1) 共同财产制

它指婚后除特有财产外,夫妻的全部财产或部分财产归双方共同所有。依共有的范围不同,又分为一般共同制、动产及所得共同制、所得共同制、劳动所得共同制等形式。

第一,一般共同制,是指夫妻婚前、婚后的一切财产(包括动产和不动产)均为夫妻共有的财产制。

第二,动产及所得共同制,是指夫妻婚前的动产及婚后所得的财产为夫妻共有的财产制。

第三,所得共同制,是指夫妻在婚姻关系存续期间所得的财产为夫妻共有的财产制。

第四,劳动所得共同制,是指夫妻婚后的劳动所得为夫妻共有,非劳动所得的财产,如继承、受赠所得等,则归各自所有的财产制。

上述不同共有范围的共同财产制,为世界上不少国家分别采用。有的被采为法定财产制,如巴西、荷兰、法国等国;有的被采为约定财产制形式之一,如德国、瑞士等国。共同财产制符合婚姻共同生活体的本质要求,且有利于保障夫妻中经济能力较弱一方(往往是妻方,尤其是专事家务劳动的妻方)的权益,有利于实现事实上的夫妻地位平等。但在尊重夫妻个人意愿上则嫌不足,夫妻一方不能未经对方同意单独行使共同财产权。

还须指出的是,在实行共同财产制的国家,大多对婚后所得财产共有的范围设有限制性规定,如"法律有特别规定者除外",或"夫妻另有约定者除外"等。这些规定即属夫妻特有财产的规定。其目的是为保护夫妻个人财产所有权,并满足夫妻个人对财产关系的特殊要求。所谓夫妻特有财产,又称夫妻保留财产,是指夫妻婚后在实行共同财产制的同时,依法律规定或夫妻约定,夫妻各自保留一定范围的个人所有财产。特有财产制,就是在夫妻婚后实行共同财产制时,基于法律规定或夫妻约定,由有关夫妻各自保留一定个人所有财产的范围,夫妻对该财产的管理、使用、收益和处分,以及相应的财产责任、特有财产的效力等内容组成的法律制度。[①]

特有财产制不同于分别财产制。分别财产制是全部夫妻财产(包括婚前财产和婚后全部财产)分别归属夫妻各自所有;特有财产是在依法或依约定实行夫妻共同财产制的前提下,夫妻各自保留一定范围的个人财产。因此,特有财产制是与共同财产制同时并存的,是共同财产制的限制和补充。根据特有财产发生的原因,可分为法定的特有财产和约定的特有财产:

第一,法定的特有财产。它是依照法律规定所确认的婚后夫妻双方各自保留的个人财产。在外国立法中,其范围大体如下:夫妻个人日常生活用品和职业必需用品;具有人身性质的财产和财产权,包括人身损害和精神损害的赔偿金、补助金、不可让与的物及债权等;夫妻一方因指定继承或受赠而无偿取得的财产;由特有财产所生的孳息及代位物等。

此外,在实行一般共同制时,夫妻特有财产的范围包括夫妻婚前个人财产;在实行婚后所得共同制时,夫妻特有财产的范围不包括夫妻婚前个人财产。

[①] 参见史尚宽:《亲属法论》,中国政法大学出版社 2000 年版,第 358—359 页。

第二,约定的特有财产。它是夫妻双方以契约形式约定一定的财产为夫妻一方个人所有的财产。

总之,特有财产为夫妻婚后分别保留的个人财产,独立于夫妻共同财产之外,实质属于部分的分别财产,故其效力适用分别财产制的规定。即夫妻各方对其特有财产,享有独立的占有、使用、收益及处分等权利,他人不得干涉。但对家庭生活费用之负担,在夫妻共同财产不足以负担家庭生活费用时,夫妻得以各自的特有财产分担。

当代世界许多国家的立法在规定夫妻共同财产制的同时,明文列举了夫妻特有财产或婚后个人所有财产的范围,如法国、德国、瑞士、日本、苏联、罗马尼亚等国的立法。有些国家的立法,还进一步对夫妻特有财产的管理、使用、收益、处分权利及其财产责任,特有财产的效力,特有财产的举证责任,特有财产与共同财产之间的结算等作了具体规定,从而形成特有财产制度。如德国、法国、瑞士等国立法。特有财产制作为共同财产制的限制,其立法意旨在于保护夫妻个人财产所有权,并满足夫妻在婚姻生活中的个人特殊经济需要。它弥补了夫妻共同财产制下,夫妻一方无权独立支配共同财产的缺憾,是共同财产制不可缺少的补充。两者相辅相成,维护和保障夫妻关系和睦及婚姻生活圆满。

(2) 分别财产制

它指夫妻婚前、婚后所得的财产均归各自所有,各自独立行使管理、使用、收益和处分权;但不排斥妻以契约形式将其个人财产的管理权交付丈夫行使,也不排斥双方拥有一部分共同财产。

英美法系的多数国家及大陆法系的个别国家如日本,以此制为法定财产制;还有部分国家以此制为供选择的约定财产制形式之一。分别财产制使夫妻婚前和婚后各自所得的财产均为各自所有,不因结婚而发生财产上的共有,各自保持经济独立。它尊重夫妻个人意愿,便于夫妻一方独立行使财产权,在一定意义上是有利于社会经济发展的。但也要看到,在当代社会中,男女两性的经济地位事实上仍存在差距,妇女的就业机会和经济收入大多不如男子。同时,女方承担的家庭义务往往多于男子,这也往往影响其经济收入。在此情况下实行分别财产制,往往会形成事实上的夫妻不平等。

(3) 剩余共同财产制(增益共同制)

它指夫妻对于自己的婚前财产及婚后所得财产,各自保留其所有权、管理权、使用收益权及有限制的处分权,夫妻财产制终止时,以夫妻双方增值财产(夫妻各自最终财产多于原有财产的增值部分)的差额为剩余财产,归夫妻双方分享。

大陆法系的德国以剩余共同财产制作为法定财产制,法国则为约定财产制之一。[①]此制在一定程度上兼具共同财产制和分别财产制的优点,在保障夫妻地位平等、维护婚姻共同生活和谐的同时,亦有利于维护第三人利益和交易安全。

(4) 统一财产制

它指婚后除特有财产外,将妻的婚前财产估定价额,转归丈夫所有,妻则保留在婚姻

---

① 参见《德国民法典》第1363—1390条,《法国民法典》第1569—1581条。

关系终止时,对此项财产原物或价金的返还请求权。此制为早期资本主义国家法律所采用。因其将对婚前财产的所有权转变为婚姻终止时对夫的债权,使妻处于不利地位,有悖男女平等原则。故现代国家已少有采用。

(5) 联合财产制

它又称管理共同制,指婚后夫妻的婚前财产和婚后所得财产仍归各自所有,但除特有财产外,将夫妻财产联合在一起,由夫管理。夫对妻的原有财产有占有、使用、管理、收益权,必要时有处分权,而以负担婚姻生活费用为代偿;婚姻关系终止时,妻的财产由其本人收回或其继承人继承。此制源于中世纪日耳曼法,被近现代一些资本主义国家所沿用并发展。其虽较统一财产制有明显进步,但夫妻在财产关系上仍处于不平等地位,有悖男女平等原则。故现代社会里原采此制的一些国家如德国、日本、瑞士等已废止此制改行新制。

综上述可见,夫妻财产制种类繁多,内容多样,但法定财产制与约定财产制是两种基本分类;共同财产制与分别财产制,则是夫妻财产制的两种最基本形态。在当今世界,促进夫妻平等,维护婚姻共同生活之圆满,保护第三人的利益及交易安全,已成为夫妻财产法的立法原则和目的。当代夫妻财产制立法的发展趋势是:分别财产制走向增加夫妻共享权,共同财产制引进分别财产制的因素。可以相信,兼采分别财产制与共同财产制的合理因素,将成为越来越多国家夫妻财产制的改革方向。

二、我国现行的法定夫妻财产制

我国现行《婚姻法》的法定财产制是夫妻共同财产制与夫妻个人特有财产制相结合的形式,《婚姻法》第18条规定了夫妻个人特有财产的范围,以此对该法第17条规定的夫妻共有财产的范围加以限制。此外,夫妻还可以通过约定设定夫妻个人特有财产。如果没有约定,则当然采用法定财产制,即除了法定的个人特有财产外,其余属于夫妻共同财产。

(一) 夫妻共同财产制

我国的法定夫妻共同财产制是婚后所得共同制,我国习惯上称为夫妻共同财产制。它是指在婚姻关系存续期间,夫妻双方或一方所得的财产,除另有约定或法定夫妻个人特有财产外,均为夫妻共同所有,夫妻对共同所有的财产,平等地享有占有、使用、收益和处分的权利的财产制度。

夫妻共同财产,是指夫妻双方或一方在婚姻关系存续期间所得的,除另有约定或法定夫妻个人特有财产以外的共有财产。它具有以下特征:

第一,夫妻共同财产所有权的主体,只能是具有婚姻关系的夫妻双方。由此决定了夫妻任何一方不能单独成为夫妻共同财产的所有权人,没有合法婚姻关系的男女双方也不能作为夫妻共同财产的所有权人。

第二,夫妻共同财产所有权的取得时间,是婚姻关系存续期间。即合法婚姻从领取结婚证之日起(男女未办结婚登记即以夫妻名义同居,被认定为事实婚姻的,从双方符合结婚实质要件时起),到配偶一方死亡或离婚生效时止。恋爱或订婚期间,不属婚姻关系存续期间。夫妻分居或离婚判决未生效的期间,仍为婚姻关系存续期间。

第三,夫妻共同财产的来源,包括夫妻双方或一方所得的财产,但另有约定或法律另有规定属于个人特有财产的除外。这里的"所得",是指对财产所有权的取得,而非对财产必须实际占有。如果婚前已取得某财产所有权(如继承已开始),即使该财产在婚后才实际占有(如婚后遗产才分割),该财产仍不属夫妻共同财产。相反,如婚后取得某财产权利,即使婚姻关系终止前未实际占有,该财产也属夫妻共同财产。

以上三个特征同时具备,才是夫妻共同财产。

1. 夫妻共同财产的范围

依据我国《婚姻法》第17条第1款的规定,在婚姻关系存续期间所得的下列财产属于共同财产:

(1) 工资、奖金。工资是指作为劳动报酬按期付给劳动者的货币或实物,奖金是为了鼓励或表扬而给予的金钱或财物。

(2) 生产、经营的收益。是指配偶一方或双方以农村承包经营户的名义从事农副业生产活动、以个体工商户的名义从事工商业生产活动、以个人合伙的名义从事合伙经营、依据《独资企业法》或《公司法》的规定从事生产经营活动所获得的财产。

(3) 知识产权的收益。是指婚姻关系存续期间实际取得或者明确可以取得的财产性收益。包括作品在出版、上演、播映后而取得的报酬,或允许他人使用而获得的报酬,专利权人转让专利权或许可他人使用其专利所取得的报酬,个体工商户或个人合伙的商标所有人转让商标权或许可他人使用其注册商标所取得的报酬。以知识产权的财产性收益明确时间是否在婚姻关系存续期间作为判断该部分收益归属的标准。知识产权的财产性收益明确时间在婚前的,即使收益实际取得在婚后,该收益为个人婚前财产;知识产权的财产性收益明确时间在婚姻存续期间的,无论收益的实际取得是在婚姻期间还是在离婚后,该收益为夫妻共同所有;知识产权的财产性收益明确时间在离婚后的,该收益为个人财产。

(4) 因继承或赠与所得的财产。因继承所得的财产是指依据《继承法》的规定所继承的积极财产,即以遗产清偿被继承人所欠的税款和债务后所剩余的财产。遗产包括公民个人的财产所有权、与所有权有关的财产权、债权、知识产权中的财产权,因此因继承所取得的财产也不以所有权为限。因赠与所得的财产是指基于赠与合同而取得的财产。但并非所有继承或赠与所得的财产都是共同财产,遗嘱或赠与合同中确定只归一方所有的财产属于该方所有。

根据最高人民法院《婚姻法解释(二)》,当事人结婚后,父母为双方购置房屋出资的,该出资应当认定为对夫妻双方的赠与,但父母明确表示赠与一方的除外。① 而最高人民法院《关于适用〈中华人民共和国婚姻法〉若干问题的解释(三)》(以下简称《婚姻法解释

---

① 最高人民法院:《关于适用〈中华人民共和国婚姻法〉若干问题的解释(二)》,2003年12月25日。

(三)》)明确规定,婚后一方父母出资为子女购买不动产且产权登记在自己子女名下的,可视为只对自己子女一方的赠与,应认定为夫妻一方的个人财产。① 最高人民法院新闻发言人指出,在实际生活中,父母出资为子女结婚购房往往倾注全部积蓄,一般也不会与子女签署书面协议,如果离婚时一概将房屋认定为夫妻共同财产,势必违背了父母为子女购房的初衷和意愿,实际上也侵害了出资购房父母的利益。所以,房屋产权登记在出资购房父母子女名下的,视为父母明确只对自己子女一方的赠与比较合情合理,这样处理兼顾了中国国情与社会常理,有助于纠纷的解决。②

最高人民法院《婚姻法解释(三)》还明确规定,由双方父母出资购买不动产,产权登记在一方子女名下的,该不动产可认定为双方按照各自父母的出资份额按份共有。《婚姻法解释(三)》第7条规定从我国的实际出发,将产权登记主体与明确表示赠与一方联系起来,可以使父母出资购房真实意图的判断依据更为客观,便于司法认定及统一裁量尺度,也有利于均衡保护婚姻双方及其父母的权益。③

(5) 其他应当归共同所有的财产。其他应当归共同所有的财产是指夫妻单独取得或共同取得的除了上述共同财产之外的财产。目前,相当一部分家庭的财产中,除了传统意义上的储蓄存款、房屋等外,还包括在一些企业中的出资或者股份等。最高人民法院《婚姻法解释(二)》对几种新型财产形式的认定问题作出了比较具体的规定。

根据最高人民法院《婚姻法解释(二)》,婚姻存续期间的下列财产属于"其他应当归共同所有的财产":第一,一方以个人财产投资取得的收益④;第二,男女双方实际取得或者应当取得的住房补贴、住房公积金;第三,男女双方实际取得或者应当取得的养老保险金⑤、破产安置补偿费。

由一方婚前承租、婚后用共同财产购买的房屋,房屋权属证书登记在一方名下的,应当认定为夫妻共同财产。

此外,我们认为婚姻存续期间的下列财产也应当归夫妻共同所有:第一,对个人财产加以改良后所增加的价值部分,如夫妻双方在婚姻关系存续期间对一方婚前个人房屋进行修缮、装修、重建,该房屋的所有权仍属夫或妻一方,但因修缮、装修、重建而使该房屋增值的,该增值部分可作为夫妻共同财产。第二,夫妻共同所有的动产的添附等。第三,男女双方实际取得或者应当取得的退休金、失业保险金以及解除劳动合同经济补偿金。此外还要注意:如果双方依法办理了结婚登记等手续,不管当事人是否同居生活,其后所取

---

① 最高人民法院:《关于适用〈中华人民共和国婚姻法〉若干问题的解释(三)》,2011年8月9日。
② 最高人民法院新闻发言人孙军工:关于《最高人民法院关于适用〈中华人民共和国婚姻法〉若干问题的解释(三)》的新闻发布稿,2011年8月12日。
③ 同上。
④ 最高人民法院《关于适用〈中华人民共和国婚姻法〉若干问题的解释(三)》第5条规定:"夫妻一方个人财产在婚后产生的收益,除孳息和自然增值外,应认定为夫妻共同财产。"
⑤ 最高人民法院《关于适用〈中华人民共和国婚姻法〉若干问题的解释(三)》第13条规定:"离婚时夫妻一方尚未退休、不符合领取养老保险金条件,另一方请求按照夫妻共同财产分割养老保险金的,人民法院不予支持;婚后以夫妻共同财产缴付养老保险费,离婚时一方主张将养老金账户中婚姻关系存续期间个人实际缴付部分作为夫妻共同财产分割的,人民法院应予支持。"

得的财产一般均认定为夫妻共同财产。

2. 夫妻共同财产权的行使

夫妻共同财产的性质是共同共有,因而夫妻对全部共同财产,应不分份额平等地享受权利和承担义务。不能根据夫妻双方收入的有无或高低,来确定其享有共有财产所有权的有无或多少。夫妻双方对于共同财产享有平等的占有、使用、收益、处分的权利。处分权是所有权最重要的权能,是所有权的最高表现。我国《婚姻法》特别规定:夫妻对共同所有的财产有平等的处理权。这一条应当理解为:第一,夫或妻在处理夫妻共同财产上的权利是平等的,因日常生活需要而处理夫妻共同财产的,任何一方均有权决定。第二,夫或妻非因日常生活需要对夫妻共同财产作重要处理决定,夫妻双方应当平等协商,取得一致意见。他人有理由相信其为夫妻双方共同意思表示的,另一方不得以不同意或不知道为由对抗善意第三人。① 由此给配偶造成的损失,应由擅自处分财产的配偶一方予以赔偿。《婚姻法解释(三)》第11条规定:一方未经另一方同意出售夫妻共同共有的房屋,第三人善意购买、支付合理对价并办理产权登记手续,另一方主张追回该房屋的,人民法院不予支持。夫妻一方擅自处分共同共有的房屋造成另一方损失,离婚时另一方请求赔偿损失的,人民法院应予支持。②

实践中经常发生这样的纠纷,如丈夫瞒着妻子将夫妻共同所有的房产卖给第三人,如果已经办理房产过户手续,那么应保护无辜配偶的利益还是保护第三人的利益?这个问题确实比较棘手,既关系到夫妻财产制度的落实和婚姻法对夫妻双方利益的保护,也关系到交易秩序的稳定和安全,关键在于如何平衡无辜配偶一方与第三人之间的利益。近年来房产交易日趋频繁,纠纷也日益增多。当夫或妻一方与第三人发生不动产物权交易时,该不动产登记在夫妻一方名下但实际属于夫妻共同财产,如果第三人尽到了必要的审查与注意义务,支付合理的房屋价款且已经办理变更登记手续,为了保护交易安全,根据善意取得制度,第三人可以取得不动产物权。《物权法》第106条规定:"无处分权人将不动产或者动产转让给受让人的,所有权人有权追回;除法律另有规定外,符合下列情形的,受让人取得该不动产或者动产的所有权:(一) 受让人受让该不动产或者动产时是善意的;(二) 以合理的价格转让;(三) 转让的不动产或者动产依照法律规定应当登记的已经登记,不需要登记的已经交付给受让人"。以上规定的三个构成要件是满足善意取得的前提。就第三人而言,要求其在房产交易中审查出卖人是否有配偶、处分的财产是否属于夫妻共同财产是不现实的,也不利于财产流转。基于不动产登记的公示公信力,从社会诚信以及保护善意第三人的角度考虑,对配偶一方以不知情、不同意为由主张返还房屋的诉讼请求不予支持。③

---

① 参见最高人民法院:《关于适用〈中华人民共和国婚姻法〉若干问题的解释(一)》第17条,2001年12月25日。
② 最高人民法院:《关于适用〈中华人民共和国婚姻法〉若干问题的解释(三)》,2011年8月9日。
③ 参见最高人民法院民一庭负责人答记者问:《总结审判实践经验凝聚社会各界智慧,正确合法及时审理婚姻家庭纠纷案件》,载《人民法院报》2011年8月13日。

夫妻之间订立借款协议，以夫妻共同财产出借给一方从事个人经营活动或用于其他个人事务的，应视为双方约定处分夫妻共同财产的行为，离婚时可按照借款协议的约定处理。①

夫妻对共同财产平等地享有权利，同时平等地承担义务。夫妻共同生活费用，应以夫妻共同财产负担，若共同财产不足负担时，由夫妻双方以个人财产分担。夫妻为共同生活或为履行扶养、赡养义务等所负债务，为夫妻共同债务，应当以夫妻共同财产清偿，夫妻双方应承担连带责任。

3. 夫妻共同财产制的终止

夫妻共同财产制因夫妻一方死亡而终止，也可因离婚或其他原因，如改采用其他夫妻财产制，外国亦可依共同财产制撤销之诉等而终止。夫妻共同财产制终止，意味着夫妻共同财产关系消灭，从而发生夫妻共同财产的分割。因一方死亡而终止夫妻共同财产制时，夫妻共同财产的分割，按我国《继承法》第26条第1款的规定，即："夫妻在婚姻关系存续期间所得的共同所有的财产，除有约定的以外，如果分割遗产，应当先将共同所有的财产的一半分出为配偶所有，其余的为被继承人的遗产。"因离婚而终止夫妻财产制时，夫妻共同财产的分割，参见"离婚制度"一章中有关部分。

不离婚前提下能否对夫妻共有财产请求分割？《婚姻法解释（三）》规定："婚姻关系存续期间，夫妻一方请求分割共同财产的，人民法院不予支持，但有下列重大理由且不损害债权人利益的除外：（一）一方有隐藏、转移、变卖、毁损、挥霍夫妻共同财产或者伪造夫妻共同债务等严重损害夫妻共同财产利益行为的；（二）一方负有法定扶养义务的人患重大疾病需要医治，另一方不同意支付相关医疗费用的。"②

一方能否在不解除婚姻关系的情况下主张对夫妻共同财产进行分割，审判实践中存在较大争议。一种观点认为，夫妻共同财产这种共有关系是最典型的共同共有关系，共同共有人在共有关系存续期间，一般不得请求分割共同财产，只要共有关系存在，共有人对共有财产就无法划分各自的份额，无法确定哪个部分属于哪个共有人所有。只有在共有关系终止，共有财产分割以后，才能确定各共有人的份额。因此，在婚姻关系存续期间，一方请求分割夫妻共同财产的，人民法院不应受理。还有一种观点认为，在某些情形下，法律应当提供夫妻一方在婚姻关系存续期间保护自己财产权利的救济途径。如持有或控制夫妻共同财产的一方，私自对夫妻共同财产进行转移、变卖，为了赌博、吸毒而单独处分共同财产等，而另一方因种种复杂的因素不想离婚，或者在起诉离婚后被法院判决不准离婚，如果绝对不允许婚姻关系存续期间分割夫妻共同财产，只能眼睁睁看着对方随意处分夫妻共同财产而无可奈何，其结果有悖公平原则。现行《物权法》第99条的规定也突破了传统民法的共有理论，即允许共同共有人在特殊情况下请求分割共有物，同时还要保持共

---

① 最高人民法院：《关于适用〈中华人民共和国婚姻法〉若干问题的解释（三）》，2011年8月9日。
② 同上。

有关系。① 但是,在不解除婚姻关系的前提下对夫妻共同财产予以分割只能是一种例外,必须具有"重大理由",否则其负面效应不可低估。另外,在夫妻一方需要履行法定扶养义务(比如一方父母患重病住院急需医疗费),而另一方不同意给付时,在不解除婚姻关系的情况下,为保障一方有能力履行其法定义务,应准许分割夫妻共同财产。②

(二) 夫妻个人特有财产制

夫妻一方财产也叫夫妻特有财产,是指夫妻在婚后实行共同财产制时,依据法律的规定或夫妻双方的约定,夫妻保有个人财产所有权的财产。《婚姻法》第18条的"夫妻一方的财产"是指法定的夫妻特有财产。确立夫妻特有财产制的立法宗旨是保护公民在婚姻家庭中的合法权益。根据我国《宪法》和《民法通则》的规定,公民个人的财产所有权不应因该公民与他人缔结婚姻关系而丧失其存在的必要,法律仍应给予承认和保护。

夫妻法定的夫妻特有财产是指夫妻一方婚前个人享有所有权的财产和在婚姻关系存续期间取得的并依法应当归夫妻一方所有的财产。法定的夫妻特有财产的性质属于公民个人财产的范畴,依法受法律保护。我国《民法通则》第75条规定:"公民的个人财产,包括公民的合法收入、房屋、储蓄、生活用品、文物、图书资料、林木、牲畜和法律允许公民所有的生产资料以及其他合法财产。公民的合法财产受法律保护,禁止任何组织或者个人侵占、哄抢、破坏或者非法查封、扣押、冻结、没收。"根据这一法律规定,我国《婚姻法》确立夫妻个人特有财产权制度,是对公民个人在婚姻家庭中合法财产权益的承认和维护。

1. 法定夫妻特有财产的范围

依据我国《婚姻法》第18条的规定,夫妻特有财产由以下财产组成:

(1) 夫妻一方所有的婚前财产。是指结婚以前夫妻一方就已经享有所有权的财产。既包括夫妻单独享有所有权的财产,也包括夫妻一方与他人共同享有所有权的财产;既包括婚前个人劳动所得的财产,也包括通过继承、受赠和其他合法渠道而获得的财产;既包括现金、有价证券,也包括购置的物品等。

《婚姻法解释(三)》明确夫妻一方个人财产在婚后产生的孳息和自然增值是个人财产。③

---

① 《中华人民共和国物权法》第99条规定:"共有人约定不得分割共有的不动产或者动产,以维持共有关系的,应当按照约定,但共有人有重大理由需要分割的,可以请求分割;没有约定或者约定不明确的,按份共有人可以随时请求分割,共同共有人在共有的基础丧失或者有重大理由需要分割时可以请求分割。因分割对其他共有人造成损害的,应当给予赔偿。"

② 参见最高人民法院民一庭负责人答记者问:《总结审判实践经验凝聚社会各界智慧,正确合法及时审理婚姻家庭纠纷案件》,载《人民法院报》2011年8月13日。

③ 最高人民法院:《关于适用〈中华人民共和国婚姻法〉若干问题的解释(三)》,2011年8月9日。一般而言,夫妻一方财产在婚后的收益主要包括孳息、投资经营收益及自然增值。《婚姻法》规定了婚姻关系存续期间所得的生产、经营收益及知识产权收益归夫妻共同所有,《婚姻法解释(二)》也明确规定一方以个人财产投资所得的收益为夫妻共同财产,但孳息和自然增值这两种情况如何认定未予明确。在《婚姻法解释(三)》(征求意见稿)中曾作出了"另一方对孳息或增值收益有贡献的,可以认定为夫妻共同财产"的规定。但多数意见认为,征求意见稿中的"贡献"一词不是法律用语,理解上也会产生歧义,审判实践中很难把握。经过反复斟酌,《婚姻法解释(三)》第5条明确规定:夫妻一方个人财产在婚后产生的收益,除孳息和自然增值外,应认定为夫妻共同财产。参见最高人民法院新闻发言人孙军工:《关于〈最高人民法院关于适用〈中华人民共和国婚姻法〉若干问题的解释(三)〉的新闻发布稿》,2011年8月12日。

(2) 因一方身体受到伤害而获得的医疗费、残疾人生活补助费等费用。根据我国《民法通则》第 119 条的规定,侵害公民身体造成伤害的,应当赔偿医疗费、因误工减少的收入、残疾人生活补助费等费用。法律之所以作出这种规定,是保护公民个人身体健康权的需要,目的是保障受害人的就医,使其能尽可能恢复健康并保障其生活。公民的身体健康权属于人格权的一种,与公民个人的人身存在具有密不可分性,因此,一旦公民的身体健康权受到侵害,受害者本人有权要求侵权行为人承担民事赔偿责任,依法获得相应的医疗费、残疾人补助费等费用。由于这类费用是公民因个人身体健康受到伤害所依法获得的补偿,理应归受到伤害的公民个人所享有。在婚姻关系存续期间,夫妻一方的身体健康受到伤害,依法所获得的医疗费、残疾人生活补助费等费用,同样也只能归受到伤害者本人所有。最高人民法院《婚姻法解释(二)》明确规定,军人的伤亡保险金、伤残补助金、医药生活补助费属于个人财产。

(3) 遗嘱或赠与合同中指明归一方的财产。世界上大多数使用共同财产制的国家都规定夫妻一方继承或受赠的财产属于个人所有。我国《继承法》第 16 条第 2 款和第 3 款规定:"公民可以立遗嘱将个人财产指定由法定继承人的一人或者数人继承。公民可以立遗嘱将个人财产赠给国家、集体或者法定继承人以外的人。"依照这条法律规定,作为被继承人的公民在生前可以按照其个人意愿依法以遗嘱方式处分其个人财产,指定遗嘱继承人或受遗赠人。如果被继承人在遗嘱中指明了其遗产只归已婚的夫或妻一方继承或者受遗赠,这种指定是完全合法有效的。基于此遗嘱内容的法律效力,夫或妻一方便享有所继承或受遗赠的财产的所有权。

《中华人民共和国合同法》第 185 条规定:"赠与合同是赠与人将自己的财产无偿给予受赠人,受赠人表示接受赠与的合同。"由于赠与合同是赠与人与特定的受赠人之间达成的协议,所赠与财产的所有权只能转移给特定的受赠人,因此,如果赠与人在赠与合同中指明其将某项财产赠与已婚的夫或妻一方,则所赠与的财产就应当属于夫或妻一方。

根据最高人民法院《婚姻法解释(二)》,当事人结婚前,父母为双方购置房屋出资的,该出资应当认定为对自己子女的个人赠与,但父母明确表示赠与双方的除外。

根据最高人民法院《婚姻法解释(三)》,婚后一方父母出资为子女购买不动产且产权登记在自己子女名下的,可视为只对自己子女一方的赠与,应认定为夫妻一方的个人财产。①(参见本节"夫妻共同财产制"相关内容)

(4) 一方专用的生活用品。一方专用的生活用品是指婚后以夫妻共同财产购置的供夫或妻个人使用的生活消费品,如衣物、饰物等。由于这类财产在使用价值方面具有特殊性,不是夫妻双方通用或者共用的生活用品,所以应属于夫或妻一方个人所有。

(5) 其他应当归一方所有的财产。"其他应当归一方所有的财产",是指依照其他有关法律规定而归属于特定行为人本人享有所有权的财产。夫妻在社会生活中参与的社会关系是多样的,因而可能会以其不同行为取得不同的财产所有权。例如,夫妻一方因参与

---

① 最高人民法院:《关于适用〈中华人民共和国婚姻法〉若干问题的解释(三)》,2011 年 8 月 9 日。

体育竞赛活动取得优胜而荣获奖杯、奖牌,这类物品记载着优胜者的荣誉权,其财产所有权应当归享有该项荣誉权的夫妻一方。

根据我国现行《婚姻法》的精神和与现行《婚姻法》不相抵触的有关司法解释,认定夫妻个人特有财产时还要注意:

第一,我国《婚姻法》第18条规定为夫妻一方所有的财产,不因婚姻关系的延续或共同使用、管理而转化为夫妻共同财产。但当事人另有约定的除外。夫妻一方所有的财产在婚后不论其形态发生什么变化仍然是一方所有的财产,但是夫妻一方以个人财产投资在婚后取得的收益应当归夫妻共有。①

第二,原为夫妻一方的婚前个人财产,在婚姻关系存续期间虽然已经投入婚姻家庭生活之用,但该财产的原物形态仍保持,并未毁损、消耗、灭失的,仍为夫妻一方的个人财产。夫妻一方将婚前个人财产投入婚姻家庭生活之用,并已被消耗或自然毁损、灭失的,离婚时该方不得主张用夫妻共同财产抵偿。②

第三,婚后购置的贵重首饰,价值较大的图书资料以及摩托车、拖拉机、汽车等生活、生产资料,虽属个人使用,也应视为夫妻共同财产。

第四,婚后一方取得的但尚未实际获得经济利益的或尚未明确能够获得经济利益的知识产权,属于个人所有。

2. 夫妻对特有财产的权利义务

夫妻特有财产是夫妻婚后依法或依约定保留的个人所有财产。故夫妻一方的特有财产,其效力等同于婚前个人财产,夫妻一方可依自己的意愿独立行使占有、使用、收益和处分的权利,不需征得对方同意;同时,对婚姻关系存续期间夫妻一方所负的个人债务及其特有财产所生债务等,均应由其特有财产负担清偿责任。

三、我国现行的约定夫妻财产制

约定财产制是关于法律允许夫妻用协议的方式,对夫妻在婚姻关系存续期间所得财产以及婚前财产所有权的归属、管理、使用、收益、处分及债务的清偿、婚姻解除时财产的清算等事项作出约定,排除法定夫妻共同财产制适用的制度。

我国夫妻约定财产制立法于1930年国民党政府《民法》亲属编始有规定。按其规定,夫妻得于婚前或婚后以契约形式约定夫妻财产制(须在法律规定的共同财产制、统一财产制和分别财产制中选择其一);该项契约的订立、变更或废止,非经登记不发生对抗第三人的效力。1985年我国台湾地区"民法"亲属编被修订后,简化约定财产制为共同财产制与分别财产制两种类型。

中华人民共和国成立后,1950年《婚姻法》虽未对夫妻财产约定问题作出明文规定,但在立法解释上认为,婚姻法关于夫妻财产关系的概括性的规定,"不妨碍夫妻间真正根

---

① 最高人民法院:《关于适用〈中华人民共和国婚姻法〉若干问题的解释(二)》,2003年12月25日。最高人民法院:《关于适用〈中华人民共和国婚姻法〉若干问题的解释(三)》,2011年8月9日。

② 最高人民法院:《关于人民法院审理离婚案件处理财产分割问题的若干具体意见》,1993年11月3日。

据男女权利平等和地位平等原则来作出任何种类家庭财产的所有权处理权与管理权相互自由的约定","对一切种类的家庭财产问题,都可以用夫妻双方平等的自由自愿的约定方法来解决"。① 但由于传统习惯的影响和当时经济欠发达、家庭财产不多等因素的制约,实际生活中夫妻实行约定财产关系的很少见。

随着我国社会发展,人民物质文化生活水平不断提高,公民的家庭财产日益增多,夫妻财产关系日益复杂,人们的婚姻家庭观念也发生了新变化。1980年《婚姻法》适应新时期调整夫妻财产关系的需要,在规定法定财产制为夫妻共同财产制的同时,又规定允许夫妻就财产关系自愿约定,以排除共同财产制的适用。我国婚姻法允许夫妻按照双方的意愿,约定处理双方的财产关系,可以满足新形势下夫妻因各种原因(如个人承包经营、再婚夫妻的财产、涉外婚姻及涉及港、澳、台同胞的婚姻等)以多种形式处理双方财产问题的需要,体现了夫妻享有平等的财产权利,有利于减少家庭纠纷,保护当事人的合法权益,促进家庭经济和社会经济的发展。

2001年修正后的我国《婚姻法》第19条较详细地规定了约定的财产范围、约定的方式、约定的内容和约定的对内、对外效力,使约定财产制更便于广大人民接受和运用。

我国实行法定财产制与约定财产制相结合的夫妻财产制,法定财产制与约定财产制两者的适用原则是"有约定从约定,无约定从法定"。也就是说,对于夫妻财产关系,如夫妻双方有约定的,应按约定处理;如无约定或约定无效,则适用法定财产制。即约定财产制可排斥法定财产制优先适用,前者具有优先于后者适用的效力。

1. 夫妻约定财产制的对象

按照我国《婚姻法》第19条的规定,夫妻约定财产制的对象,既包括夫或妻一方的婚前个人财产,也包括夫妻双方在婚姻关系存续期间所得的财产。法律之所以作出这种规定,是因为夫妻双方作为共同生活的当事人,有权根据自己的意愿依法对其婚前个人财产和婚姻关系存续期间所得财产进行处分,从而实现其财产利益。

2. 夫妻约定财产制的方式

夫妻约定财产制的约定方式,只能采用书面形式。这一法律规定的原因在于,夫妻财产制的约定不仅涉及夫妻双方的重大财产利益和婚姻家庭生活的物质保障,而且还影响到第三人的财产利益,所以,法律要求夫妻约定财产制的约定方式采用书面形式,以利于准确地表达夫妻双方关于约定财产制的真实意思表示,防止发生财产纠纷,有效地保护第三人的合法债权。

3. 夫妻约定财产制的内容

依据我国《婚姻法》第19条的规定,约定的内容包括两个方面:(1) 夫妻可以约定一方或双方的婚前个人财产归夫妻共同所有,或部分共同所有、部分各自所有。(2) 夫妻可以约定婚姻关系存续期间所得的财产归夫妻双方共同所有,或者归各自所有,或者部分共同所有、部分各自所有。

---

① 中央人民政府法制委员会:《关于中华人民共和国婚姻法起草经过和起草理由的报告》,1950年4月14日。

4. 夫妻约定的财产制的对内效力

夫妻之间依法达成的有关夫妻财产制的约定,对双方当事人均具有约束力。这种约束力体现在:

(1) 依法达成的夫妻约定财产制的协议,非经双方同意,任何一方不得擅自修改。

(2) 夫妻约定财产制的协议,双方均应认真遵守,如约履行。

(3) 夫妻离婚时,对夫妻共同财产的认定和分割发生争议的,如果有夫妻约定财产制的协议,应当按照协议的约定内容加以处理。

5. 夫妻约定财产制的对外效力

夫妻在共同生活过程中,难免会与第三人发生债权债务关系。为了维护交易的安全,防止婚姻当事人利用夫妻约定财产制规避法律和损害第三人的合法利益,我国《婚姻法》第19条第3款特别规定:"夫妻对婚姻关系存续期间财产约定归各自所有的,夫或妻一方对外所负的债务,第三人知道该约定的,以夫或妻一方所有的财产清偿。"所谓"第三人知道该约定的",夫或妻一方对此负有举证责任。[1] 可见,夫妻财产约定是否具有对外效力,应视具体情况而定。第三人事先知道相对人订立有夫妻分产制约定,相对人是以自己的财产而不是配偶的财产作为对外从事交易活动的担保时,该约定具有对抗第三人的效力。作为相对人的夫或妻一方仅以其个人财产承担民事责任。相反,第三人不知道相对人订立有夫妻分产制约定的,则相对人不得以有夫妻分产制约定为由对抗第三人。第三人是否知道相对人订立有夫妻分产制约定,由作为相对人的夫或妻一方负举证责任。不能证明第三人知道该约定的,应以夫妻双方的财产对第三人清偿债务,清偿后,夫妻中不负债的一方可以向另一方行使追偿权。

在适用约定财产制时应该注意以下问题:

第一,夫妻约定财产制的约定时间并无法律限制。我国《婚姻法》对于夫妻约定财产制的时间并无明确限制。因此,夫妻可以在结婚以前、登记结婚时或者在婚姻关系存续期间,对婚前个人财产和婚姻关系存续期间所得财产的所有权归属问题进行约定。

第二,在订立夫妻约定财产制的协议时,夫妻双方均须具备完全的民事行为能力。否则,此项关于夫妻约定财产制的协议无效。

第三,夫妻关于约定财产制的协议必须反映当事人双方的真实意思。如果一方采取欺诈、胁迫手段或者乘人之危,使对方违背其真实意思而订立夫妻约定财产制协议的,应当认定该协议无效。

第四,夫妻双方以规避法律义务或逃避对第三人偿还债务为目的订立的夫妻约定财产制协议,因其内容违法或损害第三人合法权益,应认定其无效。

第五,夫妻订立了约定财产制的协议后,如果要变更或撤销该协议,必须经双方同意方可为之。

第六,夫妻之间赠与房产的处理。夫妻在婚前或婚姻关系存续期间约定将一方个人

---

[1] 最高人民法院:《关于适用〈中华人民共和国婚姻法〉若干问题的解释(一)》第18条,2001年12月25日。

所有的房产赠与另一方,但没有办理房产过户手续,后双方感情破裂起诉离婚,赠与房产的一方翻悔主张撤销赠与,另一方主张继续履行赠与合同,请求法院判令赠与房产一方办理过户手续。对此问题应当如何处理?《婚姻法解释(三)》第 6 条规定,婚前或者婚姻关系存续期间,当事人约定将一方所有的房产赠与另一方,赠与方在赠与房产变更登记之前撤销赠与,另一方请求判令继续履行的,人民法院可以按照《合同法》第 186 条的规定处理。

将一方所有的财产约定为另一方所有,也就是夫妻之间的赠与行为,虽然双方达成了有效的协议,但因未办理房屋变更登记手续,依照《物权法》的规定,房屋所有权尚未转移,而依照合同法关于赠与一节的规定,赠与房产的一方可以撤销赠与。婚姻家庭领域的协议常常涉及财产权属的条款,对于此类协议的订立、生效、撤销、变更等并不排斥《合同法》的适用。在实际生活中,赠与往往发生在具有亲密关系或者血缘关系的人之间,《合同法》对赠与问题的规定并没有指明夫妻关系除外。一方赠与另一方不动产,在没有办理过户手续之前,依照《合同法》的规定,是完全可以撤销的,这与《婚姻法》的规定并不矛盾。我国采取的是不动产法定登记制度,无论基于何种原因发生的权属变动均需经登记才产生效力。[①]

---

① 参见最高人民法院民一庭负责人答记者问:《总结审判实践经验凝聚社会各界智慧,正确合法及时审理婚姻家庭纠纷案件》,载《人民法院报》2011 年 8 月 13 日。

第五章 离婚制度

第一节 离婚和离婚制度的沿革

一、婚姻终止的概念及原因

（一）婚姻终止的概念

婚姻终止，是指合法有效的婚姻关系因发生一定的法律事实而归于消灭。

婚姻终止后，意味着在婚姻当事人之间、婚姻当事人与子女及其他第三人之间将会产生一系列相应的法律后果，即婚姻终止的法律效力。

（二）婚姻终止的原因

婚姻终止的原因有二：一是婚姻当事人一方的死亡（包括自然死亡和宣告死亡），二是离婚。引起婚姻终止的原因不同，其法律后果也不尽相同。

1. 婚姻因配偶死亡而终止

配偶死亡有两种情况：一是配偶一方自然死亡，二是配偶一方被宣告死亡。配偶关系作为一种身份关系，以配偶双方的生命存在为前提条件，配偶一方死亡，双方已不能共同生活，必然引起婚姻关系终止的法律后果。配偶死亡方式不同，婚姻终止的法律后果，也有所不同。

（1）婚姻因配偶自然死亡而终止。配偶一方自然死亡，夫妻双方已不能共同生活，夫妻之间的权利义务终止，婚姻关系也自然终止。因配偶一方死亡而终止婚姻的效力，只限于对夫妻双方的内部效力，即夫妻之间人身关系和财产关系上的权利义务不复存在，但夫妻以外的婚姻效力，并不当然消灭。在实际生活中，配偶一方死亡之后，生存配偶一方往往仍继续保持与死亡配偶一方亲属的关系，有的还仍然留在原家庭内生活，姻亲关系继续存在，不因配偶一方死亡而终止。这是婚姻因配偶自然死亡而终止与因离婚而终止，两者后果的一个显著不同之处。

（2）婚姻因配偶一方被宣告死亡而终止。宣告死亡，是指经利害关系人的申请，由人民法院依审判程序宣告下落不明达一定期间的公民死亡的法律制度。宣告死亡是在法律上推定失踪人已经死亡，与自然死亡产生相同的法律效力。关于配偶一方被宣告死亡后，婚姻关系终止的时间，外国有两种不同的立法例：一种规定为从宣告死亡之日起婚姻关系即行终止；另一种规定为配偶一方被宣告死亡后，直到他方再婚时，婚姻关系才被视为终止。我国实践中采取的是前一种立法例的做法。由于死亡宣告是一种法律推定，被宣告死亡的人有可能并未死亡而又重新出现，或者后来有人知道其并没有死亡，在此情况下，我国《民事诉讼法》第169条明确规定："被宣告失踪、宣告死亡的公民重新出现，经本人或者利害关系人申请,人民法院应当作出新判决,撤销原判决。"关于死亡宣告被撤销后,被宣告死亡者的原婚姻关系能否恢复的问题,绝大多数国家的法律规定,如果生存配偶已经再婚,则后婚有效,前婚仍然解除。如果生存配偶尚未再婚,在宣告死亡者生还后,有的国家规定,其婚姻关系自行恢复,而有的国家则规定,须履行一定的手续后婚姻关系方可恢复。我国有关司法解释对此问题也有明确规定,最高人民法院《关于贯彻执行〈中华人民共和国民法通则〉若干问题的意见》第 37 条规定:"被宣告死亡的人与配偶的婚姻关系,自死亡宣告之日起消灭。死亡宣告被人民法院撤销,如果其配偶尚未再婚的,夫妻关系从撤销死亡宣告之日起自行恢复;如果其配偶再婚后又离婚或者再婚后配偶又死亡的,则不得认定夫妻关系自行恢复。"

配偶一方被宣告失踪只能通过判决离婚而终止婚姻关系。被宣告失踪人与其配偶并不因失踪宣告而终止其婚姻关系,宣告失踪期间双方均不得再婚。如果宣告失踪之后,又被宣告死亡的,则其婚姻关系自宣告死亡之日起终止。依照我国有关法律规定,失踪人的配偶要求解除与失踪人的婚姻的,可向人民法院提出离婚诉讼,人民法院受理后,应当进行公告,限失踪人 3 个月内应诉,公告 3 个月期满,逾期不应诉的,人民法院可作缺席判决离婚。判决书以公告方式送达,公告之日起留 3 个月为送达生效期间,3 个月后经过 15 日的上诉期,失踪人未提出上诉的,离婚判决生效,婚姻关系终止。

2. 婚姻因离婚而终止

(1) 离婚的概念。离婚是在夫妻双方生存期间,依照法定的条件和程序解除婚姻关系的法律行为。离婚作为一种民事法律行为具有以下特征:

第一,离婚的主体,只能是具有合法夫妻身份关系的男女。即离婚只能由具有合法夫妻身份的男女双方本人提出。其他任何人都无权代替夫妻一方提出离婚,也不能对他人的婚姻提出离婚请求。

第二,离婚的时间,只能在夫妻双方生存期间办理离婚。如夫妻一方死亡或被宣告死亡的,则婚姻关系已经终止,不必进行离婚。

第三,离婚的前提,只有男女双方存在着合法的婚姻关系,才能办理离婚。离婚是对合法有效婚姻关系的解除。凡属违法婚姻(但我国法律在一定时期内承认效力的事实婚姻除外),即使骗取了《结婚证》的,也只能宣告该婚姻关系无效或撤销,收回《结婚证》,不得按离婚办理。

第四,离婚的要件,只能依照法定条件和程序办理离婚。离婚作为一种民事法律行为,必须具备法定的条件,并履行法定的程序,才能发生法律效力。双方当事人私下协议或由群众、村(居)委会干部参加所达成的离婚协议,都不能发生法律效力。

第五,离婚的后果,是导致婚姻关系的解除,从而会引起一系列的法律后果。如当事人的夫妻人身关系和夫妻财产关系终止,子女抚养方式的变更,以及债务的清偿等。所以离婚不仅关系到双方当事人的利益,同时,也会影响到子女的利益和社会的利益。

(2) 离婚的种类。根据不同的角度,可对离婚作如下分类:

第一,根据当事人对离婚的态度,可分为双方自愿的离婚和一方要求的离婚;

第二,根据离婚的程序,可分为行政程序的离婚和诉讼程序的离婚;

第三,根据解除婚姻关系的方式,可分为协议离婚和判决离婚。

(3) 离婚与无效婚及可撤销婚的区别。离婚与婚姻的无效与撤销,从表面上看都是婚姻关系的解除,但实质上前者与后者是两种不同的民事法律制度,两者有着根本的区别:

第一,两者的性质和原因不同。婚姻无效与撤销是对违法婚姻关系的处理和制裁,婚姻无效或撤销的原因在结婚之前或之时就存在;离婚是对合法婚姻关系的解除,离婚原因一般发生在结婚之后。

第二,两者的请求权主体不同。离婚的请求权只能由当事人本人行使,其他任何第三人无权代理。而无效婚姻与可撤销婚姻的请求权除由当事人双方或一方本人行使外,还可以由利害关系人和有关机关行使。

第三,请求权行使的时间不同。离婚请求权只能在双方当事人生存期间行使,如当事人一方死亡,另一方不能提出离婚。而婚姻无效或撤销的请求权既可在当事人双方生存期间行使,也可在当事人双方或一方死亡后行使(只要没有超过法定的请求期限)。

第四,两者的程序不同。许多国家法律规定,婚姻的无效和撤销必须依诉讼程序进行,由法院裁判。而对离婚,一些国家规定既可依诉讼程序进行,也可依行政程序进行。在我国,离婚与婚姻的无效和撤销,两者均可依诉讼程序进行,离婚和某些"受胁迫情况属实且不涉及子女和财产问题"的婚姻的撤销也可依行政程序进行。

第五,两者的法律后果不同。在我国,婚姻的无效与撤销是对违法婚姻的解除,不产生离婚的法律后果,如不按照夫妻共同财产制分割财产而是作共同共有财产处理,违法婚姻所生子女应为非婚生子女,在"婚姻关系"被宣布无效或撤销后与婚生子女享有同等的权利和义务。

(4) 离婚与别居的区别。别居,又称分居,是指通过司法裁判或当事人协议的方式解除夫妻双方的同居义务,因婚姻所生的其他夫妻权利义务亦有所变更,但婚姻关系仍然存续的法律制度。此法律制度是在欧洲中世纪基督教实行禁止离婚的情况下产生的。根据基督教"婚姻乃神作之合,人不可离之"的教义,夫妻关系即使恶化到不堪共同生活,也不允许离婚,只能基于正当理由,采取别居的方式来免除夫妻间的同居义务。设立别居制度的目的,是把它作为禁止离婚的补救手段,用来解决一些夫妻不堪共处的实际问题。在现代社会,别居制度(或称分居制度)虽仍被一些国家采用,但现代社会的别居制度与中世纪的别居制度的目的有所不同,前者已不再是禁止离婚的补救手段,而是作为缓和夫妻矛盾的一种方式,或作为离婚前的一个过渡期,用来衡量婚姻关系是否彻底破裂。一些国家如法国、德国、英国、意大利等都以一定时间的分居作为离婚的法定事由。

离婚与别居的主要区别如下:

第一,婚姻关系是否存续不同。别居者婚姻关系仍然存续,故双方均不得再婚;离婚者已经解除了婚姻关系,双方都可以再婚。并且,夫妻在别居之后如果愿意恢复夫妻生活,只要双方开始同居共同生活即可,不必办理复婚手续;而离婚之后双方如要恢复夫妻关系,必须依法办理复婚手续。

第二,夫妻权利义务是否继续存在不同。别居期间夫妻间的权利义务除同居义务被免除及有的权利义务被变更外①,其他权利义务如扶养、继承等方面的权利和义务仍然存在。离婚后夫妻在人身和财产方面的权利义务均全部消除。

二、离婚制度的历史沿革

离婚制度是一定社会有关解除婚姻关系的原则、条件和程序的法律规范的总和。不同类型的社会有着不同类型的离婚制度。

(一) 离婚立法主义的变化

古今中外多数国家的离婚立法,对于离婚的态度无不是由限制逐渐走向自由的。古代社会的离婚立法主义(或称立法原则),大体可分为两大类型:禁止离婚主义与许可离婚主义。禁止离婚主义并不是古代社会大多数国家经历过的阶段,只是在有些地区如中世纪欧洲的一些国家实行过。而古代社会的许多国家则是实行许可离婚主义,在中国古代,"出妻"、"和离"、"义绝"等是法定的离婚方式。古代离婚立法主义的演变大体沿着两条轨迹:古代采禁止离婚主义的向采许可离婚主义演变,古代采许可离婚主义的经历了由男子专权离婚主义向男女平权离婚主义的发展过程。近现代许多国家的离婚立法在采取许可离婚主义时,先后由有责主义(或称过错原则)发展到兼采无责主义(或称干扰原则),最后走向自由离婚主义(或称破裂原则)。

1. 禁止离婚主义

禁止离婚主义,是指夫妻在生存期间无论出于何种原因,均不得离婚。在中世纪,西欧各国受教会法控制,婚姻家庭案件管辖权操于教会法庭之手,根据基督教教义,"婚姻乃神作之合,人不可离之",夫妻关系即使恶化到不能继续共同生活,也只能别居。到15、16世纪,欧洲掀起了宗教改革、文艺复兴运动,宗教改革的直接后果之一就是婚姻还俗运动的开展,婚姻家庭案件的管辖权逐渐归还世俗法庭,一些欧洲国家先后采取民事婚,实行许可离婚主义。但教会法的影响至今仍制约着极少数国家人们的婚姻家庭生活。虽不少国家如意大利、葡萄牙、西班牙等已摒弃禁止离婚主义,改采许可离婚主义。但仍有少数国家的法律现仍禁止离婚。

2. 许可离婚主义

许可离婚主义是指允许夫妻基于法定事由,解除婚姻关系的立法主张。许可离婚主义承认婚姻的可变性及可离异性,允许夫妻在生存期间基于法定事由而解除婚姻关系。从古代社会至近现代社会,许多国家采取许可离婚的立法,但许可离婚的法定事由(或法定条件)则有一个从严到宽的发展演变过程。即从古代的男子专权离婚主义,发展到近现代的男女平权离婚主义。近现代离婚法的限制离婚主义先后不同程度地从有责离婚主义

---

① 有些国家规定,夫妻分居引起分别财产,原夫妻共同财产制终止。见《法国民法典》第302、1441条;《比利时民法典》第311条;《瑞士民法典》第194、204条。

发展到兼采无责离婚主义,并逐渐走向自由离婚主义,这已成为当代许多国家离婚立法的发展趋势。

(1) 专权离婚主义。专权离婚主义是指夫家或夫本人单方面享有较多的离婚权,而妻本人或者没有离婚权或者离婚权受到极为严格的限制,故又称男子专权离婚主义。这种离婚制度是男子在政治上、经济上处于统治地位的必然结果。中国封建法律中的"七出"之条,是专权离婚主义立法的典型代表。

(2) 限制离婚主义。限制离婚主义是指夫妻双方均享有离婚请求权,但法律对离婚条件严加限制的立法主张。即法律明确规定离婚的理由,只有符合法律规定的离婚理由,始许离婚,故又称"有因离婚"。最初资本主义国家立法规定的离婚理由为一方有过错,如通奸、虐待、遗弃、重婚、一方被判刑等,享有离婚诉权的则是无过错的一方。以后立法者又将一些虽非当事人的过错,但婚姻关系却不能维持的情况,也作为离婚的法定理由加以规定,如一方患有精神病、一方失踪、有生理缺陷不能发生性行为等。

(3) 自由离婚主义。自由离婚主义是指根据夫妻双方或一方当事人请求离婚的意愿,无论当事人有无过错,只要婚姻关系破裂的,均准予离婚的立法主张。也就是说,法律以尊重当事人的离婚自由权为宗旨,不以无过错作为享有离婚请求权的限制条件,即使双方缺乏离婚合意,甚至一方有过错,只要婚姻关系确已破裂致夫妻不堪共同生活的,依当事人一方或双方的要求也可准予离婚。自由离婚主义对离婚既无男女性别限制,也无过错限制,享有离婚权的主体在法律上地位是平等的,夫妻任何一方,无论有无过错,都可依照法定的条件和程序提出离婚请求,因此,自由离婚主义更加符合婚姻的本质。

(二) 我国离婚制度的历史发展

1. 我国古代的离婚制度

我国从奴隶社会至封建社会长达几千年,婚姻家庭制度一脉相承。在以男性为中心的宗法制度下,实行限制与剥夺妇女离婚权的专权离婚主义。中国古代离婚有四种形式:出妻、和离、义绝,以及基于特定事由的呈诉离婚。

(1) 七出。"七出"又称"七弃",是指礼法规定的丈夫"出妻"、夫家"出妇"的七条理由。它起源于我国奴隶社会末期,起初为礼制的内容,以后由封建统治阶级以法律的形式加以固定。集中起来,"七出"的具体内容是:

第一,"不顺父母,为其逆德也",指儿媳不孝敬公婆,公婆可命儿子休妻。

第二,"无子,为其绝世也",指妻子不生儿子则为大不孝,要承担断绝夫家香火之罪责,理当休弃。

第三,"淫,为其乱族也",妻子与人通奸,乱夫家的血统,为封建伦理所绝对不能容忍,应当休弃。

第四,"妒,为其乱家也",为了维护家庭伦理关系,为人妻妾者必须相安和谐,如存忌妒之心,则应为夫休弃。

第五,"有恶疾,为其不可与共粢盛也",妻子如果患有严重疾病,既对家族兴旺不利,又影响夫妻正常生活,故应休弃。

第六,"口多言,为其离亲也",如果妻子不安分生活,多嘴多舌,搬弄是非,离间了夫家的亲属关系,则违背了女子"三从四德"中"妇言"的要求,于礼应休。

第七,"窃盗,为其反义也","子妇无私货,无私器,不敢私假,不敢私与"①,妻子对家庭财产没有处分权,凡妻子擅自动用家庭财产,包括未经家长许可将夫家财物赋予娘家亲属或外人等则视为盗窃,丈夫家人可将其休弃。

唐律和以后的封建法律都明确地规定,"七出"是男子休妻的合法理由,妇女因触犯"七出"中任何一条,不需经官府,由丈夫写成休书,邀请男女双方近亲、近邻和见证人一同署名,就可弃去,这是我国古代法定的弃妻方式。

古代礼法还设有例外情况,以"三不去"对"七出"进行限制,即:"尝更三年丧不去"(曾为公婆守孝三年的不得离去);"有所受而无所归不去"(妇女无娘家可回的不去);"贱娶贵不去"(娶妻时夫家贫贱,后来富贵的不去)。唐律规定:"虽犯七出,有三不去而出之者,杖一百,追还合。"但是若犯恶疾及奸者,不用此律。元、明、清律仅规定,妻犯奸者不受"三不去"的限制。

(2)和离。"和离"即协议弃妻,在现代称两愿离婚,类似当今的协议离婚,是我国古代一种通过协议允许夫妻离异的离婚方式。唐、宋律规定:"若夫妇不相安谐而和离者不坐。"元、明、清朝法律均有关于"和离"的规定:"夫妇两愿离者,不坐。"但是,在封建社会,妇女的社会地位、家庭地位十分低下,妇女受着传统的"三从四德"和"从一而终"贞操观念等封建礼教的严重束缚,很难表达和实现其在离婚上的愿望。在当时的历史背景下,离与不离主要取决于丈夫,"和离"往往成为"出妻"、"弃妻"的别名,成为"七出"的一块遮羞布。

(3)义绝。"义绝"是我国封建社会特有的一种强制离婚方式。它是指如果夫妻之间或夫妻一方与他方的亲属间或双方的亲属间出现了一定的事件,经官司处断后,便认为夫妇之义当绝,强迫离异,若不离异,要受到法律制裁。根据《唐律疏议》的解释,构成"义绝"的有以下五种情况:

第一,殴妻之祖父母、父母,杀妻之外祖父母、伯叔父母、兄弟、姑、姊妹。

第二,夫妻祖父母、父母、外祖父母、伯叔父母、兄弟、姑、姊妹自相杀。

第三,殴詈夫之祖父母、父母,杀伤夫之外祖父母、伯叔父母、兄弟、姑、姊妹。

第四,与夫之缌麻以上亲奸;夫与妻母奸。

第五,欲害夫者。

义绝与出妻不同,"七出"是于礼应出,于法可出,而非必出,合当义绝而不绝者,须依律科刑。唐律规定:"诸犯义绝者离之,违者徒一年。"元、明、清律均规定,若犯义绝应离而不离者,杖八十。

(4)呈诉离婚。呈诉离婚又称为官府判离。即夫妻一方基于法定的理由,向官府提出离婚之诉,由官府判离的离婚方式。这种呈诉离婚的法定理由和其他三种离婚方式一

---

① 《大戴礼记·本命》。

样,对于夫妻双方而言是极不平等的。例如,妻子只要有背夫在逃的行为,夫即可呈请离婚,可是对于妻子而言,只有丈夫逃亡3年以上时,方可提出离婚。

2. 1930年国民党政府《民法》亲属编的离婚制度

至近现代,国民党政府1930年12月26日公布民法亲属编,该编规定的离婚制度,反映了旧中国半殖民地、半封建社会的要求,一方面在立法体例上模仿日本、德国等大陆法系的亲属法体例,另一方面在内容上仍保留了不少封建婚姻家庭制度的残余。该法对离婚规定了两种方式:一是两愿离婚,二是判决离婚。

3. 新中国成立前革命根据地的离婚立法

中国共产党一向重视解放妇女,将建立婚姻自由、男女平等的婚姻家庭制度作为自己的重要任务。在新中国成立前中国共产党领导的苏区、抗日根据地、解放区先后进行了大量的婚姻立法,对离婚问题作了明确的规定,包括赋予夫妻平等的离婚权;确定离婚自由;对离婚原因进行或概括、或列举、或例示的规定;确立了离婚登记制;在离婚问题上,对革命军人给以特殊保护、对妇女权益给予特殊照顾、注意保护未成年子女的合法利益等,反映了革命战争时期对新型夫妻关系的要求,为新中国离婚制度的建立奠定了基础。

4. 中华人民共和国离婚制度的发展

中华人民共和国成立后,1950年《婚姻法》继承民主革命根据地的立法经验,针对建国初期的实际情况,对离婚问题作了明确具体的规定,主要内容包括:坚持婚姻自由、男女平等的基本原则,保障夫妻享有平等的离婚自由权;兼采登记离婚和诉讼离婚双轨制;采取自由离婚主义,且对离婚理由不作具体规定;注意保护怀孕、分娩期间妇女的合法权益,强化离婚时男方在财产方面的责任;保护未成年子女的合法权益等。1950年《婚姻法》彻底废除了沿袭几千年的封建主义婚姻家庭制度所确认和保护的男子专权离婚主张,同时也否定了近代资本主义国家立法的过错离婚主义,确立了我国社会主义男女平权的新型离婚制度。

我国1980年《婚姻法》在继承1950年《婚姻法》离婚立法经验的基础上,充分总结了30年来的实践经验,针对当时社会新情况、新问题,对1950年《婚姻法》有关离婚的部分内容作了修改、补充和发展,规定以夫妻感情确已破裂作为判决准予离婚的法定条件,以适应新时期离婚法的需要。2001年修改后的《婚姻法》增加了判决离婚理由的例示性规定,使其更具有操作性。

三、我国离婚立法的指导思想

在我国离婚制度发展史上,无论是新民主主义革命时期革命根据地的离婚立法,还是新中国的离婚立法都贯穿着一个中心思想,即保障离婚自由,反对轻率离婚。它是我国离婚立法的基本原则,也是婚姻登记和司法审判实践中处理离婚问题的总的指导思想。

(一)保障离婚自由

保障离婚自由,是婚姻关系的本质要求。在社会主义社会,婚姻应当是男女双方基于爱情的结合,夫妻关系的建立和存续都应以爱情为基础。但爱情作为精神感情,是处于发展、变化之中的,当夫妻关系恶化,夫妻双方的感情已经完全消失,又无恢复的可能时,就不再符合婚姻本质的内在要求,强行维护这种死亡的婚姻关系,无论对当事人,还是对子女、家庭及社会都是十分不利的。因此,法律应该允许当事人通过合法途径,解除死亡的婚姻关系,使他们有可能重新建立幸福美满的家庭。

保障离婚自由,是马克思主义对待离婚的基本观点,也是社会主义婚姻家庭制度的基本要求。马克思主义对待离婚有几个观点:一是承认离婚;二是要求在离婚问题上男女平等;三是坚持婚姻以爱情为基础。因此,我国婚姻法明确规定实行婚姻自由、一夫一妻、男女平等的婚姻制度,并将夫妻感情是否破裂作为准予和不准予离婚的法定标准,使离婚自由成为公民的一项基本权利,受到法律的有效保障。

保障离婚自由,有利于提高婚姻质量,有利于社会的安定团结和社会主义物质文明、精神文明的建设。对那些感情已经破裂、不能和好的夫妻,允许依法解除婚姻关系,不仅是保护当事人合法权益的需要,也是防止矛盾激化,维护社会秩序,促进社会主义现代化建设的要求。实行离婚自由还能在宏观上改善和巩固社会的婚姻关系,因为,被离婚瓦解的只是那种不堪同居、已经死亡的家庭。

(二) 反对轻率离婚

必须指出,社会主义的离婚自由并不是绝对的自由,而是相对的有条件的自由。因此保障离婚自由,必须反对轻率离婚。反对轻率离婚是我国离婚立法指导思想的有机组成部分。轻率离婚,是指对婚姻家庭不负责任,以轻率的态度对待和处理离婚问题。这是滥用离婚自由权的行为。马克思在《论离婚法草案》中曾经指出:"几乎任何的离婚都是家庭的离散,就是纯粹从法律观点看来,子女的境况和他们的财产状况也是不能由父母任意处理、不能由父母随心所欲地来决定的。""离婚仅仅是对下面这一事实的确定:某一婚姻已经死亡,它的存在仅仅是一种外表和骗局。""婚姻不能听从已婚者的任性,相反的,已婚者的任性应该服从婚姻的本质。"[①]总之,离婚是解除已经死亡的婚姻的一种迫不得已的手段,并不是社会的普遍行为。离婚关系到家庭、子女和社会的利益,只有在夫妻感情确已破裂,无法共同生活时,才能使用这一手段。因此,我们必须反对轻率离婚,决不允许人们在离婚问题上为所欲为。离婚必须符合法定条件,履行法定程序。法律上有关离婚的规定既是对离婚自由的保障,又是对轻率离婚的限制和约束。

反对轻率离婚,是对资产阶级的享乐主义、个人主义婚姻价值观的否定。坚持离婚自由,必须反对婚姻问题上的"享乐主义"、草结草离、见异思迁、喜新厌旧等个人主义倾向。倡导以严肃认真的态度,依法处理离婚问题,以弘扬社会主义婚姻家庭道德,树立良好的社会风气,建立和巩固更多的高质量的幸福和睦的婚姻和家庭。

---

① 《马克思恩格斯全集》第 1 卷,人民出版社 1956 年版,第 183—185 页。

第二节 登记离婚

一、登记离婚的概念

登记离婚,是指夫妻双方自愿离婚,并就离婚的法律后果达成协议,经过婚姻登记机关认可即可以解除婚姻关系的一种离婚方式。在我国,又习惯称之为协议离婚、两愿离婚、合意离婚。但严格而言,协议离婚是以夫妻的离婚合意为本质特征的,它包括登记离婚和诉讼调解离婚。由于本节以离婚程序为标准,分别阐述行政登记程序和诉讼程序的离婚,因而在此不使用协议离婚一词。

登记离婚以双方当事人完全自愿并达成协议为前提,反映了婚姻法尊重婚姻当事人的婚姻意思自治的现代法治精神。这种离婚方式,不仅手续简便、节省时间和费用,而且为无因离婚,无须陈述离婚的具体原因,有利于保护婚姻当事人的隐私。同时,这一离婚方式使当事人双方能够友好地分手,避免了当事人在法庭上相互指责、造成更深的敌对情绪,从而使当事人在没有外来压力的情况下,平心静气地达成比较符合双方意愿的协议,有利于离婚协议的自愿履行。

但是,这一离婚方式也易造成轻率离婚。事实上有很多婚姻,客观上并未完全破裂,只因当事人意气用事即行离异。此种欲和欲离,任由当事人决定,与婚姻之永久共同生活本质不合,其离婚后果任由当事人以协议决定,易为恶意配偶滥用,而很可能变成强者欺负弱者的工具,甚至危害未成年子女的利益。正是因为如此,欧美国家大多不承认登记离婚,离婚必须经过诉讼程序。承认登记离婚的国家,也在登记离婚的条件及程序上予以必要的限制。主要有:(1) 登记离婚必须在结婚满一定期间后才能提出。各国规定的期限从 6 个月至 3 年不等。(2) 登记离婚的当事人必须没有未成年子女。(3) 当事人提出离婚申请后须经过一定时间的考虑期(或称考验期),才能正式办理登记手续。有的还规定考虑期满后重新提出一次申请。关于考虑期各国规定也不尽一致,短的 3 个月,长的达 1 年。这些限制对于防止登记离婚过于简便所滋生的弊端,是有实益的。我国《婚姻法》既然承认登记离婚,在运用上也应谨慎,以杜绝其弊。

二、我国现行登记离婚制度

我国《婚姻法》第 31 条规定:"男女双方自愿离婚的,准予离婚。双方必须到婚姻登记机关申请离婚。婚姻登记机关查明双方确实是自愿并对子女和财产问题已有适当处理时,发给离婚证。"对此,《婚姻登记条例》作了更明确、更具体的要求。这些要求集中起来,主要是两方面的规范,一是双方自愿离婚获准登记的实质要件,二是登记程序。

(一) 离婚登记的条件

1. 双方当事人必须对离婚及离婚后的子女抚养、财产分割等问题达成书面协议

我国《婚姻登记条例》第 11 条规定,离婚协议书应当载明双方当事人自愿离婚的意思

表示以及对子女抚养、财产及债务处理等事项协商一致的意见。第12条明确规定,未达成离婚协议的,婚姻登记机关不予受理。因为,离婚不仅仅是夫妻身份关系的解除,还涉及夫妻财产关系的后果,以及对子女的后果。所以,法律要求夫妻在办理登记离婚时,必须对子女的抚养教育、夫妻一方生活困难的经济帮助、夫妻共同财产的分割,以及共同债务的清偿等问题达成一致的书面协议,以维护当事人和第三人的合法权益。

2. 双方当事人必须为具有完全民事行为能力的人,并且本人亲自到场办理登记离婚

我国《婚姻登记条例》第12条明确规定,一方或者双方当事人为限制民事行为能力人或者无民事行为能力人的,婚姻登记机关不予受理。因为,登记离婚是解除夫妻身份关系的重要民事法律行为,只能由具有夫妻身份的当事人本人亲自进行,不能由任何第三人代替夫妻一方或双方办理登记离婚。并且为维护夫妻双方的合法权益,只能由具有完全的民事行为能力的夫妻双方本人进行。对于夫妻一方为无行为能力人或限制行为能力人的离婚,应依诉讼程序进行,并由其法定代理人代理诉讼。

3. 双方当事人的结婚登记必须是在中国内地办理的

在中国内地办理结婚登记的内地居民离婚,在中国内地办理结婚登记的中国公民同外国人离婚,在中国内地办理结婚登记的内地居民同香港居民、澳门居民、台湾居民、华侨离婚的,婚姻登记机关应当受理,若他们的结婚登记不是在中国内地办理的,则不予受理。同时,香港居民、澳门居民、台湾居民、华侨、外国人之间在中国内地解除婚姻关系,婚姻登记机关不予受理。此外,如果男女双方均为居住在国外的中国公民,虽然他们的结婚登记是在中国内地办理的,也可以到驻在国的中华人民共和国驻外使(领)馆依照婚姻登记条例的有关规定,办理离婚登记,而不必回到国内的婚姻登记机关登记。

(二) 离婚登记的程序

离婚登记同结婚登记一样都要到婚姻登记管理机关去办理登记手续。根据我国《婚姻登记条例》的规定,离婚登记在程序上必须经过申请、审查、登记三个步骤。

1. 申请

我国《婚姻登记条例》第10条第1款明确规定:"内地居民自愿离婚的,男女双方应当共同到一方当事人常住户口所在地的婚姻登记机关办理离婚登记。"第11条第1款规定:"办理离婚登记的内地居民应当出具下列证件和证明材料:(一) 本人的户口簿、身份证;(二) 本人的结婚证;(三) 双方当事人共同签署的离婚协议书。"以上规定说明,要求离婚的男女双方必须亲自去登记机关办理手续,提出离婚申请,还要持有关证件证明,以便登记机关查明当事人身份,确定管辖权,证明夫妻身份关系、了解双方的离婚意愿和对子女、财产等问题的处理意见,等等。

2. 审查

婚姻登记机关对于当事人的离婚申请应该根据我国《婚姻法》及《婚姻登记条例》的规定,对当事人出具的证件和证明材料进行严格的审查。审查的过程也就是对当事人进行引导和说服的过程。要教育当事人双方慎重对待和考虑离婚问题,尽可能地挽救那些感情尚未完全破裂的婚姻,促成双方和好。如果双方同意离婚但对子女及财产安排不够

合理,应帮助他们遵循《婚姻法》的精神作必要的调整;另外,在审查过程中还必须对协议的内容作全面的了解,如当事人是否具有夫妻身份,离婚是否真实自愿,有无欺诈、胁迫、弄虚作假等违法现象,对子女安排和财产分割是否合理,等等。申请离婚登记的当事人对婚姻登记机关应如实提供必须了解的有关情况,不得隐瞒或欺骗。登记机关在必要时还应向当事人所在单位、居民委员会或村民委员会作必要的了解。

3. 登记

婚姻登记机关经过审查后,对符合我国《婚姻法》和《婚姻登记条例》的离婚申请准予离婚。我国《婚姻登记条例》第 13 条规定:"……对当事人确属自愿离婚,并已对子女抚养、财产、债务等问题达成一致处理意见的,应当当场予以登记,发给离婚证。"登记离婚的双方领得离婚证,婚姻关系即告解除,离婚证和人民法院的离婚判决书、离婚调解书具有同等的法律效力。离婚证是证明婚姻关系已经解除的具有法律效力的证件,只能由民政部门规定样式并监制。对不符合我国《婚姻法》和《婚姻登记条例》规定的,婚姻登记机关不予登记。

对于离婚证遗失或者损毁的,当事人可以持户口簿、身份证向原办理婚姻登记的机关或者一方当事人常住户口所在地的婚姻登记机关申请补领。婚姻登记机关对当事人的婚姻登记档案进行查证,确认属实的,应当为当事人补发离婚证。

婚姻登记机关及其婚姻登记员有下列行为之一的,对直接负责的主管人员和其他直接责任人员应当依法给予行政处分:(1)为不符合婚姻登记条件的当事人办理婚姻登记的;(2)玩忽职守造成婚姻登记档案损失的;(3)办理婚姻登记或者补发离婚证超过收费标准收取费用的。超过收费标准收取的费用,应当退还当事人。

(三)有关登记离婚效力的几个具体问题

当事人取得离婚证,即解除夫妻身份关系。离婚证和人民法院的离婚判决书、离婚调解书具有同等的法律效力。

1. 离婚登记后,一方反悔问题

关于离婚登记后,一方反悔要求人民法院给予重新处理的,我国 1985 年的有关司法解释指出:"男女双方自愿离婚,并对子女和财产问题有适当处理,领取了离婚证的,其婚姻关系即正式解除。一方对这种已发生法律效力的离婚,及子女和财产问题的处理翻悔,在原婚姻登记机关未撤销离婚登记的情况下,向人民法院提出诉讼的,人民法院不应受理……告知当事人向原婚姻登记机关申请解决。"由原婚姻登记机关根据当事人申请的具体情况和理由,作出适当的处理。可以是驳回请求、维持原登记,也可以是撤销离婚登记,收回离婚证,还可以是对当事人双方重新进行调解,变更登记的内容,使离婚继续有效。但 1986 年的司法解释又规定:"男女双方在婚姻登记机关办理离婚登记后,因对财产、子女抚养引起纠纷,当事人向法院起诉的,可直接由有关法院依法受理。"[①]

---

① 参见最高人民法院(1985 年)35 号《关于男女登记离婚后,一方翻悔,向人民法院提出诉讼,人民法院是否应当受理的批复》,以及最高人民法院批复(1986 年民他字第 45 号)。

最高人民法院《婚姻法解释(二)》进一步规定:离婚协议中关于财产分割的条款或者当事人因离婚就财产分割达成的协议,对男女双方具有法律约束力。当事人因履行上述财产分割协议发生纠纷提起诉讼的,人民法院应当受理。男女双方协议离婚后1年内就财产分割问题反悔,请求变更或者撤销财产分割协议的,人民法院应当受理。人民法院审理后,未发现订立财产分割协议时存在欺诈、胁迫等情形的,应当依法驳回当事人的诉讼请求。①

可见,根据现行法律的精神,对于登记离婚后,因为当事人不履行离婚协议中的财产给付、子女抚养等有关义务而发生的纠纷,属于民事诉讼的范畴,不能由婚姻登记机关处理,也不能要求人民法院强制执行。需要解决的,只能依法向人民法院提起民事诉讼。

双方到民政部门离婚,就财产分割问题达成的协议,是当事人在平等自愿的前提下,协商一致的结果。对于任何一方当事人来说,这都是对自己财产权利的一种自由处分,协议对双方具有法律上的约束力,都理应接受这一决定所带来的法律后果。当事人基于这种具有民事合同性质的协议发生纠纷的,应当适用《民法通则》及《合同法》的基本原则和相关规定。存在法律规定的欺诈、胁迫等特殊情形,当事人请求变更或者撤销的,人民法院应当依法予以支持。不过,婚姻关系中毕竟还包含了身份关系在内,由此导致的纠纷,也注定具有自身的特点。所以处理问题时,不能置身份关系于不顾,简单、全部适用其他法律规定。在这一思想指导下,2003年的《婚姻法解释(二)》作了一些具体规定。例如,对属于人民法院应当支持当事人变更或者撤销财产分割协议的情形,在明确列举出的事项中并没有规定显失公平、重大误解等内容,就是基于这种考虑而设计的。当然,最高人民法院也不是完全排斥这些未明确写出事项的适用,只是认为对这几方面的内容,在适用的时候必须严格限制。个案中如果确实属于应该适用这些规定的,法官可以依据《婚姻法解释(二)》第9条规定处理。根据现在的规定,对于当事人的诉权,法院予以保护,即当事人向人民法院提起此类诉讼的,只要是在离婚后1年内提出的,人民法院都应依法予以受理。但当事人是否有实体上的胜诉权,要看当事人是否能够证明订立协议时有欺诈、胁迫等情形存在。否则,人民法院应当驳回其诉讼请求。此外,如果当事人在履行此类协议过程中因对方违反约定而提起诉讼的,人民法院也应依法受理。

2. 虚假离婚问题

(1) 虚假离婚的概念

虚假离婚,或称假离婚,是指夫妻一方或者双方本无离婚的真实意思而受对方欺诈或双方通谋作出离婚的意思表示。一般而言,虚假离婚包括两种情形:一是通谋离婚,二是欺诈离婚。

通谋离婚,是指婚姻当事人双方为了共同的或各自的目的,串通暂时离婚,等目的达到后再复婚的离婚行为。通谋离婚具有以下基本特征:第一,双方当事人并无离婚的真实意思,不符合协议离婚的实质条件。第二,双方当事人以离婚为手段,以达到共同的或者

---

① 最高人民法院:《关于适用〈中华人民共和国婚姻法〉若干问题的解释(二)》第9条,2003年12月25日。

各自的目的。如为了规避计划生育多生孩子;为了逃避债务;为了两边享受购房的优惠政策;为了多分征地补偿款;为了领取低保金;等等。第三,双方均有恶意串通离婚的故意,共同采取欺骗或者隐匿事实真相的方法,欺骗婚姻登记机关以获取离婚登记。第四,通谋离婚一般具有暂时性,待预期目的达到后,双方通常会按约定复婚。但也有一部分人弄假成真,离婚后置原先的约定于不顾,不愿复婚或者与他人再婚,从而引起纠纷。

欺诈离婚,是指一方当事人为了达到离婚的真正目的,采取欺诈手段向对方许诺先离婚再复婚,以骗取对方同意暂时离婚的行为。欺诈离婚具有以下特征:第一,这种离婚是欺诈方的真实意思,而受欺诈一方并无离婚的真实意思。另一方同意离婚是基于对方伪造事实或者隐瞒事实真相所致。如果知道真相,不会作出同意离婚的意思表示。第二,欺诈方的目的在于骗取对方同意离婚,以达到真正离婚的目的,因而并无复婚的意思,而受欺诈方却期待目的达到后即行复婚。第三,受欺诈方既是受害人,又与欺诈方共同欺骗婚姻登记机关。

虚假离婚既可以发生在登记离婚程序之中,也可以发生在诉讼离婚程序之中。前者为假离婚登记,后者为假离婚调解协议。但现实生活中以前种情况为多数。

(2) 虚假离婚的效力

虚假离婚虽然履行了离婚的程序,但欠缺离婚的条件,其是否发生离婚的法律效力,在学理上有不同的认识。有的学者认为,离婚为形成的身份行为,系由身份行为的效果意思、身份行为的生活事实及身份行为的表示方式等三要素组成,只具备身份行为的表示方式,但欠缺身份行为的实质意思时,仍不能使身份关系发生或消灭,故主张对离婚意思采取实质意思说,认为虚假离婚应为无效或可撤销。也有学者认为,离婚虽与结婚同为形成的身份行为,但其以解除夫妻关系为内容,与结婚尚有所不同;考虑信赖离婚登记的第三人应受保护之立场,就离婚意思应采形式意思说,认为虚假离婚为有效。由此可见,离婚意思究竟应采实质意思说,或应采形式意思说,均各有所据。外国立法例及判解因此而极不统一,有的认为虚假离婚有效,有的认为虚假离婚无效,有的认为虚假离婚为可撤销。

我国1994年《婚姻登记管理条例》第8条规定:"申请婚姻登记的当事人,应当如实向婚姻登记管理机关提供本条例规定的有关证件和证明,不得隐瞒真实情况。"第25条规定:"申请婚姻登记的当事人弄虚作假、骗取婚姻登记的,婚姻登记管理机关应当撤销婚姻登记,对结婚、复婚的当事人宣布其婚姻关系无效并收回结婚证,对离婚的当事人宣布其解除婚姻关系无效并收回离婚证,并对当事人处以200元以下罚款。"这一规定似乎表明对假离婚的法律效力采取实质意思说,即婚姻登记机关可宣布假离婚无效,收回离婚证,并可处以罚款。现行《婚姻登记条例》无此内容,民政部门认为就离婚意思应采形式意思说,认为虚假离婚为有效,婚姻登记机关不予撤销离婚登记。[①]

本书认为,虚假离婚当事人如果均未与第三人再婚,在此情形下采取实质意思说较为符合身份行为的本质,但是,如果虚假离婚后当事人一方已经与第三人结婚,在这种情形

---

① 参见詹成付、陈光耀主编:《婚姻法律知识问答》,中国大地出版社2006年版,第114—116页。

下采取形式意思说比较妥当。因为离婚既为要式法律行为,离婚证或离婚调解书即具有公信力,第三人因信赖国家公权力机关颁发的离婚证书而与离婚当事人结婚,此善意第三人也应受到法律保护。此时若仍然采取实质意思说,原虚假离婚无效,第三人的婚姻则构成重婚,实在有失公允。因而,在虚假离婚当事人已与第三人结婚之情形,不得不采取形式意思说,承认虚假离婚的效力。由此,关于虚假离婚的效力应当区分以下两种情形:

其一,虚假离婚当事人均未与第三人结婚的,其离婚可以被宣告无效。根据我国1994年《婚姻登记管理条例》第25条的规定,办理虚假离婚登记,骗取离婚证的,经当事人申请或者婚姻登记管理机关依职权,应当由办理离婚登记的婚姻登记管理机关宣布其离婚无效,并收回离婚证。根据我国《民事诉讼法》第182条的规定,虚假离婚当事人系在人民法院骗取离婚调解书的,当事人对已经发生法律效力的离婚调解书,提出证据证明调解违反自愿原则或者调解协议的内容违反法律的,可以申请再审。经人民法院审查属实的,应当再审,由法院裁定撤销原离婚调解书。值得注意的是,虚假离婚属于宣告无效而非当然无效。只有经婚姻登记机关或者人民法院依法宣告离婚无效并收回离婚证、离婚调解书,始为自离婚之日起无效,婚姻关系视为未解除。未经婚姻登记机关或人民法院宣告无效的,仍应认为虚假离婚发生离婚的法律效力。

其二,虚假离婚当事人一方或者双方已经与第三人结婚的,应承认其再婚有效,此时虚假离婚当事人请求宣告虚假离婚无效的请求权消灭,原虚假离婚确定地发生法律效力。

第三节 诉讼离婚

一、诉讼离婚的概念

诉讼离婚,又称裁判离婚,是指夫妻一方基于法定离婚原因,向人民法院提起离婚诉讼,人民法院依法通过调解或判决解除当事人间的婚姻关系的一种离婚方式。

我国的诉讼离婚适用于以下三类离婚纠纷:(1) 夫妻一方要求离婚,另一方不同意离婚的;(2) 夫妻双方都愿意离婚但在子女抚养、财产分割等问题上不能达成协议的;(3) 未依法办理结婚登记而以夫妻名义共同生活且为法律承认的事实婚姻。对于符合登记离婚条件的合意离婚,如果当事人基于某种原因不愿意进行离婚登记的,也可以适用诉讼离婚。

相对于登记离婚来说,诉讼离婚可以说是"对真正有争议的离婚事件进行裁判"。它要求当事人须提出离婚的原因及请求,法院通过行使审判权来解决离婚争端。诉讼离婚程序虽属民事诉讼程序,但与一般民事诉讼相比,也有不同之处。离婚之诉为本质的合并之诉,不但要解决是否准予离婚,而且在准予离婚时必须一并解决离婚的诸多法律后果问题,如共同财产分割、债务清偿、经济帮助、离婚损害赔偿、子女抚养、探望权的行使等。在审理程序上,法院对离婚诉讼更多地采取职权主义,依职权主持调解。欧美国家大多对离婚诉讼专门规定了特别程序,设立家庭(家事)法院(庭),实行调解(和解)前置主义,以适应离婚诉讼的特殊性。

二、诉讼外调解

我国《婚姻法》第32条第1款规定:"男女一方要求离婚的,可由有关部门进行调解或直接向人民法院提出离婚诉讼。"据此,对于离婚纠纷,既可在诉讼前由有关部门进行调解,又可以不经有关部门调解直接向人民法院提出诉讼,通过诉讼离婚方式解决。

诉讼外调解,是指由婚姻当事人所在单位、群众团体、居民或村民委员会、人民调解委员会等部门主持,在自愿合法的基础上,当事人就保持或解除婚姻关系及其连带的法律问题达成协议的纠纷解决方式。我国《婚姻法》之所以规定诉讼外调解,是因为:(1)我国民间习惯自古就有调解处理婚姻纠纷的传统,以这种方式处理婚姻纠纷可以不伤或少伤和气,这符合人们的心理,便于当事人接受。(2)当地有关部门对纠纷情况比较了解,容易抓住矛盾重点进行说服教育和疏导,使纠纷得到及时的、妥善的解决,防止矛盾激化,增进团结和稳定。(3)这种解决离婚纠纷的方式经济、方便、快捷,不耽误当事人的生产、工作和生活,同时减少了法院的诉讼案件,减轻了人民法院的工作负担。

诉讼外调解,并不是离婚诉讼的必经前置程序,是否进行这种调解,应当坚持当事人自愿原则,由双方当事人自己决定。当事人可以不经过这一阶段而直接向人民法院起诉,人民法院也不得以未经有关部门调解而拒绝受理。有关部门不得强迫或变相强迫当事人接受调解,也不得阻止或妨碍当事人向人民法院提出离婚诉讼。在调解过程中,应坚持自愿合法原则,不得强制或变相强制当事人达成或不达成某种协议。达不成协议的,当事人有权提起离婚诉讼,有关部门不得限制、阻碍;达成离婚协议的,当事人仍然要到婚姻登记机关办理离婚登记。

诉讼外调解可能出现三种不同的结果:一是调解和好,消除纠纷,继续保持婚姻关系。二是通过调解双方达成离婚协议,并就子女抚养、财产分割等问题达成一致意见,双方应按我国《婚姻法》及《婚姻登记条例》的规定,到婚姻登记机关办理离婚登记。婚姻登记机关经过审查,认为符合离婚登记条件的,应当予以登记,发给离婚证,注销结婚证;当事人从取得离婚证起,解除夫妻关系。三是调解无效,一方仍然坚决要求离婚,另一方坚持不离或者双方虽同意离婚但对子女抚养、财产分割等问题仍存在争议的,则由婚姻当事人一方向人民法院提起离婚诉讼,由人民法院审理。

三、诉讼离婚程序

(一) 管辖与受理

依照我国《民事诉讼法》和最高人民法院《关于适用〈中华人民共和国民事诉讼法〉若干问题的意见》,公民提起的离婚诉讼,原则上应由被告住所地人民法院管辖;但被告离开住所地超过1年的,由原告住所地人民法院管辖,双方离开住所地超过1年的,由被告经常居住地人民法院管辖;没有经常居住地的由原告起诉时居住地的人民法院管辖;被告不在中华人民共和国领域内居住、下落不明或者宣告失踪、被劳动教养或者被监禁的,由原告住所地或者经常居住地人民法院管辖;非军人对非文职军人提起离婚诉讼由原告住所地人民法院管辖;双方当事人都是军人的,由被告住所地或者被告所在的团级以上单位驻地的人民法院管辖;中国公民双方在国外但未定居,一方向人民法院起诉离婚的,由原告或者被告原住所地的人民法院管辖。

如果一方是精神病人或者植物人,他人是否可以代理其作为原告起诉离婚?在以往的审判实践中,无民事行为能力人一般在离婚诉讼中都是被告。现在有时会遇到无民事行为能力人的配偶一方出于继承或占用财产的目的,既不提出离婚也不履行法定的夫妻扶养义务,甚至擅自变卖夫妻共同财产,对无行为能力一方实施家庭暴力或虐待、遗弃等,严重侵害了无民事行为能力人的合法权益。如果一概不允许其作为原告提起离婚之诉,可能会出现在合法婚姻的幌子下肆意侵害无民事行为能力人权益的情况。

《民法通则》第63条第3款规定:"依照法律规定或者按照双方当事人约定,应当由本人实施的民事法律行为,不得代理。"婚姻关系属于身份关系,结婚、离婚均需当事人本人自愿作出意思表示,而不能由他人代理实施。但现行法律规定婚姻等身份行为不能代理,应该理解为只适用于精神正常或意识清醒的人,而不适用于无民事行为能力人,因其客观上不能正确表达意识或完全没有意识,对自己的行为无法作出适当的选择。

《婚姻登记条例》第12条规定,办理离婚登记的当事人属于无民事行为能力人或者限制民事行为能力人的,婚姻登记机关不予受理。也就是说,无民事行为能力人的离婚,不能通过行政程序协议离婚,只能通过诉讼程序解决。《婚姻法解释(三)》第8条对无民事行为能力人诉讼离婚的问题进行了规定,即"无民事行为能力人的配偶有虐待、遗弃等严重损害无民事行为能力一方的人身权利或者财产权益行为,其他有监护资格的人可以依照特别程序要求变更监护关系;变更后的监护人代理无民事行为能力一方提起离婚诉讼的,人民法院应予受理"。

(二) 调解

我国《婚姻法》第32条第2款前半段规定:"人民法院审理离婚案件,应当进行调解"。这表明调解原则上是人民法院审理离婚案件的必经程序,凡能够调解的案件都应当进行调解。如果当事人确因特殊情况无法出庭参加调解的,除本人不能表达意志的以外,应当出具书面意见。把调解作为必经程序是基于离婚案件本身作为身份关系诉讼的特点,通过调解结案有利于妥善解决当事人双方的矛盾,减轻精神创伤,合理处理各种关系;有利于双方的或各自的长远幸福。通过调解达成协议,必须双方自愿,不得强迫;协议的内容不得违反法律规定。当然也不能久调不决。

通过诉讼内调解即司法调解,也会出现三种可能。第一种是双方和好。在这种情况下,人民法院应将和好协议的内容记入笔录,由双方当事人、审判人员、书记员签名或者盖章。第二种是双方达成全面的离婚协议。在这种情况下,人民法院应当制作调解书。调解书应写明诉讼请求、案件的事实和调解结果,并由审判人员、书记员署名,加盖人民法院印章。离婚调解书经双方当事人签收后即具有法律效力。无民事行为能力人的法定代理人与对方达成协议,要求发给判决书的,人民法院可根据协议内容制作判决书。第三种是调解无效,包括调解和好不成、调解离婚无效及经过调解双方在其他离婚后果方面达不成协议。在这种情况下,离婚诉讼继续进行。

(三) 判决与上诉

离婚案件的当事人可以依法委托诉讼代理人。但即使有诉讼代理人的,本人除不能表达意志的以外,仍应出庭;确因特殊情况无法出庭的,必须向人民法院提交书面意见。

对于调解无效的离婚案件,人民法院应遵照以事实为根据、以法律为准绳的审判工作原则作出判决。在审判离婚案件时,当事人申请不公开审理的,可以不公开审理,但一律公开宣告判决。人民法院可以依法判决离婚,也可以依法判决不离婚。一审判决离婚的,人民法院在宣告判决时必须告知当事人在判决发生法律效力前不得另行结婚。当事人不服一审判决的,有权依法上诉。第二审人民法院审理上诉案件可以进行调解。经调解双方达成协议的,自调解书送达时起原审判决即视为撤销;第二审人民法院作出的判决是终审判决。凡判决不准离婚和调解和好的离婚案件,没有新情况、新理由的,原告在6个月内不得重新起诉。

四、离婚诉权限制

(一) 对现役军人配偶离婚诉权的限制

我国《婚姻法》第33条规定:"现役军人的配偶要求离婚,须得军人同意,但军人一方有重大过错的除外。"这一规定旨在保护现役军人的婚姻关系,以有利于巩固人民军队,提高人民解放军的战斗力。

关于这一规定,应明确以下几点:

第一,本条规定的现役军人,指正在人民解放军和人民武装警察部队服役、具有军籍的人员,不包括退役军人、复员军人、转业军人和军事单位中不具有军籍的职工。

第二,本条规定中的现役军人的配偶,指现役军人的非军人配偶;双方都是现役军人的不适用这一规定。

第三,本条规定只限制现役军人配偶的离婚请求权,现役军人本人提出离婚的不在此限。

第四,本条规定只适用于一方提出离婚,不适用于双方合意的离婚。

第五,执行本条规定应贯彻实事求是的精神。对婚姻基础和婚后感情都比较好,非军人一方没有什么重要原因提出离婚的,应对其进行说服教育,珍惜与军人的婚姻关系;对夫妻关系恶化、婚姻已经破裂,确实不能继续维持的,应通过军人所在部队团以上的政治机关,向军人做好思想工作,经其同意后自可准予离婚。

第六,法律在保护现役军人的婚姻权利的同时,也注重对非军人的婚姻权利的保护。当现役军人一方存在重大过错且导致了夫妻感情破裂时,其配偶要求离婚的,根据本条的规定,可以不必征得军人的同意。现役军人一方的重大过错,一般是指军人一方的重大违法行为或其他严重破坏夫妻感情的行为,导致了夫妻感情的破裂。根据我国《婚姻法》及相关法律的规定,现役军人的以下情形,可以视为军人有重大过错:(1) 现役军人重婚或与他人同居的;(2)现役军人实施家庭暴力或虐待、遗弃家庭成员的;(3)现役军人有赌博、吸毒等恶习,屡教不改的;(4)现役军人有其他严重伤害夫妻感情的行为的。

(二)在特定期间对男方离婚诉权的限制

我国《婚姻法》第34条规定:"女方在怀孕期间分娩后1年内或中止妊娠后6个月内,男方不得提出离婚。女方提出离婚的,或人民法院认为确有必要受理男方离婚请求的,不在此限。"这些规定旨在充分保护孕、产妇和中止妊娠术后妇女的身心健康,并有利于胎、婴儿的发育成长,同时也有保护计划生育工作顺利开展的意义。

关于上述规定,应明确以下几点:

第一,它们对男方诉权所设定的限制仅是一种暂时性限制,既不是对男方离婚诉权的剥夺,也不涉及离婚的实质要件,期间届满之后其离婚诉权自然恢复。

第二,上述规定旨在保护女方及胎、婴儿的身心健康。当女方认为离婚对其本人及胎、婴儿更为有益时,作为原告诉请离婚当然不受限制;在此期间若双方一致同意离婚且对其他问题均有适当安排自应允许办理行政登记。

第三,人民法院享有例外受理的决定权。所谓"确有必要"主要指两种情况:一是在此期间双方确实存在不能继续共同生活的重大而紧迫的理由,一方对他方有危及生命、人身安全的可能;二是女方怀孕系因与他人通奸所致,女方也不否认,夫妻感情确实破裂,人民法院应根据具体情况,受理男方的离婚请求。

此外还应注意:(1)女方分娩后1年内,婴儿死亡的,原则上仍应适用上述规定。(2)女方流产的,也应受到保护,但不宜机械适用上述规定,可视女方健康状况,由人民法院决定是否受理男方提出的离婚请求。(3)原审人民法院判决离婚时,未发现女方怀孕,女方自己发现并提出上诉的,应撤销原判决,驳回男方离婚请求。

第四节 判决离婚的法定理由

一、关于离婚法定理由的原则规定

我国《婚姻法》第32条第2款后半段规定:"如感情确已破裂,调解无效,应准予离婚。"即"夫妻感情确已破裂"是我国诉讼离婚中判决准予离婚的法定条件,是人民法院处理离婚纠纷,决定是否准予离婚的原则界限。这一规定包含两层意思:一是如夫妻感情确已破裂,调解无效,应准予离婚;二是如夫妻感情没有破裂或者尚未完全破裂,虽然调解无效,也不应准予离婚。即人民法院处理离婚案件要以夫妻感情事实上是否确已破裂,能否恢复和好为根据。如果夫妻感情事实上已完全破裂,不能继续维持,没有恢复和好的可能,就应该准予离婚。相反,夫妻感情事实上没有破裂,还能够维持,有和好的可能,即使一时调解无效,也不应准予离婚。我国婚姻法把夫妻感情确已破裂,作为判决离婚的法定条件,旨在保障离婚自由,并且防止轻率离婚。

(一)以夫妻感情确已破裂作为判决离婚法定条件的理由

1980年《婚姻法》颁行后,我国学术界通说认为,把夫妻感情确已破裂作为判决离婚的法定条件是有充分根据的：

(1) 它是婚姻本质的要求,符合马克思主义关于离婚问题的基本理论。在我国社会主义社会,提倡建立以爱情为基础的婚姻。男女双方的爱情应是婚姻建立的基础,也应是婚姻关系赖以存在的基础。以夫妻感情是否确已破裂,作为判决准予或不准予离婚的法定条件,反映了婚姻这一伦理实体的本质要求。虽然引起离婚纠纷的原因多种多样,但准予离婚与不准予离婚,不应该着眼于引起离婚纠纷的原因本身,而应该看夫妻关系的现状与后果。马克思在《论离婚法草案》中说："离婚仅仅是对下面这一事实的确定：某一婚姻已经死亡,它的存在仅仅是一种外表和骗局。不用说,既不是立法者的任性,也不是私人的任性,而每一次都只是事物的本质来决定婚姻是否已经死亡"；"立法者对于婚姻所能规定的,只是这样一些条件……在什么条件下婚姻按其实质来说已经离异了。法院判决的离婚只能是婚姻内部崩溃的记录"。①

(2) 这是我国长期立法、司法实践经验的总结。我国 1950 年《婚姻法》第 17 条第 1 款规定："男女一方坚持要求离婚的,经人民政府和司法机关调解无效时,亦准予离婚。"并在第 2 款规定："……人民法院对离婚案件,也应首先进行调解,如调解无效时,即行判决。"对此原中央人民政府法制委员会有关婚姻问题的解答中特别指明："如经调解无效,而又确实不能继续维持夫妻关系的应准予离婚。如经调解虽然无效,但事实证明他们双方并非到确实不能继续同居的程度,也可以不批准离婚。"即以"不能继续维持夫妻关系"作为准予离婚的标准。1963 年最高人民法院《关于贯彻执行民事政策几个问题的意见》(修改稿)中指出："对那些夫妻感情确已完全破裂,确实不能和好的,法院应积极做好坚持不离一方的思想工作,判决离婚。"这就明确地以"感情是否完全破裂"作为准予离婚的标准。1979 年最高人民法院《关于贯彻执行民事政策法律的意见》中又进一步指出："人民法院审理离婚案件,准离与不准离的基本原则界限,要以夫妻关系事实上是否确已破裂,能否恢复和好作为原则。"而 1980 年颁布的现行《婚姻法》则把"夫妻感情确已破裂"作为判决准予离婚的法定条件。可见,它是我国长期离婚立法经验的总结。

从夫妻感情的实际情况出发处理离婚案件,也是我国长期司法实践经验的总结。在 20 世纪 50 年代,我国司法机关依据婚姻法掌握离与不离的界限,在解除封建包办、强迫婚姻方面,取得显著成绩。但后来,由于"左倾"思想的影响,出现"正当理由论",即不管双方感情是否确已破裂,只要没有正当理由,一律不准离婚。特别是对一方因喜新厌旧思想引起的离婚案件,不论双方感情是否确已破裂,有无和好可能,一概予以判决不准离婚。反之,如一方犯了政治错误或被判刑,其配偶要求离婚,就认为离婚理由正当,一般予以判决离婚。但实际上其夫妻感情不一定已经破裂。直到党的十一届三中全会以后,纠正了过去"左"的错误,1980 年《婚姻法》明确规定以夫妻感情是否确已破裂作为判决准予或不准予离婚的法定条件。

(3) 它反映了当代世界离婚立法的发展趋势。如前所述,在现代社会许多国家都采

---

① 《马克思恩格斯全集》第 1 卷,人民出版社 1956 年版,第 182—185 页。

用自由主义离婚原则,以婚姻关系无可挽救的破裂,作为判决准予离婚的法定条件。即对判决离婚的法定条件,许多国家都采取破裂主义原则,这是当代世界离婚立法的发展趋势。

也有越来越多的学者建议修改判决离婚的理由,将"夫妻感情确已破裂"改为"婚姻关系破裂",他们指出,以夫妻感情确已破裂作为裁判离婚的理由,至少有四个方面失之妥当:第一,夫妻感情属于人的心理、情感等精神活动范畴,不属于法律能够直接调整的范畴;第二,夫妻感情具有浓厚的个性化主观色彩和深层次的隐秘性,增加了离婚审判的随意性和盲目性;第三,婚姻是作为男女两性精神生活、性生活与物质生活的共同体而存在的,感情交流只是夫妻精神生活的内容,它并不等于也不能代替构成婚姻本质的另外两个方面,因此也不能囊括所有导致夫妻离异的因素;第四,以"感情确已破裂"作为法定离婚理由,必须以夫妻婚后有感情为前提,以感情破裂导致离婚为结果。倘若婚姻中无感情何来感情破裂,只有婚姻关系破裂与离婚之间才具有逻辑上的一致性和因果关系上的必然性。①

(二) 夫妻感情确已破裂与调解无效的关系

为了正确适用婚姻法关于判决离婚的法定条件,必须弄清感情确已破裂与调解无效之间的关系。夫妻感情确已破裂是实体性规定,它是客观存在的事实,是判决离婚的实质要件。调解无效是程序性的规定。一般说来,感情确已破裂,必然调解无效,调解无效是感情确已破裂的结果。但调解无效并不一定说明夫妻感情确已破裂。因为调解无效的原因很多。所以,不应把调解无效作为夫妻感情确已破裂的根据。人民法院应当准确掌握判决离婚的法定条件,对夫妻感情确已破裂的,应准予离婚;否则,应驳回原告人的离婚请求,不准予离婚。在审判实践中,我们不要把感情确已破裂与调解无效等同起来,不要把"调解无效"简单地作为"感情确已破裂"的标志,更不要把它作为判决离婚的法定条件。判决离婚的法定条件只能是"夫妻感情确已破裂"。

(三) 夫妻感情确已破裂的认定

夫妻感情是指夫妻双方相互关切、爱慕之情。在社会主义条件下,夫妻是共同生活的伴侣,在家庭中地位平等。社会主义社会中的夫妻感情应当是夫妻双方建立在志同道合、情投意合基础上的相互关切、爱慕之情。夫妻感情属于社会意识形态的范畴,是由社会、家庭的物质生活条件和夫妻双方个人的思想境界、道德品质所决定的。它不是孤立和静止的,夫妻感情可以由好变坏,直至破裂,也可以由坏变好,和好如初,所以不能只要夫妻一方提出离婚,人民法院就判决离婚,不能把离婚作为解决夫妻矛盾的唯一手段。

夫妻感情确已破裂,包含着三层意思:一是夫妻感情已经破裂而不是将要破裂或可能破裂;二是真正破裂而不是虚假现象或者第三人的猜测臆断;三是夫妻感情完全破裂而不是刚刚产生裂痕或者尚未完全破裂。

判断夫妻感情是否确已破裂,要对每一案件历史地、全面地、发展地分析研究,透过现

---

① 参见马忆南:《二十世纪之中国婚姻家庭法学》,载《中外法学》1998年第2期。

象看本质。司法实践经验归纳为"四看"：

1. 看婚姻基础

婚姻基础是指男女双方建立婚姻关系时的思想感情状况和相互了解的程度。它是婚姻得以缔结的根本和起点，对婚姻关系的维持起着重要的奠基作用。

看婚姻基础就是要调查了解双方结合的方式、恋爱时间的长短、结婚的动机和目的。也就是看双方结婚是自主自愿的，还是父母或他人包办强迫的；是以爱情为基础的，还是以金钱、地位和财产为目的而结合的；双方是通过恋爱充分了解而结合的，还是一见钟情的草率婚姻；是出于真心相爱，还是为了其他目的的权宜之计，或是出于同情、怜悯、感恩、虚荣心而结合的。这些因素对婚后感情和离婚纠纷产生的原因都会有直接或间接的影响。

一般说来，婚姻基础好的夫妻婚后感情也较好，一旦发生夫妻纠纷，甚至一度破裂，通过调解比较容易和好。相反，如果婚姻基础较差，婚后又未建立起真正的夫妻感情，有了新的矛盾，以致发生离婚纠纷，重新和好的条件就差一些，和好的可能性就小一些。当然，这个问题也不是绝对的，对婚姻基础也要发展地看，辩证地看。虽然婚姻基础不好，但结婚时间长了，夫妻有了一定感情，又生有子女，有了纠纷也不一定要离。反之，自由恋爱结合的夫妻，也会因其他原因造成夫妻感情破裂。看婚姻基础只是判断分析夫妻感情的条件之一，还要结合其他条件，全面分析判断。

2. 看婚后感情

婚后感情是指男女双方结婚以后的相互关切、忠诚、敬重、喜爱之情。看婚后感情就是看夫妻共同生活期间的感情状况。一是看夫妻双方婚后共同生活的感情状况，是否做到互敬互爱，互相帮助，互相体贴，互相关心，共同教育后代，有事共同商量，夫妻地位是否平等。二是看夫妻感情的发展变化，由好变坏，还是由坏变好，或是时好时坏。要根据具体情况作全面的分析判断。三是看产生纠纷的具体情况，如发生纠纷的次数、程度、后果，等等。四是看双方本人及家庭状况，如男女各方面的思想品质、生活作风、性格爱好，以及家庭关系、婆媳关系、经济状况，等等。须正确判断夫妻婚后的感情状况，不能单凭当事人自己的陈述，因为有些当事人为了达到离婚的目的，往往否定婚后夫妻有感情，说夫妻感情一直不好，而不同意离婚的一方则往往肯定婚后感情一直不错。双方都可以举出大量事实，说明自己有理。在这种情况下就不能受当事人双方各执一词的左右，他们所列举的事实往往不能如实反映夫妻感情的真相与本质。只有深入调查了解，综合全面情况，才能对夫妻婚后感情状况作出切合实际的结论。

3. 看离婚原因

离婚原因是指引起离婚的最根本的因素，亦即引起夫妻纠纷的主要矛盾或夫妻双方争执的焦点与核心问题。离婚原因可能是单一的，也可能是多种因素交错在一起；有的是主观上的，有的是客观上的；有真实的，也有虚假的；有直接的，也有间接的。要注意到当事人自己陈述的离婚原因与离婚的真实原因有时并不一致，有些人为了达到离婚的目的，往往夸大事实，制造假象，甚至颠倒是非用莫须有的现象来掩盖真实面目；而被告人多为了达到不离婚的目的,也会想尽一切办法来否定原告人的离婚理由,甚至夸大对方的缺点、过错或者制造一些不实的材料加错于对方,使自己变被动为主动,以便取得胜诉,为此也往往隐瞒事实真相,捏造虚假原因。因此,只有掌握了离婚的真实原因,才能不为虚假现象所迷惑,才能分清是非,明确责任,对症下药,正确判断夫妻感情的真实情况,查清引起离婚的真实原因,使离婚纠纷得到正确解决。

4. 看有无和好的可能

看有无和好的因素是指把握有无争取夫妻和好的条件。即在上述三看的基础上进一步把握夫妻关系的现状和各种有利于和好的因素,对婚姻的发展前途进行估计和预测。如夫妻双方对立情绪的大小、是否分居、夫妻间权利义务是否停止、对子女是否牵挂、坚持不离的一方有无和好的行动、有过错一方有无悔改表现,等等。这些情况对判断夫妻关系的发展前途、有无和好的可能都是很重要的。夫妻感情不会是一成不变的,它会受到外力的作用和影响。即使夫妻关系濒于破裂也可以通过各种因素促使其转化,因而要调动一切积极因素做好工作。例如,不同意离婚的一方如果真心实意地争取和好,并主动为和好做工作,很多情况下会使坚持离婚的一方回心转意。另一方面,如果有过错一方诚心悔改,并有改正行动,也会争取无过错方的谅解,从而使夫妻关系得以改善。另外,利用子女的调和剂作用是争取和好的又一因素,有的夫妻双方都为舍不得孩子,为子女利益考虑而同意继续保持夫妻关系,并经过双方努力,使夫妻关系逐渐好转;通过亲朋好友的帮助,积极做和好工作也是争取双方和好的外在机制,有的夫妻正是通过亲朋好友耐心细致的劝说,营造相互谅解、沟通的氛围而破镜重圆的。

以上四个方面相互联系、相互影响。可以从这四个方面全面分析研究,判断夫妻感情是否确已破裂、有无和好的可能。在这个问题上不仅要看到夫妻感情的过去和现在,而且要对夫妻关系的前途有所分析、有所预见。只要双方还有和好的可能就应当努力帮助他们改善夫妻关系,把和好的可能变成现实。如果没有和好的可能,夫妻感情确已破裂,就应依法准予离婚。

二、关于判决离婚理由的例示性规定

我国1980年《婚姻法》明确把夫妻感情是否确已破裂作为判决是否准予离婚的依据。多年的司法实践证明,这种规定过于原则、笼统,在适用中不易掌握。将概括性的规定和列举性的规定结合起来,有利于保障离婚自由,防止轻率离婚。为此,最高人民法院总结了各级人民法院在审判实践中积累的经验,于1989年作出了《关于人民法院审理离婚案件如何认定夫妻感情确已破裂的若干具体意见》的司法解释,归纳了14种情况,凡有其中之一,调解无效的,可以视为夫妻感情确已破裂。这一司法解释为审判人员判断夫妻关系是否确实已经难以维持提供了事实上的依据。2001年修改后的《结婚法》第32条将其中的主要内容整理归纳,上升为法律,规定有下列情形之一,调解无效的,应准予离婚:

(一) 重婚或有配偶者与他人同居的

重婚是指有配偶与他人再结婚的行为或者虽无配偶但明知他人有配偶而与之结婚的

行为。本条所说的重婚显然是指前者。1994年最高人民法院在对重婚罪的司法解释中明确了那些虽未履行法定结婚手续,但有配偶的人与他人以夫妻名义共同生活或者明知他人有配偶而与之以夫妻名义共同生活的,仍应视为重婚。这里"以夫妻名义同居生活"是指在一定的时间内公开地以夫妻名义共同生活,包括公然"纳妾"的行为。那种偶尔发生的婚外性行为,不能视为重婚。

有配偶者与他人同居的主要是指:(1)"包二奶"或"包二爷"等行为,即以金钱等物质利益供养婚外异性,与之保持长期性关系的行为。如以提供住房、汽车、生活费用等为条件,与婚外异性同居生活。(2)其他姘居行为。这些行为严重违反了夫妻应该互相尊重、互相忠实、相互扶助等婚姻宗旨,对方不能原谅的,自应准予离婚。

(二) 实施家庭暴力或虐待、遗弃家庭成员的

这里所说的家庭暴力,顾名思义是发生在家庭内部的暴力行为,此类暴力行为的形式是多样的,但都是对家庭成员人身权利的严重侵害。关于家庭暴力、虐待和遗弃,本书第一章第五节中已有说明。实施家庭暴力或虐待、遗弃家庭成员,严重伤害了夫妻感情,违反了婚姻义务,不能弥合补救取得对方谅解的,应视为感情确已破裂,准予离婚。

(三) 有赌博、吸毒等恶习,屡教不改的

每一个人都会有各种缺点和不足,对此,在作为共同生活伴侣的夫妻之间一般是可以相互谅解的。但是,一方有赌博、吸毒等恶习而且屡教不改,则是所在家庭的莫大不幸。由于这些恶习的本身特性,它们会导致赌博、吸毒者把自己所有的财产都花在赌博或吸毒上,不惜赔光家庭财产来从事这些行为,甚至铤而走险走上犯罪道路。这种情况下,当然就谈不上履行家庭义务,同时也会严重地伤害夫妻感情。因此,一方有此类恶习而不改正,对方提出离婚,调解无效的,应准予离婚。否则,只会给对方和其他家庭成员增加无穷的痛苦。

(四) 因感情不和分居满2年的

男女双方结婚后共同生活是基于感情的必然要求,也是婚姻关系的重要内容。如果因为感情不和,双方分居已达2年之久,足以认定夫妻感情确已破裂,这种情况下,应准予离婚。

(五) 其他导致夫妻感情破裂的情形

《婚姻法解释(三)》规定:夫以妻擅自中止妊娠侵犯其生育权为由请求损害赔偿的,人民法院不予支持;夫妻双方因是否生育发生纠纷,致使感情确已破裂,一方请求离婚的,人民法院经调解无效,应准予离婚。[①]

需要特别指出的是,人民法院审理离婚案件,符合第32条第2款规定"应准予离婚"情形的,不应当因当事人有过错而判决不准离婚。[②]

上述所列可以视为夫妻感情破裂应准予离婚的情形,但并非包括了全部夫妻感情确

---

① 参见最高人民法院:《关于适用〈中华人民共和国婚姻法〉若干问题的解释(三)》第9条,2011年8月9日。
② 参见最高人民法院:《关于适用〈中华人民共和国婚姻法〉若干问题的解释(一)》第22条,2001年12月25日。

已破裂的类型,也并非只有这四种情况,才能认定为夫妻感情确已破裂。法律只是把实际生活中最常见和大量导致夫妻感情破裂的情况作了例示性的列举,使离婚诉讼的审理能有若干比较具体的标准,防止久拖不决,久调不决。应该说,有多少不幸的家庭,就可能有多少种各不相同的导致夫妻感情破裂的情况,法律不可能一一列举,因此用"其他导致夫妻感情破裂的情形"来概括。具有其他导致夫妻感情破裂的情形,在调解无效的情况下,法律同样规定应准予离婚。这里尤其需要注意的是,可能夫妻双方均无明显过错,但婚后发现双方性格严重不合,或因其他缘由导致感情破裂,致使一方坚决要求离婚。在调解无效时,也应准予离婚。如果因为对方无明显过错就判决不准离婚,最终导致的结果将是降低婚姻质量,使家庭生活潜伏危机,可能会使矛盾激化,也可能导致婚姻、性和爱情的分离,这对夫妻双方都是一种折磨和痛苦,对子女的成长也有消极影响。因此需要大力宣传好聚好散的文明的离婚方式,使离婚不再艰难和你死我活,使离婚成为结束死亡婚姻、开始新的生活的正常途径,让人们用平常心去对待。还需要指出的是,有些离婚是有一定的客观原因的,如因一方患无法治愈的疾病使正常的夫妻生活成为不可能,从而导致夫妻关系难以继续维持,这些也可视为其他导致夫妻感情破裂的情形,调解无效时应准予离婚。

我国《婚姻法》第32条还规定,一方被宣告失踪,另一方提出离婚诉讼的,应准予离婚。我国《民法通则》规定,公民下落不明满2年的,利害关系人可以向人民法院申请宣告他为失踪人。战争期间下落不明的时间从战争结束之日起计算。也就是说,战争期间失踪的人,从战争结束之日起仍然下落不明满2年的,利害关系人才可以向人民法院申请宣告他为失踪人。法律对一方与被宣告失踪的人提出的离婚诉讼,准予离婚,是为了尽早结束已经名存实亡达2年以上的婚姻关系,使当事人能够开始新的生活。那么,一方下落不明未满2年,另一方不要求宣告失踪,只提出要求离婚,法院是否受理呢?根据最高人民法院的司法解释,法院应按离婚案件予以受理。对下落不明一方可用公告的方式送达诉讼文书。

第五节 离婚后的子女、财产问题

离婚是导致婚姻关系终止的一种法律行为,它将在婚姻当事人之间、婚姻当事人与子女及其他第三人之间引起一系列相应的法律后果,即离婚的法律效力。

一、离婚与子女抚育

(一)父母离婚后与子女的关系

我国《婚姻法》第36条第1款规定:"父母与子女间的关系,不因父母离婚而消除。离婚后,子女无论由父或母直接抚养,仍是父母双方的子女。"根据此规定,父母离婚,不消除父母子女之间的权利义务关系。因为,夫妻关系和父母子女关系是两种不同性质的关系。前者是男女两性基于自愿依法缔结的婚姻关系,它可依法定条件和程序而成立,也可依法解除;后者是基于出生事实而发生的自然血亲关系,不能人为地解除。所以离婚只能消除夫妻关系,而不能消除父母子女的身份和血缘关系。离婚后,子女无论随父母何方生活,仍然是父母双方的子女。我国婚姻法关于父母子女间权利义务的规定仍然适用,不因父母离婚而受影响。

养父母离婚,也不消除养父母与养子女之间的权利义务关系。养父母离婚后,养子女无论由养父或养母抚养,仍是养父母双方的养子女。但在特殊情况下,如养父母离婚时经生父母及有识别能力的养子女同意,双方自愿达成协议,未成年的养子女一方既可依法解除收养关系,由生父母抚养;也可以变更收养关系,改由原养父母一方收养。但收养的变更或解除必须符合收养法的要求,不得侵犯未成年养子女的合法权益。

生父或生母与继母或继父离婚,已形成抚养教育关系的继父母与继子女,如继子女未成年并随生父或生母生活,继父或继母停止抚养继子女的,该继子女与继父母的权利义务关系,随之自然解除。如受继父母长期抚养、教育的继子女已成年,继父母与继子女已经形成的身份关系和权利义务关系则不能因离婚而解除;只有在继父母或继子女一方或双方提出解除继父母子女关系,并符合法律要求的条件下,才可以解除。但由继父母养大成人并独立生活的继子女,应承担生活困难、无劳动能力的继父母的晚年生活费。

(二) 离婚后子女随父母哪一方共同生活

父母离婚虽不能消除其父母子女之间的权利义务关系,但子女抚养方式却要发生变化。即由父母双方与子女共同生活、共同抚养变成由父母一方与子女共同生活,承担直接抚养责任。我国《婚姻法》第36条第2款、第3款规定:"离婚后,父母对于子女仍有抚养和教育的权利和义务。离婚后,哺乳期内的子女,以随哺乳的母亲抚养为原则。哺乳期后的子女,如双方因抚养问题发生争执不能达成协议时,由人民法院根据子女的权益和双方的具体情况判决。"

我国《婚姻法》第36条的规定过于原则,为便于操作、适用,最高人民法院于1993年11月3日专门发布的《关于人民法院审理离婚案件处理子女抚养问题的若干具体意见》(以下简称《子女抚养的若干意见》)作了具体解释。综合起来,处理离婚后子女抚养问题,应把握以下几个方面:

(1) 有利于子女身心健康,保障子女的合法权益,是贯穿于婚姻家庭法的基本原则,也是处理离婚后子女抚养问题的出发点,只有在此前提下,再结合父母双方的抚养能力和抚养条件等具体情况妥善解决。

(2) 2周岁以下的子女,一般随母方生活。但有几种特殊情况亦可随父方生活:一是母方患有久治不愈的传染性疾病或其他严重疾病,子女不宜与其共同生活;二是母亲有抚养条件不尽抚养义务,而父方要求子女随其生活;三是哺乳期未满,母方坚持不抚养,父方积极要求抚养且抚养条件较好;四是在不危害子女身心健康的条件下双方协议子女随父生活;五是因其他原因,子女确无法随母方生活,如母方的经济能力、生活环境明显对抚养子女不利,母方品行欠佳或违法犯罪不利于抚养子女,子女从出生后一直由父方喂养;等等。

(3) 2周岁以上未成年子女随哪一方生活,应以维护子女利益为前提,综合考虑父母双方的思想品质、生活作风、文化素质、经济条件、家庭环境等各个方面的因素。其中尤其要注意五个方面的情况：一是要考虑双方的经济状况。因为子女处于德、智、体、美全面成长时期，经济状况的好坏与子女的成长密切相关。二是父母双方的身体、精神健康状况和智力、知识程度及人格修养、品德情操等内在因素。三是注意父母与子女的感情因素，不要单纯看经济实力。当感情因素与物质生活条件矛盾时，前者应优于后者。四是重视有意识能力的子女的意愿。五是坚持有利于贯彻执行计划生育的原则。

在综合分析上述因素的前提下，处理父母双方都要求2周岁以上的子女随其生活的问题时，如其中一方有如下情形之一，可优先考虑子女随该方生活：

第一，已做绝育手术或因其他原因丧失生育能力。我国《妇女权益保障法》第46条规定："离婚时，女方因实施绝育手术或者其他原因丧失生育能力的，处理子女抚养问题，应在有利子女权益的条件下，照顾女方的合理要求。"

第二，子女随其生活时间较长，改变生活环境对子女健康成长明显不利的。

第三，无其他子女，而另一方有其他子女。

第四，子女随其生活，对子女成长有利，而另一方患有久治不愈的传染性疾病或其他严重疾病，或者有其他不利于子女身心健康的情形，不宜与子女共同生活的。

第五，父方与母方抚养子女的条件基本相同，双方均要求子女与其共同生活，但子女单独与祖父母或外祖父母共同生活多年，且祖父母或外祖父母要求并且有能力帮助子女照顾孙子女或外孙子女的，可作为子女随父或母生活的优先条件予以考虑。

第六，父母双方对10周岁以上的未成年子女随父或随母生活发生争执的，如子女作出愿随一方生活的表示，应尊重其意见，作为优先考虑的情节。

此外，在有利于保护子女利益的前提下，父母双方协议轮流抚养子女的，可予准许。

(4) 对继子女、养子女的抚养问题，除遵行上述一般原则之外，《子女抚养的若干意见》还作了两条特别要求。一是生父与继母或生母与继父离婚时，对曾受其抚养教育的继子女，继父或继母不同意继续抚养的，仍应由生父母抚养。二是《中华人民共和国收养法》施行前，夫或妻一方收养的子女，对方未表示反对，并与该子女形成事实收养关系的，离婚后，应由双方负担子女的抚养费；夫或妻一方收养的子女，对方始终反对的，离婚后，应由收养方抚养该子女。

(三) 抚育费用的负担

我国《婚姻法》第37条规定："离婚后，一方抚养的子女，另一方应负担必要的生活费和教育费的一部或全部，负担费用的多少和期限的长短，由双方协议；协议不成时，由人民法院判决。关于子女生活费和教育费的协议或判决，不妨碍子女在必要时向父母任何一方提出超过协议或判决原定数额的合理要求。"这一规定在操作适用上包含以下三个方面的内容。

(1) 父母双方离婚后仍负有平等的负担子女抚育费的义务。抚育费是生活费、教育费、医疗费的总称。在婚姻家庭法上，父母对未成年子女的抚养和抚育费的负担是强制性的无条件义务。父母离婚后，子女由母方抚养时，父方应负担必要的抚育费；子女由父方抚养时,母方也应负担必要的抚育费。只有在个别情况下,抚养子女的一方既有负担能力,又愿意独自承担全部抚育费时,才可免除另一方的负担。

(2) 子女抚育费的数额、期限和交付办法。首先由父母双方协议,协议不成时,由人民法院判决,无论是协议还是判决。都应以三个方面的因素为确定依据:一是子女身心健康成长对抚育费的实际需要;二是父母双方的实际负担能力;三是当地的实际生活水平。在此依据的基础上,《子女抚养的若干意见》进一步要求:

其一,父母有固定收入的,抚育费可按其月总收入的20%至30%的比例给付。负担两个子女抚育费的,比例可适当提高,但一般不得超过月总收入的50%。无固定收入的,抚育费的数额可依据当年总收入或同行业平均收入,参照以上比例确定。有特殊情况的,可适当提高或降低以上比例。

其二,抚育费的给付办法,可依父母的职业情况而定,原则上应定期给付。但父母从事农业生产或其他生产经营活动,没有稳定的固定收入的,可以按季度或年度支付现金或实物;特殊情况下,可一次性给付。对父母一方无经济收入或者下落不明的,可用其财物折抵子女抚育费。

其三,父母双方可以协议子女随一方生活并由抚养方负担子女全部抚育费。但经查实,抚养方的抚养能力明显不能保障子女所需费用,影响子女健康成长的,不予准许。

其四,子女抚育费的给付期限,一般至子女18周岁为止。16周岁以上不满18周岁的子女,以其劳动收入为主要生活来源,并能维持当地一般生活水平的,父母可停止给付抚育费。子女虽满18周岁但尚未独立生活的,如父母有给付能力,仍应负担必要的抚育费。但这类子女一般限于三种情况:一是丧失劳动能力或虽未完全丧失劳动能力,但其收入不足以维持生活;二是尚在校就读;三是确无独立生活能力和条件。

(3) 子女抚养关系和抚育费可依法变更。离婚后,子女的抚养关系和抚育费的给付,在一定条件下,可以根据父母双方或子女实际情况的变化,依法予以变更。

抚养关系的变更,有两种形式:一是双方协议变更。父母双方协议变更子女抚养关系的,只要有利于子女身心健康和保障子女合法权益,就应予准许。二是一方要求变更。凡一方要求变更子女抚养关系有下列情形之一的,应予支持:① 与子女共同生活的一方因患严重疾病或因伤残无能力继续抚养子女的;② 与子女共同生活的一方不尽抚养义务或有虐待子女行为,或其与子女共同生活对子女身心健康确有不利影响的;③ 10周岁以上未成年子女,愿随另一方生活,该方又有抚养能力的;④ 有其他正当理由需要变更的。

变更抚育费,原则上限于子女提出或根据子女利益需要由一方以子女的名义提出,其权利主体只能是子女。即子女可以向已离婚的父母任何一方,请求超过原协议或判决所定的抚育费数额。因为协议或判决的原定数额是根据当时子女的需要和父母的给付能力及当地生活水平来确定的,难免后来情况发生变化,原定数额不足以用。所以,《子女抚养的若干意见》具体说明:子女要求增加抚育费有下列情形之一,父或母有给付能力的,应予支持:① 原定抚育费不足以维持当地实际生活水平的;② 因子女患病、上学,实际需要已超过原定数额的;③ 有其他正当理由应当增加的,如物价上涨、生活地域发生变化、有给付义务的父方或母方经济收入明显增加,等等。

此外,在现实生活中,基于特殊情况负担抚育费的一方可能要提出减少或免除原定子女抚育费的请求。对此,父母双方可以协商解决,如协议不成,可诉请法院解决。其中有两种情况可予准许:① 抚养子女的一方再婚,其再婚配偶愿意负担继子女的抚育费的一部或全部时,他方的负担可以减少或免除。但应该注意,这种减少或免除,是以继父或继母自愿为前提,如情况发生变化,继父或继母不愿负担或无力负担该项费用的,有给付义务的生父或生母应按原定数额给付。② 有给付义务的一方因出现某种新情况,确有实际困难无法给付的,可通过协议或判决,酌情减免其给付数额。但这种减免也是有条件的,待给付一方情况好转,有能力按原定数额给付的,应依照原定数额给付。

子女问题是离婚纠纷中的难点之一,除了上述各项要求之外,《子女抚养的若干意见》还特别作了两项规定:① 父母不得因子女变更姓氏而拒付子女抚育费。父或母一方擅自将子女姓氏改为继母或继父姓氏而引起纠纷的,应责令恢复原姓氏。② 对拒不履行或妨碍他人履行生效判决、裁定、调解中有关子女抚养义务的当事人或者其他人,人民法院可依照《民事诉讼法》第 102 条的规定采取强制措施。

(四) 对子女的探望权

我国《婚姻法》第 38 条规定:"离婚后,不直接抚养子女的父或母,有探望子女的权利,另一方有协助的义务。行使探望权利的方式、时间由当事人协议;协议不成时,由人民法院判决。父或母探望子女,不利于子女身心健康的,由人民法院依法中止探望的权利;中止的事由消失后,应当恢复探望的权利。"

《婚姻法解释(一)》第 24 条指出,人民法院作出的生效的离婚判决中未涉及探望权,当事人就探望权问题单独提起诉讼的,人民法院应予受理。①

(1) 离婚后,不直接抚养子女的父或母,有探望子女的权利,另一方有协助的义务。不直接抚养子女的父或母是指不随子女共同生活的一方。父母子女包括婚生父母子女、养父母养子女、同意继续抚养的有扶养关系的继父母继子女、非婚生父母子女。探望不以负担费用为前提,即使因某种原因而未支付抚育费,仍有探望的权利。也不以随子女共同生活的父母一方未再婚为前提,即使已经再婚,对方仍有探望的权利。也不以非轮流抚养为限,在父母轮流抚养子女的情况下,未与子女共同生活的一方仍有探望权。

探望既包括见面,如直接见面、短期的共同生活在一起,也包括交往,如互通书信、互通电话、赠送礼物、交换照片等。在父母轮流抚养子女的情况下,与一方共同生活期间不属之。探望以其时间的长短为标准可以分为暂时性探望和逗留性探望两种。前者是指探望的时间短,方式灵活。后者是指探望时间长,由探望人领走并按时送回被探望子女。

有探望的权利是指探望权人可以探望子女也可以不探望子女,任何人不得限制或干涉。但不得滥用自己的权利。有协助的义务是指随子女共同生活的一方必须提供帮助使对方的探望权得以实现。设置障碍或教唆子女拒绝探望都是违法的,应承担相应的法律

---

① 最高人民法院:《关于适用〈中华人民共和国婚姻法〉若干问题的解释(一)》,2001 年 12 月 25 日。

责任。

(2) 行使探望权的方式、时间由当事人协议;协议不成时,由人民法院判决。行使探望权的方式是指探望权的内容。探望的时间是指在什么时间见面、见面所持续的时间长短。由当事人协商是指由父母达成协议。协议可以在人民法院调解过程中进行,也可以在其他时间地点进行。协议的内容应记载在离婚调解书上。之所以由夫妻双方协议,是因为夫妻双方对自己和子女生活实际状况有更加深刻的了解,使达成的协议不致脱离实际情况,同时也有助于双方的自觉履行。但调解要坚持自愿合法的原则,要求人民法院对当事人的协议内容进行必要的审查,以确保子女的利益得到保障。

人民法院判决是指在双方无法达成协议的情况下,人民法院基于其审判权,在查明案件事实基础上,对于行使探望权的方式、时间作出结论性判定。

(3) 父或母探望子女,不利于子女身心健康的,由人民法院依法中止探望权;中止的事由消失后,应当恢复探望的权利。父或母探望子女,不利于子女身心健康是指探望给子女的身心健康带来损害。结合司法实践,其情形主要有:

其一,不直接抚养子女一方是无民事行为能力人或者限制民事行为能力人的。无民事行为能力人或者限制民事行为能力人,对事物缺乏判断能力或者缺乏足够的判断能力,其本人连自己的权益都无法完全保障,尚需法定代理人的保护。如果允许无民事行为能力人或者限制民事行为能力人探望其子女,极其容易损害子女的身心健康。因此,如果不直接抚养子女的一方具有该情形,应当中止其探望权。

其二,不直接抚养子女一方患有重病,不适合行使探望权的。如果不直接抚养子女一方患有严重的传染性疾病,允许其探望子女,可能危及子女健康的,可以中止其探望权。

其三,行使探望权的一方当事人对子女有侵权行为或者犯罪行为,严重损害未成年子女利益的,例如,危害未成年子女的生命健康权。

未成年子女、直接抚养子女的父或母及其他对未成年子女负担抚养、教育义务的法定监护人,有权向人民法院提出中止探望权的请求。[①] 中止探望权必须经过人民法院判决。当事人是子女一方和不与子女共同生活的一方。诉讼属于确认之诉。除此之外,任何单位和个人都无权中止探望权。

(4) 探望权中止后可以恢复。如果不利于子女身心健康的情形已经消失,就应当允许恢复探望权的行使。既然探望权的中止是由人民法院以判决形式确认的,那么,探望权的恢复也应当由人民法院以判决形式确认。人民法院接到当事人的申请后,应当认真审查当事人目前的情况,在确信当事人不存在不利于子女身心健康的情形后,可以依法恢复当事人的探望权。

(5) 探望权纠纷作为一种特殊类型的婚姻家庭案件,在执行上有不同于一般婚姻家庭案件执行的特点。第一,执行标的为行为。其他婚姻家庭案件的执行标的均为金钱或者财物,有关探望权的执行标的则是探望行为以及对方当事人的协助义务。第二,执行的

---

① 最高人民法院:《关于适用〈中华人民共和国婚姻法〉若干问题的解释(一)》第26条,2001年12月25日。

长期性。其他民事案件的执行,除某些必须分期分次执行的案件外,往往是一次执行完毕,当事人之间的权利义务即行消灭;有关探望权的执行具有长期性,不直接抚养子女的一方探望子女的权利长期存续,这就决定了此种执行事项具有长期性和反复性的特点。第三,探望权案件的执行,是不直接抚养子女一方对子女的亲权得以实现的法律保障。离婚后,父母对子女依然享有亲权。如果不直接抚养子女一方不能定期探望子女,其亲权就不可能实现。探望权案件的执行是不直接抚养子女一方亲权得以实现的重要形式,也是保护未成年子女身心健康成长,使其能够得到双亲关爱的重要条件。

二、离婚与财产分割等问题

（一）离婚时共有财产的分割

我国《婚姻法》第 39 条规定了离婚时夫妻共同财产的分割原则。1993 年最高人民法院《关于人民法院审理离婚案件处理财产分割问题的若干具体意见》(以下简称《财产分割意见》)等司法解释作了必要的补充。其要点如下:

1. 分割的范围

夫妻离婚时,应分清个人财产、夫妻共同财产和家庭共同财产。其中,夫妻双方各自的个人财产,既包括婚前个人所有财产,也包括虽为婚后所得但依照法律规定或者双方约定属于个人所有的财产。家庭共同财产中属于夫妻共同所有的部分应予析出。离婚时所应分割的仅是夫妻共同财产,具体范围见"夫妻关系"一章第三节。对是个人财产还是夫妻共同财产难以确定的,主张权利的一方有责任举证。当事人举不出有力证据又无法查实的,按夫妻共同财产处理。

2. 协议与判决

夫妻双方对财产归谁所有以书面形式约定的,离婚时应按约定处理。但规避法律的约定无效。所谓规避法律的约定,指规避法定义务,侵害国家、集体利益和他人合法权益的约定。

离婚时,夫妻的共同财产由双方协议处理,协议不成时由人民法院判决。

当事人达成的以登记离婚或者到人民法院协议离婚为条件的财产分割协议,如果双方协议离婚未成,一方在离婚诉讼中反悔的,人民法院应当认定该财产分割协议没有生效,并根据实际情况依法对夫妻共同财产进行分割。[①] 双方当事人在婚姻关系存续期间达成离婚协议,并对子女抚养和财产分割等问题作了约定,但该协议是以双方到民政部门办理离婚登记或到法院进行协议离婚为前提条件的。实践中,主张离婚的当事人一方在签署协议时可能会在财产分割、子女抚养、债务承担等方面作出一定的让步,目的是希望顺利离婚。由于种种原因,双方并未到婚姻登记机关办理离婚登记,或者到法院离婚时一方翻悔不愿意按照原协议履行,要求法院依法进行裁判。在这种情况下,当事人双方事先达成的离婚协议的效力问题,往往成为离婚案件争议的焦点。离婚问题事关重大,应当允

---

① 最高人民法院:《关于适用〈中华人民共和国婚姻法〉若干问题的解释(三)》第 14 条,2011 年 8 月 9 日。

许当事人反复考虑、协商，只有在双方最终达成一致意见并到民政部门登记离婚或者到法院自愿办理协议离婚手续时，所附条件才可视为已经成立。如果双方协议离婚未成，当事人一方有翻悔的权利，事先达成的离婚协议没有生效，对夫妻双方均不产生法律约束力，不能作为人民法院处理离婚案件的依据。①

3. 判决的原则和分割的具体规则

按照我国《婚姻法》的规定和1993年最高人民法院《财产分割意见》等司法解释，人民法院处理夫妻共同财产分割问题，应坚持以下原则：

第一，男女平等。基于所应分割的财产是夫妻共同共有财产，在婚姻存续期间双方有平等的处理权，在离婚分割时双方也处于平等地位。

第二，保护妇女、儿童的合法权益。这一原则意味着，一方面，分割夫妻共同财产不得侵害女方和子女的合法权益；另一方面，应视女方的经济状况及子女的实际需要给予必需的照顾。

第三，尊重当事人意愿。在分割共同财产时尊重当事人意愿，是尊重公民财产权利的一种表现。尤其是一方自愿放弃全部或部分权利时，自不应加以禁止。

第四，照顾无过错一方。在分割共同财产时对无过错一方适当多分，对有过错一方适当少分。由于"照顾"不是一种民事责任，其性质不同于离婚损害赔偿，因此，这里的"过错"并不仅限于我国《婚姻法》第46条中指明的若干重大过错，还包括其他违反婚姻义务侵害婚姻关系的过错行为。

第五，有利生产、方便生活。一方面，对夫妻共同财产中的生产资料，分割时不应损害其效用和价值，以保证生产活动和财产流通的正常进行；另一方面，对于夫妻共同财产中的生活资料，分割时也应视各自的实际需要，从而做到方便生活，物尽其用。

第六，不得损害国家、集体和他人利益。离婚时，不能把属于国家、集体和他人所有的财产当作夫妻共同财产加以分割。贪污、受贿、盗窃等非法所得，必须依法追缴。夫妻因从事生产、经营等与他人有财产共有关系的，离婚时应先分出属于夫妻的份额，然后再分割夫妻共同财产。

我国《婚姻法》第39条第1款规定："离婚时，夫妻的共同财产由双方协议处理；协议不成时，由人民法院根据财产的具体情况，照顾子女和女方权益的原则判决。"依照1993年最高人民法院《财产分割意见》中与2001年修改后的《婚姻法》不相抵触的内容，人民法院在处理财产分割问题时应遵循以下具体规则：

（1）夫妻共同财产，一般应均等分割。但根据前述原则和财产的来源等情况，具体处理时也可以有所差别。

（2）夫妻分居两地分别管理、使用的共同财产，分割时各归管理、使用方所有；相差悬殊的差额部分，由多得财产的一方以与差额相当的财产抵偿另一方。

---

① 参见最高人民法院新闻发言人孙军工：《关于〈最高人民法院关于适用〈中华人民共和国婚姻法〉若干问题的解释（三）〉的新闻发布稿》，2011年8月12日。

(3) 已登记结婚,尚未共同生活,一方或双方受赠的礼金、礼物,应考虑财产来源、数量以及遗嘱或赠与合同中有无特别指定夫妻一方为受赠人等情况合理分割。

(4) 一方以夫妻共同财产与他人合伙经营的,入伙的财产可分给一方所有,分得入伙财产的一方对另一方应给予相当于入伙财产一半价值的补偿。

(5) 属于夫妻共同财产的生产资料,可分给有经营条件和能力的一方。分得该生产资料的一方对另一方应给予相当于该财产一半价值的补偿。

(6) 对夫妻共同经营的当年无收益的养殖、种植业等,离婚时应从有利于发展生产、有利于经营管理的角度考虑,予以合理分割或折价处理。

(7) 婚后双方对婚前一方所有的房屋进行过修缮、装修、原拆原建,离婚时未变更产权的,增值部分中属于另一方应得的份额,由房屋所有人折价补偿另一方。

(8) 对不宜分割使用的夫妻共同的房屋,应根据双方住房情况和照顾抚养子女或无过错方等原则分给一方所有。分得房屋的一方对另一方应给予相当于该房屋一半价值的补偿。在双方条件相同的情况下应照顾女方。

(9) 离婚时一方所有的知识产权尚未取得经济利益的,在分割夫妻共同财产时可根据具体情况对另一方予以适当的照顾。

(10) 婚前个人财产在婚后共同生活中自然毁损、消耗、灭失,离婚时一方要求以夫妻共同财产抵偿的,不予支持。

(11) 借婚姻关系索取的财物,离婚时,如结婚时间不长,或者因索要财物造成双方生活困难的,可酌情返还。对取得财物的性质是索取还是赠与难以认定的,可按赠与处理。

(12) 离婚时夫妻共同财产未从家庭共同财产中析出,一方要求析产的,可先就离婚和已查清的财产问题进行处理,对一时难以查清的财产的分割可告知当事人另案处理;或者中止离婚诉讼,待析产案件审结后再恢复离婚诉讼。

2001年修正后的《婚姻法》第39条第2款规定:"夫或妻在家庭土地承包经营中享有的权益等,应当依法予以保护。"这一规定突出了在新的历史时期中土地承包经营权在家庭财产分割中所占的重要位置。在分割财产时,一方面要注意有利于生产发展,同时要注意采取各种措施保护离婚当事人特别是离婚妇女在土地、林木、鱼塘、副业等方面依法应享有的承包经营中的权益。

《婚姻法解释(二)》规定:人民法院审理离婚案件,涉及分割发放到军人名下的复员费、自主择业费等一次性费用的,以夫妻婚姻关系存续年限乘以年平均值,所得数额为夫妻共同财产。所谓年平均值,是指将发放到军人名下的上述费用总额按具体年限均分得出的数额。其具体年限为人均寿命70岁与军人入伍时实际年龄的差额。[①]

4. 股份有限公司、有限责任公司、合伙企业和独资企业的财产分割

夫妻因离婚而分割财产时,共同财产中往往会有在有限责任公司、合伙企业等经济组织中的出资,除了正确适用婚姻法外,还必须与公司法、合伙企业法、独资企业法等法律法

---

① 最高人民法院:《关于适用〈中华人民共和国婚姻法〉若干问题的解释(二)》第14条,2003年12月25日。

规的原则和精神保持一致。按照这一指导思想,2003年最高人民法院《关于适用〈中华人民共和国婚姻法〉若干问题的解释(二)》,在规定如何分配股份有限公司、有限责任公司、合伙企业和独资企业的财产时,坚持了四项原则:一是坚持婚姻法规定的男女平等、保护子女和妇女利益等原则;二是自愿原则;三是维护其他股东、合伙人合法权益的原则;四是有利于生产和生活原则。

《婚姻法解释(二)》对上述财产的分割作了非常具体的规定:

(1) 夫妻双方分割共同财产中的股票、债券、投资基金份额等有价证券以及未上市股份有限公司股份时,协商不成或者按市价分配有困难的,人民法院可以根据数量按比例分配。

(2) 人民法院审理离婚案件,涉及分割夫妻共同财产中以一方名义在有限责任公司的出资额,另一方不是该公司股东的,按以下情形分别处理:

第一,夫妻双方协商一致将出资额部分或者全部转让给该股东的配偶,过半数股东同意、其他股东明确表示放弃优先购买权的,该股东的配偶可以成为该公司股东。

第二,夫妻双方就出资额转让份额和转让价格等事项协商一致后,过半数股东不同意转让,但愿意以同等价格购买该出资额的,人民法院可以对转让出资所得财产进行分割。过半数股东不同意转让,也不愿意以同等价格购买该出资额的,视为其同意转让,该股东的配偶可以成为该公司股东。用于证明上述规定的过半数股东同意的证据,可以是股东会决议,也可以是当事人通过其他合法途径取得的股东的书面声明材料。

(3) 人民法院审理离婚案件,涉及分割夫妻共同财产中以一方名义在合伙企业中的出资,另一方不是该企业合伙人的,当夫妻双方协商一致,将其合伙企业中的财产份额全部或者部分转让给对方时,按以下情形分别处理:

第一,其他合伙人一致同意的,该配偶依法取得合伙人地位;

第二,其他合伙人不同意转让,在同等条件下行使优先受让权的,可以对转让所得的财产进行分割;

第三,其他合伙人不同意转让,也不行使优先受让权,但同意该合伙人退伙或者退还部分财产份额的,可以对退还的财产进行分割;

第四,其他合伙人既不同意转让,也不行使优先受让权,又不同意该合伙人退伙或者退还部分财产份额的,视为全体合伙人同意转让,该配偶依法取得合伙人地位。

(4) 夫妻以一方名义投资设立独资企业的,人民法院分割夫妻在该独资企业中的共同财产时,应当按照以下情形分别处理:

第一,一方主张经营该企业的,对企业资产进行评估后,由取得企业一方给予另一方相应的补偿。

第二,双方均主张经营该企业的,在双方竞价基础上,由取得企业的一方给予另一方相应的补偿。

第三,双方均不愿意经营该企业的,按照《中华人民共和国个人独资企业法》等有关规定办理。

5. 共有房屋的分割

双方对夫妻共同财产中的房屋价值及归属无法达成协议时,人民法院按以下情形分别处理:

第一,双方均主张房屋所有权并且同意竞价取得的,应当准许;

第二,一方主张房屋所有权的,由评估机构按市场价格对房屋作出评估,取得房屋所有权的一方应当给予另一方相应的补偿;

第三,双方均不主张房屋所有权的,根据当事人的申请拍卖房屋,就所得价款进行分割。

6. 尚未取得所有权或者尚未取得完全所有权的房屋的处理

离婚时双方对尚未取得所有权或者尚未取得完全所有权的房屋有争议且协商不成的,人民法院不宜判决房屋所有权的归属,应当根据实际情况判决由当事人使用。当事人就上述规定的房屋取得完全所有权后,有争议的,可以另行向人民法院提起诉讼。

离婚双方当事人对争议房屋的价值及归属问题无法达成协议的,现实生活中主要集中在房改房等带有福利性质取得的房屋上。因为这些房屋的取得往往与职务、级别、工作年限等挂钩,所花费用要远远低于房屋的市场价值。而且当初分得房屋的情形又有许多具体情况,使得处理此类房屋十分棘手。对于双方尚未取得所有权或者尚未取得完全所有权的房屋有争议的,《婚姻法解释(二)》规定只视具体情况判决由当事人使用,待取得完全所有权后,可以另行起诉。当事人对已经取得完全所有权的房屋有争议的,《婚姻法解释(二)》总结实践中一些地区的较为成功的经验,为人民法院在审理此类纠纷时提供了一些可行的做法。比如可以根据个案的情况、考虑当事人的意愿,采取竞价、评估、拍卖等形式,以妥善解决纠纷,化解矛盾。

7. 公房的使用、承租问题

1992年实施的《妇女权益保障法》第44条指出:"夫妻共同租用的房屋,离婚时,女方的住房应当按照照顾女方和子女权益的原则协议解决。夫妻居住男方单位的房屋,离婚时,女方无房居住的,男方有条件的应当帮助其解决。"

根据1996年最高人民法院《关于审理离婚案件中公房使用、承租若干问题的解答》,人民法院审理离婚案件,对公房使用、承租问题应当依照《民法通则》、《婚姻法》、《妇女权益保障法》和其他有关法律的规定,坚持男女平等和保护妇女、儿童合法权益等原则,考虑双方的经济收入,实事求是、合情合理地予以解决。当事人对公房的使用、承租问题发生争议,自行协商不成,或者经当事人双方单位或有关部门调解不成的,人民法院应依法予以妥善处理。

(1) 夫妻共同居住的公房,具有下列情形之一的,离婚后,双方均可承租。

第一,婚前由一方承租的公房,婚姻关系存续5年以上的;

第二,婚前一方承租的本单位的房屋,离婚时,双方均为本单位职工的;

第三,一方婚前借款投资建房取得的公房承租权,婚后夫妻共同偿还借款的;

第四,婚后一方或双方申请取得公房承租权的;

第五,婚前一方承租的公房,婚后因该承租房屋拆迁而取得房屋承租权的;

第六,夫妻双方单位投资联建或联合购置共有房屋的;

第七,一方将其承租的本单位的房屋,交回本单位或交给另一方单位后,另一方单位另给调换房屋的;

第八,婚前双方均租有公房,婚后合并调换房屋的;

第九,其他应当认定为夫妻双方均可承租的情形。

(2) 对夫妻双方均可承租的公房,应当依照照顾抚养子女的一方,同等条件下照顾女方、照顾残疾或生活困难的一方、照顾无过错一方的原则处理。

(3) 对夫妻双方均可承租的公房而由一方承租的,承租方对另一方可给予适当的经济补偿。

(4) 夫妻双方均可承租的公房,如其面积较大能够隔开分室居住使用的,可由双方分别租住;对可以另调房屋分别租住或承租方给另一方解决住房的,可予准许。

(5) 离婚时,一方对另一方婚前承租的公房无权承租而解决住房确有困难的,人民法院可调解或判决其暂时居住,暂住期限一般不超过2年。暂住期间,暂住方应交纳与房屋租金等额的使用费及其他必要的费用。

(6) 离婚时,一方对另一方婚前承租的公房无权承租,另行租房经济上确有困难的,如承租公房一方有负担能力,应给予一次性经济帮助。

(7) 人民法院在调整和变更单位自管房屋(包括单位委托房地产管理部门代管的房屋)的租赁关系时,一般应征求自管房单位的意见。经调解或判决变更房屋租赁关系的,承租人应依照有关规定办理房屋变更登记手续。

1996年最高人民法院《关于审理离婚案件中公房使用、承租若干问题的解答》中关于对"部分产权"房屋的分割意见,因其与2003年的司法解释相抵触而废止。

8. 一方贷款所购房屋性质的认定

采用按揭方式购买房屋是当前房屋买卖的主要方式。如果夫妻双方住房是按揭房屋,离婚时应当如何进行分割?2011年最高人民法院《关于适用〈中华人民共和国婚姻法〉若干问题的解释(三)》作出了规定,首次明确离婚案件中一方婚前贷款购买的不动产应归产权登记方所有。①

对于一方婚前签订买卖合同支付首付款并在银行贷款、婚后夫妻共同还贷这类房产,完全认定为夫妻共同财产或者一方的个人财产都不太公平,该房产实际是婚前个人财产(婚前个人支付首付及还贷部分)与婚后共同财产(婚后双方共同还贷部分)的混合体,离婚时处理的主导原则应当是既要保护个人婚前财产的权益,也要公平分割婚后共同共有

---

① 最高人民法院《关于适用〈中华人民共和国婚姻法〉若干问题的解释(三)》第10条:夫妻一方婚前签订不动产买卖合同,以个人财产支付首付款并在银行贷款,婚后用夫妻共同财产还贷,不动产登记于首付款支付方名下的,离婚时该不动产由双方协议处理。

依前款规定不能达成协议的,人民法院可以判决该不动产归产权登记一方,尚未归还的贷款为产权登记一方的个人债务。双方婚后共同还贷支付的款项及其相对应财产增值部分,离婚时应根据《婚姻法》第39条第1款规定的原则,由产权登记一方对另一方进行补偿。

部分的财产权益,同时还不能损害债权人银行的利益。

如果仅仅机械地按照房屋产权证书取得的时间作为划分按揭房屋属于婚前个人财产或婚后夫妻共同财产的标准,则可能出现对一方显失公平的情况。房屋产权证书的取得与房屋实际交付的时间往往不同步,许多购房人由于其自身以外的原因,迟迟不能取得房屋产权证书。不动产物权登记的立法目的在于维护交易安全、保护善意第三人的利益,而离婚诉讼中按揭房屋的分割只在夫妻之间进行,并不存在与善意第三人的利益冲突。一方在婚前已经通过银行贷款的方式向房地产公司支付了全部购房款,买卖房屋的合同义务已经履行完毕,即在婚前就取得了购房合同中购房者一方的全部债权,婚后获得房产的物权只是财产权利的自然转化,故离婚分割财产时将按揭房屋认定为一方的个人财产相对比较公平。对按揭房屋在婚后的增值,应考虑配偶一方参与还贷所作的贡献,对其作出公平合理的补偿,而不仅仅是返还婚姻关系存续期间共同还贷的一半。在将按揭房屋认定为一方所有的基础上,未还债务也应由其继续承担,这样处理不仅易于操作,也符合法律规定的合同相对性原理。婚前一方与银行签订抵押贷款合同,银行是在审查其资信及还款能力的基础上才同意贷款的,其属于法律意义上的合同相对人,故离婚后应由其继续承担还款义务。

对于婚后参与还贷的一方来说,如果双方结婚时间较长,还贷的数额较大,离婚时获得的补偿数额也相应增大。我国实行的是法定夫妻共同财产制,除了双方约定实行分别财产制外,婚后即便支付首付款的一方用自己的工资收入支付房贷,也属于夫妻双方共同还贷。婚后共同还贷支付的款项及其相对应财产增值部分,离婚时根据《婚姻法》第39条第1款规定的照顾子女和女方权益的原则,由产权登记一方对另一方进行补偿。①

9. 购买以一方父母名义参加房改的房屋的处理

依据国务院有关购买房改房屋的政策,售房单位应根据购房职工建立住房公积金制度前的工龄给予工龄折扣。职工按成本价或标准价购买公有住房,每个家庭只能享受一次,购房的数量必须严格按照国家和各级人民政府规定的分配住房的控制标准执行,超过标准部分一律执行市场价。②考虑到这些优惠政策是给一方父母(产权登记人)的,而不是给夫妻的,2011年最高人民法院《关于适用〈中华人民共和国婚姻法〉若干问题的解释(三)》第12条规定:婚姻关系存续期间,双方用夫妻共同财产出资购买以一方父母名义参加房改的房屋,产权登记在一方父母名下,离婚时另一方主张按照夫妻共同财产对该房屋进行分割的,人民法院不予支持。购买该房屋时的出资,可以作为债权处理。

10. 养老保险金的处理

2011年最高人民法院《关于适用〈中华人民共和国婚姻法〉若干问题的解释(三)》第13条规定:离婚时夫妻一方尚未退休、不符合领取养老保险金条件,另一方请求按照夫

---

① 参见最高人民法院新闻发言人孙军工:"关于《最高人民法院关于适用〈中华人民共和国婚姻法〉若干问题的解释(三)》的新闻发布稿",2011年8月12日;最高人民法院民一庭负责人答记者问:《总结审判实践经验凝聚社会各界智慧,正确合法及时审理婚姻家庭纠纷案件》,载《人民法院报》2011年8月13日。

② 国务院:《关于深化城镇住房制度改革的决定》,1994年7月18日。

妻共同财产分割养老保险金的,人民法院不予支持;婚后以夫妻共同财产缴付养老保险费,离婚时一方主张将养老金账户中婚姻关系存续期间个人实际缴付部分作为夫妻共同财产分割的,人民法院应予支持。① 多数人认为,对于离婚时尚未退休、不符合领取养老保险金条件的当事人,该项养老保险金取得的经济利益只是一种期待利益,退休后应当取得养老保险金的权利也只是期待权,该项财产权利尚不能确定是否归夫妻共有。所以,离婚时尚未退休、不符合领取养老保险金条件的当事人,养老保险金不应认定为"应当取得",一方主张对养老保险金进行分割的,人民法院不予支持。

11. 尚未分割的遗产的处理

2011年最高人民法院《关于适用〈中华人民共和国婚姻法〉若干问题的解释(三)》第15条规定:婚姻关系存续期间,夫妻一方作为继承人依法可以继承的遗产,在继承人之间尚未实际分割,起诉离婚时另一方请求分割的,人民法院应当告知当事人在继承人之间实际分割遗产后另行起诉。②

12. 尚未分割的夫妻共同财产的处理

离婚后,一方以尚有夫妻共同财产未处理为由向人民法院起诉请求分割的,经审查该财产确属离婚时未涉及的夫妻共同财产,人民法院应当依法予以分割。③

13. 妨害夫妻共同财产分割应当承担的责任

离婚过程中,妨害公平分割夫妻共同财产的行为如隐藏、转移、变卖、毁损等较为常见,为了保护双方当事人的合法权益,我国《婚姻法》第47条规定了此类问题的法律对策。

(1)离婚时,一方隐藏、转移、变卖、毁损夫妻共同财产,或伪造债务企图侵占另一方财产的,分割夫妻共同财产时可以少分或者不分。

一般而言,离婚时夫妻共同财产应当均等分割。如果一方当事人从事上述违法行为,根据情节的轻重,人民法院可以决定对其少分或者不分。这一规定,对于违法行为人而言是一种惩罚,是其对另一方当事人承担的一种特殊的赔偿责任。

(2)离婚后,一方发现另一方隐藏、转移、变卖、毁损夫妻共同财产,或者伪造债务的,可以向人民法院提起诉讼,请求再次分割夫妻共同财产。根据2001年最高人民法院《婚姻法解释(一)》第31条的规定,当事人请求再次分割夫妻共同财产的诉讼时效为2年,从当事人发现之次日起计算。

人民法院在处理此类纠纷时,应当具体情况具体分析,根据不同的情况作出不同的处

---

① 参见国务院:《关于建立统一的企业职工基本养老保险制度的决定》,1997年7月16日;《北京市城乡居民养老保险办法》,2009年1月1日;《黑龙江省城镇企业职工基本养老保险规定》,2004年12月14日;《福建省城镇企业职工基本养老保险条例》(2000年修正);《辽宁省城镇企业职工养老保险条例》(2000年修正)。上述行政法规及地方性法规的规定中包含了以下三层意思:1)基本养老保险个人账户中的养老保险金,只能用于参保人员个人年老时的养老。2)基本养老保险个人账户中的缴纳养老保险金的记录是个人在符合国家规定的退休条件并办理了退休手续后,领取基本养老金的主要依据。社会保险经办机构根据当地工资的平均水平,决定个人可以领取养老金的具体数额。3)基本养老保险个人账户中的储存额只用于个人养老,不得提前支取。

② 有关继承的开始、继承的接受与放弃、遗产的分割等内容参见本书继承法部分。

③ 最高人民法院:《关于适用〈中华人民共和国婚姻法〉若干问题的解释(三)》第18条,2011年8月9日;最高人民法院:《关于适用〈中华人民共和国民事诉讼法〉若干问题的意见》第209条,1992年7月14日。

理:第一,一方隐藏和转移共同财产的,另一方可以请求分割该共同财产;第二,一方变卖共同财产的,如果受让人是善意取得人,该买卖行为有效,另一方仅能请求分割价金而不能请求分割实物;第三,一方毁损夫妻共同财产的,另一方仅能请求损害赔偿;第四,一方伪造债务的,应将伪造的债务数额计入共同财产加以分割。

离婚后,一方始发现对方存在上述违法行为,起诉时是否可以要求对方少分或者不分诉争财产呢?对此法律未作明文规定,根据我国《婚姻法》第47条的立法宗旨,应当肯定受害人享有这一权利。只有如此,才能惩罚违法行为人,有效地保护受害人的利益。

根据2003年最高人民法院《婚姻法解释(二)》,夫妻一方申请对配偶的个人财产或者夫妻共同财产采取保全措施的,人民法院可以在采取保全措施可能造成损失的范围内,根据实际情况,确定合理的财产担保数额。

(二) 离婚时的经济补偿

我国《婚姻法》第40条规定:"夫妻书面约定婚姻关系存续期间所得的财产归各自所有,一方因抚育子女、照料老人、协助另一方工作等付出较多义务的,离婚时有权向另一方请求补偿,另一方应当予以补偿。"

1. 补偿请求权的根据

1980年《婚姻法》仅规定夫妻可以采用约定财产制。但是如果夫妻约定婚后各自取得的财产归自己的,即夫妻采用约定分别财产制的,夫妻之间是否存在补偿请求权,《婚姻法》未作出规定。2001年修改后的《婚姻法》作出了补偿的规定,在一定程度上弥补了法律的漏洞。

享有补偿请求权是对夫妻所从事的家务劳动应该予以正确评价的必然要求。家务劳动是指不能直接产生经济效益的为满足家庭成员的生活需要所从事的劳动,包括抚养子女、照料老人、洗衣做饭等。家务劳动虽然不能直接创造经济价值,但可以节约家庭的支出,从而间接地增加家庭的财富。如果夫妻实行共同财产制,而在离婚时对夫妻共同财产加以分割,就等于对家务劳动的价值进行了正确的评价。然而,如果夫妻约定婚姻存续期间所得的财产归各自所有,而在离婚时一方不能分享对方的财产,就等于漠视专门从事家务劳动或较多地从事家务劳动一方的劳动价值,从而导致一方无偿占有另一方的劳动。因此有必要规定离婚时从事较多家务劳动的一方对于另一方有补偿请求权。享有补偿请求权也是对于夫妻对隐性共同财产享有分割请求权的必然要求。夫妻一方协助另一方工作,被帮助的一方所创造的财富是以夫妻的共同劳动创造的,该财富应该是共同所有的财产。如果夫妻约定婚姻存续期间所得的财产归各自所有,而不允许帮助的一方分享被帮助的一方所创造的财富,就等于漠视夫妻共同财产所有权。享有补偿请求权也是解决夫妻一方实际生活困难的需要。人的精力是有限的,如果夫妻一方抚养子女、照料老人、协助对方工作,必然会使自己的生产、工作、学习、晋升等受到影响甚至在激烈的市场竞争中被淘汰。在夫妻关系存续期间,该方的生活可以通过夫妻之间的扶养义务而得到保障。然而如果夫妻离婚,夫妻之间的抚养义务不复存在,其生活可能受到相当大的影响。因此规定一方对另一方的补偿请求权可以解决实际遇到的生活困难。

2. 补偿请求权的要件

依据本条的规定,夫妻一方在下列情况下取得补偿请求权:

(1) 夫妻书面约定婚姻关系存续期间的财产归各自所有。书面约定是指夫妻财产归属的约定采取书面形式。婚姻存续期间在解释上包括两种情况:其一是夫妻在结婚登记时或在结婚以前就约定夫妻在婚姻存续期间所得的财产归各自所有;其二是夫妻在婚姻存续期间才签订书面合同规定以后所得的财产归各自所有。归各自所有是指夫妻在婚姻关系存续的全部或部分期间内所得的财产由夫妻单独享有所有权。

夫妻约定婚姻存续期间所得的财产部分共同所有、部分各自所有的不属之。夫妻约定婚前财产部分共同所有、部分各自所有的也不属于之。

(2) 夫妻一方因抚育子女、照料老人、协助另一方工作等付出了较多义务。较多的义务是指一方从事的抚养子女、照料老人等家务劳动无论是数量上还是在所花费的时间上都比对方多,或一方协助另一方工作比自己在工作方面从对方得到的协助多。依据举轻明重的解释方法,一方专门从事家务劳动或专门协助对方工作的当然包括在内。

3. 补偿请求权的行使

(1) 行使的时间。依据本条的规定,请求权的行使时间是"离婚时"。离婚时是指夫妻一方提起离婚诉讼时。

(2) 向对方请求。依据本条规定,请求权人"可以向对方请求"补偿。向对方请求是指在离婚诉讼中向对方一并提出。如果当事人符合条件而未提出时,法院应行使释明权。

4. 补偿的数额

补偿的数额和给付方式应该首先由双方协商。协商可以在调解过程中进行,也可以在其他时间地点进行。人民法院应该在调解书中予以记载。调解不成时,由人民法院判决。人民法院应斟酌结婚时间的长短、家务劳动的强度和时间、给对方提供帮助多少等因素加以决定。

(三) 离婚时的债务清偿

1. 共同债务的清偿

共同债务指为夫妻共同生活所负的债务和夫妻共同生产、经营所负的债务。我国现行《婚姻法》第41条规定:"离婚时,原为夫妻共同生活所负的债务,应当共同偿还。共同财产不足清偿的或财产归各自所有的,由双方协议清偿;协议不成时,由人民法院判决。"

为夫妻共同生活所负的债务,包括因购置生活用品、修建或购置住房所负的债务,履行抚养教育和赡养义务、治疗疾病所负的债务,从事双方同意的文化教育、文娱体育活动所负的债务,以及其他在日常生活中发生的应当由夫妻双方负担的债务。为夫妻共同生产、经营所负的债务,包括双方共同从事工商业或在农村承包经营所负的债务,购买生产资料所负的债务,共同从事投资或者其他金融活动所负的债务,在以上的经营活动中所应交纳的税收,经双方同意由一方经营且其收入用于共同生活所负债务等。

2003年最高人民法院《婚姻法解释(二)》规定,债权人就婚姻关系存续期间夫妻一方以个人名义所负债务主张权利的,应当按夫妻共同债务处理。但夫妻一方能够证明债权人与债务人明确约定为个人债务，或者能够证明属于《婚姻法》第19条第3款规定情形的除外。①

夫妻共同债务的清偿顺序为：首先用夫妻共同财产清偿。其次，夫妻共同财产不足时，以各自法定个人所有或约定个人所有的财产予以清偿，以保护债权人的利益。如果没有夫妻个人财产或个人财产不足时，方可以承诺日后清偿。由夫妻的个人财产加以清偿或承诺的比例首先由夫妻进行协商。协商可以在调解过程中进行，也可以在其他时间地点进行。并由人民法院把协商的结果记载在调解书中。

在夫妻双方协商不成的情况下，由人民法院判决。人民法院可以根据双方的财产状况、教育程度、收入水平等综合情况进行判决。

当事人的离婚协议或者人民法院生效的法律文书中对财产分割问题及债权债务的负担问题作出的处理，无疑对原夫妻双方有约束力。但是能否以此来对抗其他债权人的权利主张呢？2003年最高人民法院《婚姻法解释（二）》对此问题作出了规定。由于我国一直坚持婚姻关系案件的审理不允许第三人参加的原则，所以处理夫妻财产、特别是处理对外共同债务的负担问题时，真正的债权人往往处于不知情或者不能表达自己意见的地位。如果认为上述决定不仅对夫妻双方有法律约束力，对债权人也同样适用的话，那么对债权人就很不公平。按照我国婚姻法的立法精神，在婚姻关系存续期间，夫妻双方如无特别约定，夫妻财产适用法定的所得共有制。夫妻对共同债务都负有连带清偿责任。这种连带清偿责任，不经债权人同意，债务人之间无权自行改变其性质，否则将会损害债权人的利益。因此，夫妻之间离婚时对财产的分割，只能对彼此内部有效，不能向外对抗其他债权人。同理，人民法院在作出这些法律文书时，只是为了解决婚姻关系当事人内部之间对于财产分割的处理以及债权债务的负担问题。这与婚姻关系之外的债权人无关，此时人民法院并未对债权人的权利进行审查处理，也没有改变婚姻关系当事人与其他债权人之间的关系。所以，债权人仍然有权就原夫妻所负共同债务向原夫妻双方或者其中任何一方要求偿还。当然，夫或妻在对外就共同债务承担连带清偿责任后，有权基于离婚协议或者人民法院生效的法律文书向原配偶主张自己的权利。

根据上述原理，2003年最高人民法院《婚姻法解释（二）》规定：

当事人的离婚协议或者人民法院的判决书、裁定书、调解书已经对夫妻财产分割问题作出处理的，债权人仍有权就夫妻共同债务向男女双方主张权利。

一方就共同债务承担连带清偿责任后，基于离婚协议或者人民法院的法律文书向另一方主张追偿的，人民法院应当支持。

夫或妻一方死亡的，生存一方应当对婚姻关系存续期间的共同债务承担连带清偿责任。②

---

① 我国《婚姻法》第19条第3款规定："夫妻对婚姻关系存续期间财产约定归各自所有的，夫或妻一方对外所负的债务，第三人知道该约定的，以夫或妻一方所有的财产清偿。"所谓"第三人知道该约定的"，夫或妻一方对此负有举证责任。

② 最高人民法院：《关于适用〈中华人民共和国婚姻法〉若干问题的解释（二）》第25、26条，2003年12月25日。

2. 个人债务的清偿

个人债务指以个人名义所负的与夫妻共同生活无关的债务。个人债务应以个人财产清偿。他方不负连带责任,没有清偿义务;但自愿协助清偿的自为法律所不禁止。

个人债务一般包括婚前购置财产所负的债务及其他婚前个人债务;婚后一方未经对方同意,擅自资助与其没有抚养义务的亲友所负的债务;一方未经对方同意,独自筹资从事经营活动,其收入确未用于共同生活所负的债务;虽发生于夫妻共同生活中但双方约定由个人负担的债务,但该约定不得规避法律;等等。

个人债务应以个人财产清偿,对方不负连带清偿责任,但对方愿意清偿的,法律也不禁止。债权人就一方婚前所负个人债务向债务人的配偶主张权利的,人民法院不予支持。但债权人能够证明所负债务用于婚后家庭共同生活的除外。[①] 用于清偿个人债务的个人财产,包括共同财产中分割后属于个人所有的财产、法定的个人财产以及夫妻双方约定的归各自所有的财产等。

(四) 离婚时的经济帮助

离婚后,一方应为生活确有困难或有特殊需要的另一方提供经济帮助,在许多国家的法律中都有明确规定,但往往称之为"扶养金"。如《法国民法典》规定:"如因共同生活破裂而宣判离婚时,采取离婚主动的一方完全负有救助之责",因一方患有精神病而离婚的,要求离婚一方"对生病的一方医疗所需的一切均应负救助之责";"救助义务的履行采用扶养金形式",且规定"如扶养金债务人一方死亡,扶养金由其继承人负担";但"扶养金债权人一方再婚时"或"公然与他人姘居"时,扶养金停付。依其规定,婚姻中的扶养关系在离婚后变成了债权关系。《美国统一结婚离婚法》、《墨西哥民法典》、《德国民法典》等对离婚后的扶养费问题均有规定,《德国民法典》的规定尤为详尽,有关条款达10条之多。

我国《婚姻法》第42条规定:"离婚时,如一方生活困难,另一方应从其住房等个人财产中给予适当帮助。具体办法由双方协议;协议不成时,由人民法院判决。"

1. 经济帮助的性质

离婚时对生活困难的一方提供经济帮助,不同于婚姻关系存续期间的扶养义务。它不是扶养义务的延续,而是解除婚姻关系时的一种善后措施。

离婚时给予生活困难一方适当的经济帮助与离婚时共同财产的分割、离婚时尽义务较多的一方的请求补偿权是不相同的。在离婚时给予生活困难一方适当的经济帮助是另一方对于该方的有条件的帮助;而离婚时共同财产的分割则是对共同财产所应有的权利;离婚时尽义务较多的一方请求另一方给予补偿是权利义务相一致的体现,是当事人的合法权利,而不是对方的恩赐。不能用经济帮助的办法侵犯另一方的合法权益。

2. 经济帮助的条件

离婚时一方对另一方的经济帮助应具备以下三个条件:第一,时间上的条件。一方生活困难必须是在离婚时已经存在的困难,而不是离婚后任何时间所发生的困难都可以要

[①] 最高人民法院:《关于适用〈中华人民共和国婚姻法〉若干问题的解释(二)》第23条,2003年12月25日。

求帮助。第二,受帮助的一方生活确有困难,生活困难是指夫妻一方取回的个人财产、分得的共同财产、获得的补偿金、有合理预期的劳动收入和其他收入等金钱或生活用品不足以维持最近时期的生活。第三,提供帮助的一方应有负担能力。是指该方拥有经济帮助能力,即在满足自己的合理生活需要后有剩余的。从住房等个人财产中给予适当帮助是指有经济帮助能力的一方向对方提供帮助的财产来源是自己的个人财产,包括法定个人财产、约定个人财产、从共同财产中分得的财产等。帮助不限于金钱,可以是生活用品,还可以是房屋的居住权或房屋的所有权。①

3. 经济帮助的具体办法

我国《婚姻法》第42条后半段规定,离婚后一方对他方经济帮助的"具体办法由双方协议;协议不成时,由人民法院判决"。在实践中,这种帮助除了考虑帮助方的经济条件外,着重考虑受助方的具体情况和实际需要,受助方年龄较轻且有劳动能力,只是存在暂时性困难的多采用一次性支付帮助费用的办法;受助方年老体弱,失去劳动能力而又没有生活来源的,往往要作较为长期的妥善安排。在执行经济帮助期间受助方再婚的,帮助方可停止给付,应由其再婚的配偶依法承担婚姻关系存续期间内的扶养义务;原定帮助计划执行完毕后,受助方要求继续得到对方帮助的,一般不予支持。

关于经济帮助的数额、期限、给付的方式等方面的协议可以在调解过程中进行,也可以在其他时间地点进行。对于协议的结果由人民法院记载在调解书中。在当事人无法达成协议的情况下,人民法院应根据一方的需要和另一方的实际能力加以裁决。

(五) 离婚损害赔偿

2001年修正后的《婚姻法》增设了离婚时的损害赔偿制度,因一方的法定过错导致离婚,无过错的另一方依法享有赔偿请求权。这是当代民法、亲属法中的公平原则、保护弱者原则在离婚问题上的必然要求。

《婚姻法》第46条规定:"有下列情形之一,导致离婚的,无过错方有权请求损害赔偿:(一) 重婚的;(二) 有配偶者与他人同居的;(三) 实施家庭暴力的;(四) 虐待、遗弃家庭成员的。"

以上四项情形,包括五种违法行为,便是离婚时的损害赔偿请求权的发生根据。对于离婚损害赔偿的构成要件,可作如下分析:

(1) 一方有特定的违法行为(重婚,与他人同居,实施家庭暴力,虐待、遗弃)。夫妻双方均有上述过错情形,一方或者双方向对方提出离婚损害赔偿请求的,人民法院不予支持。②

(2) 离婚是由上述违法行为所导致的。也就是说,上述违法行为和离婚之间有必然的因果联系。如果虽有上述违法行为但并未离婚,或虽然离婚但并非上述违法行为导致,均不适用本条的规定。

---

① 参见最高人民法院:《关于适用〈中华人民共和国婚姻法〉若干问题的解释(一)》第27条,2001年12月25日。
② 最高人民法院:《关于适用〈中华人民共和国婚姻法〉若干问题的解释(三)》第17条,2011年8月9日。

(3) 离婚出于有上述违法行为一方的过错,无过错的另一方为赔偿请求权人。对于无过错一语,不应作机械的、绝对化的理解。另一方在或长或短的婚姻生活中可能也有某些过错,只要不是《婚姻法》第 46 条指明的过错,仍可视为无过错方。

(4) 无过错方因离婚而蒙受损害,包括财产上的损害和精神上的损害。在确定损害结果和赔偿的范围时,应注意离婚损害赔偿的特殊性质。其实,离婚一事本身已使无过错方受到损害,据此即可向有上述违法行为的过错方要求赔偿损害。在财产上、精神上蒙受损害的程度,只是确定赔偿范围的具体依据。在我国,精神损害赔偿已经有了法律依据。2001 年最高人民法院《关于确定民事侵权精神损害赔偿责任若干问题的解释》规定,对违反社会公共利益、社会公德侵害他人隐私或者其他人格利益,受害人以侵权为由向人民法院起诉请求赔偿精神损失的,人民法院应当依法受理。该解释还对精神损害的赔偿数额的确定作了原则规定。人民法院受理离婚案件时,应当将《婚姻法》第 46 条中当事人的权利义务,书面告知当事人,至于依法享有的赔偿请求权的无过错方是否行使这种权利,由本人自行决定。赔偿的具体办法,可由双方当事人协议;协议不成时,由人民法院判决。

根据 2001 年最高人民法院《婚姻法解释(一)》,符合《婚姻法》第 46 条规定的无过错方作为原告基于该条规定向人民法院提起损害赔偿请求的,必须在离婚诉讼的同时提出。无过错方作为被告不同意离婚也不基于该条规定提起损害赔偿请求的,可以在离婚后 1 年内就此单独提起诉讼。无过错方作为被告在一审时未提出损害赔偿请求,二审期间提出的,人民法院应当进行调解,调解不成的,告知当事人在离婚后 1 年内另行起诉。①

人民法院判决不准离婚的案件,对于当事人基于《婚姻法》第 46 条提出的损害赔偿请求,不予支持。在婚姻关系存续期间,当事人不起诉离婚而单独依据该条规定提起损害赔偿请求的,人民法院不予受理。②

根据 2003 年最高人民法院《婚姻法解释(二)》,当事人在婚姻登记机关办理离婚登记手续后,以《婚姻法》第 46 条规定为由向人民法院提出损害赔偿请求的,人民法院应当受理。但当事人在协议离婚时已经明确表示放弃该项请求,或者在办理离婚登记手续 1 年后提出的,不予支持。③

离婚时的损害赔偿是我国离婚法中一项独立的制度,在处理具体问题时,应当注意这种损害赔偿与夫妻共同财产的分割(第 39 条)、离婚时的经济补偿(第 40 条)、离婚时对生活困难一方的经济帮助(第 42 条)等问题的区别。

---

① 最高人民法院:《关于适用〈中华人民共和国婚姻法〉若干问题的解释(一)》第 30 条,2001 年 12 月 25 日。
② 最高人民法院:《关于适用〈中华人民共和国婚姻法〉若干问题的解释(一)》第 29 条,2001 年 12 月 25 日。
③ 最高人民法院:《关于适用〈中华人民共和国婚姻法〉若干问题的解释(二)》第 27 条,2003 年 12 月 25 日。

第六章 亲子关系

第一节 亲子关系和亲权

一、父母子女关系的概念和种类

父母子女关系,又称为亲子关系,在法律上是指父母和子女之间的权利、义务关系。父母子女是血亲关系中最近的直系血亲,为家庭法律关系的核心。

关于父母子女的分类,各国亲子法一般将父母子女分为两大类:一为自然血亲的父母子女关系,包括婚生父母子女、非婚生父母子女;二为法律拟制的父母子女关系,主要是指养父母养子女。

根据我国《婚姻法》的规定,父母子女关系可分为两大类:

1. 自然血亲的父母子女关系

这是基于子女出生的法律事实而发生的,其中包括生父母和婚生子女的关系、生父母和非婚生子女的关系。其特点为:自然血亲的父母子女关系以血缘为纽带,其权利义务可因依法送养子女或父母子女一方死亡的原因而终止,但自然血缘联系只能因父母子女一方死亡的原因而终止。

2. 拟制血亲的父母子女关系

这是基于收养或再婚的法律行为以及事实上抚养关系的形成,由法律认可而人为设定的。包括养父母和养子女关系、有扶养关系的继父母子女关系。其特点为:拟制血亲的父母子女权利义务关系因法律行为或法定的扶养事实而成立,可因收养的解除或继父(母)与生母(父)离婚及相互抚养关系的变化而终止。

这两类父母子女关系在法律上有其共同点,即他们的法律地位相同,均有父母子女之间的权利和义务。但他们也有区别,即二者产生、终止的原因不同。

上述分类随着现代医学科学的发达,尤其是现代生物工程在医学领域的广泛应用正面临着挑战。人工生育技术使得人类可以用人工方法代替自然生殖过程中某一或某些步骤进行生殖,非男女两性性行为受孕生育子女的人工生育方式的出现,大大冲击了传统上的以自然生育方式而形成的社会观念和法律制度。

二、亲子关系法的历史沿革

(一) 亲子法的立法原则

父母子女的法律地位随着社会形态的更替不断地发展变化。在以私有制为基础的社会,可分为以家族为本位和以个人为本位的父母子女关系两个阶段。古罗马法在父母子女关系上以家父权为本位,家父行使养育子女的权利和责任,对子女有绝对的支配权。欧洲中世纪时,家父权逐渐被父权所取代,此时的父母子女关系已演变为以父母的利益为中心。近现代立法以个人为本位,并设置了亲权制度,规定了父母子女间的权利义务,涉及出生、姓名、扶养、收养、继承等各个方面,其内容已呈现由父母的支配权向保护权发展的趋势。亲权从单独由父亲行使而演变为由父母双亲共同行使,并且由单纯的权利演变为权利义务的统一体,重视子女权利的保护及对子女的教育,故有所谓"子本位的亲子法"的趋势。①

亲子法立法本位的这一演化,突出体现在有关父母子女间的权利义务规范上。近代各国立法例都把重点放在父母权利而非父母责任上。然而,现代理念已经发生了变化,从过去把重点放在父母权利转而放在父母责任和儿童权利上。自1989年联合国《儿童权利公约》中宣布"关于儿童的一切行动……均应以儿童的最大利益为一种首要考虑"(第3条第1款)以来,现代父母子女关系法更是由一般的保护儿童权益原则发展到儿童最大利益(best interests of the child)原则。各国相继修改有关父母子女关系的法律规范,以确保未成年子女的权益。这一转变,从英格兰《1989年儿童法》、苏格兰《1995年儿童法》、澳大利亚《1995年家庭法改革法》、1995年《俄罗斯联邦家庭法典》等都可见一斑。

(二) 我国亲子法的发展

我国奴隶社会和封建社会的亲子关系以家族为本位,父母子女关系完全从属于宗法家族制度,父权、夫权和家长权三位一体。亲子法以孝道为本,不孝被列为"十恶"之一,并且将"父为子纲"奉为天经地义。父母享有支配子女的绝对权,子女无独立人格,被视为父母的私有财产,他们在人身和财产上的权益均无保障。直至近代,民国颁行民法亲属编才废除嫡子、庶子、嗣子、私生子等名分,将子女分为婚生子女、非婚生子女、养子女等。规定婚生子女的推定、否认及准正,非婚生子女的认领及强制认领,收养的方式及要件、收养的效力及收养的终止等事实。规定子女从父姓,未成年子女以父母的住所为住所;父母对未成年子女有保护教养的权利义务,必要范围内的惩戒权、法定代理权及子女特有财产的管理权以及父母对子女权利义务的行使负担方法、父母亲权滥用的禁止等。大体上从父母子女平等的立场确立亲子法律关系,子女的法律地位大幅提升,但是,限于当时的历史条件,这一亲子法仍带有浓厚的亲本位色彩。

中华人民共和国成立后,1950年《婚姻法》设专章规定了"父母子女间的关系",确立了以保护子女合法权益为原则和父母子女间平等的相互扶养的权利和义务关系。1980年《婚姻法》继承了前述规定,并增加了关于子女姓氏及父母对子女的管教、保护权利义务的内容,确定了以保护未成年子女合法权益为原则、父母子女间法律地位平等、相互扶养和相互继承的新型亲子法律关系。1991年9月4日我国颁行《未成年人保护法》,确立"保障未成年人的合法权益"、"尊重未成年人的人格尊严"的原则。同年12月29日,全

---

① 参见史尚宽:《亲属法论》,中国政法大学出版社2000年版,第532—533页;陈棋炎等:《民法亲属新论》,台湾三民书局1987年版,第247—248页。

国人大常委会批准《儿童权利公约》,正式承诺"关于儿童的一切行动,不论是由公私社会福利机构、法院、行政当局或立法机构执行,均应以儿童的最大利益为一种首要考虑","确保儿童享有其幸福所必需的保护和照料,考虑到其父母、法定监护人、或任何对其负有法律责任的个人的权利和义务,并为此采取一切适当的立法和行政措施"[①]。以此为契机,我国婚姻家庭法也开始从一般的保护儿童权益向"儿童最大利益"原则发展。

三、亲权

亲权是近现代各国父母子女关系中最重要、最核心的内容。"亲权"一词为大陆法系多数国家所采用,英美法系国家不称亲权,皆称监护权或父母权,未成年子女以其父母为法定监护人。我国1950年、1980年《婚姻法》均未使用"亲权"概念,但现行《婚姻法》第23条规定"父母有保护和教育未成年子女的权利和义务",属于类似于亲权的原则性规定。由于《婚姻法》仅有一个条文有类似亲权的规定,不但无法解决许多亲子生活中的实际问题,更不足以防止父母滥用权利及保护未成年子女的利益。因而主张我国婚姻法中采用亲权概念、建立完善的亲权制度的呼声日益高涨。

(一)亲权的概念与特征

1. 亲权的概念

在现代各国民法和学说中亲权一词有其特定内涵。亲权一词在德文中原为 elterliche Gewalt,直译为父母的权利,1980年德国修改法律,将其表述为 elterliche Sorge,直译为父母的照护。在法文中,亲权原为 puissance paternelle,直译为父亲的权力,1987年法国民法修改后亲权一词表述为 autorite des Pere et mere,直译为父母的职权。上述亲权用语及其变化表明:在现代各国亲权立法中,亲权是指父母对未成年子女身份上及财产上的监督和保护为内容的权利义务的总称。其性质已由原来的父母对子女的控制、统治关系转变为父母以照顾监护子女为主的法律关系,呈现出由支配权向保护权发展的趋势。亲权从单独由父亲行使而演变为由父母双亲共同行使,并且由单纯的权利演变为权利义务的统一体,并越来越具有浓厚的义务色彩。

2. 亲权的法律特征

现代法律中的亲权具有以下特征:

① 亲权是父母基于其身份,依法律规定而当然发生的。亲权只存在于父母与其未成年子女之间,以特定的人身关系为前提。子女已成年或被拟制成年者,则非亲权之所及。

② 亲权是以保护教养未成年子女为目的,以对于未成年子女的人身照护和财产照护为内容,因而亲权的行使以监护子女必要的范围且符合子女的利益为限。

③ 亲权具有权利义务双重性。亲权不但是父母享有的民事权利,而且是父母的法定义务。父母针对同一客体(未成年子女的人身和财产),就同一内容(管教和保护)既享有权利,又负有义务。作为权利,亲权人依法自行行使,以实现其利益;作为义务,亲权人必

---

① 参见《儿童权利公约》第3条。

须履行,不得抛弃和转让,也不许滥用。

④ 亲权作为民事权利,是一种利他的民事权利。亲权是专为保护未成年子女的利益而存在的,父母基于身份依照法律规定而享有的权利,正是为了保护教养未成年子女。

⑤ 亲权具有绝对权、支配权和专属权性质。亲权的行使一般不必借助他人的积极行为,只要义务人不加妨害和侵犯,亲权就可以实现,因而具有绝对权的性质。亲权人依法对未成年子女的人身和财产进行支配,又具有支配权色彩。但这种支配以父母、子女的人格平等为前提,且其支配的内容和目的被法律严格限制在保护教养未成年子女范围内,从而与古代的父母不承认未成年子女人格而对其生杀予夺的专制性支配权有着根本区别。父母行使亲权不得与上述目的相违背,否则,亲权得被停止。亲权专属于父母,不得让与、继承或抛弃。没有法律特殊规定也不得由他人代为行使,所以具有专属性和排他性。

(二) 亲权的主体

1. 亲权人

① 婚生子女的亲权人。婚生子女的父母均健在,且处于正常婚姻状态时,父母均为亲权人;父母一方死亡(包括受死亡宣告)时,他方为单独亲权人。父母一方因受无行为能力或限制行为能力宣告,或有受停止亲权宣告等法律上的障碍,或因行踪不明、长期不在等事实上的障碍,而不能行使亲权时,他方为单独亲权人。父母离婚后,因父母双方的协议或者由法院裁决父母双方或者一方为亲权人。

② 非婚生子女的亲权人。在世界各国立法例中,依非婚生子女是否准正或被认领而有所不同。第一,未经生父认领的非婚生子女,其亲权大体上由生母一方单独行使。第二,经生父认领的非婚生子女的亲权归属,有的国家规定原则上以生母为亲权人,但可依协议或裁判确定生父为亲权人(如《日本民法典》第818条);有的国家规定生父、生母均为亲权人。依据我国《婚姻法》第25条的规定,非婚生子女的生父、生母都是亲权人。第三,对于经准正取得婚生子女资格的非婚生子女,由父母共同行使亲权。

③ 关于养子女的亲权人,完全适用上述婚生子女的亲权人规则。

④ 与继父(母)形成抚养教育关系的继子女的亲权人,我国《婚姻法》第27条第2款规定:"继父或继母和受其扶养教育的继子女间的权利和义务,适用本法对父母子女关系的有关规定。"因此,原则上由生父母和继父(母)共同行使亲权。

2. 受亲权保护的子女

受亲权保护的子女,在各国民法中仅指未成年子女。未成年子女具有服从亲权的义务、享有受保护教养的权利。从外国立法例来看,有的国家承认因结婚而成年(如日本),有的承认因宣告而成年(如德国),当未成年人通过这些途径获得完全行为能力时,原则上其父母的亲权消失,但法律另有规定的除外。我国《民法通则》第11条第2款规定:"16周岁以上不满18周岁的公民,以自己的劳动收入为主要生活来源的,视为完全民事行为能力人。"此类未成年人不受父母亲权的保护。

(三) 亲权的内容

亲权以保护教养未成年子女为目的,父母对于未成年子女的权利义务,可分为关于子女人身上的权利义务(人身照护)和财产上的权利义务(财产照护)。参照德、日等大陆法系国家亲权的立法和学说,亲权包括以下内容:

1. 人身上的权利义务

父母对子女人身方面的权利和义务,包括对未成年子女的保护和教育两方面。具体内容如下:

① 保护和教育权。保护,是指预防和排除危害,以谋求子女身心的安全,保护为消极作用。教育,是指父母教导子女,以谋求子女的身心健全成长,教育为积极作用。亲权人应按照国家法律规定,使未成年子女接受义务教育,并以健康的思想、品行和适当的方法教育子女德、智、体全面发展,预防和制止未成年子女的不良行为。在法律允许的范围内,亲权人可采取说服教育、斥责等必要手段惩戒子女,对有严重不良行为的未成年子女,其父母应当采取措施严加管教。

保护和教育权是人身照护权的总体概括性权利,其他人身照护权,如住所指定权、子女交还请求权、身份行为的同意权及代理权等,都是保护和教育权的具体表现。

保护和教育权是亲权的内容,而父母对未成年子女的抚养义务则基于父母子女关系而当然发生,并不构成亲权的内容。因此,当亲权由父母一方单独行使时,非亲权人之父母一方仍然不能免除其对未成年子女的抚养义务,这在夫妻离婚或长期分居,或父母一方因故被宣告停止亲权时,更为显然。

② 姓氏决定权。子女的姓氏是身份关系的标志。尽管有学者认为,姓名设定权是姓名权的组成部分,子女的姓氏只是父母代行子女的姓名命名权,应属于人格权而不是身份权,但大多数国家都将子女的姓氏权作为亲权的基本内容。从各国立法来看,子女姓氏通用的原则有两个:一是婚生子女以父母的婚姻姓氏为姓氏,非婚生子女以生母的姓氏为姓氏。二是婚生子女的姓氏可以随父姓,也可以随母姓,由双方协商确定,协议不成时,由监护机关指定。

③ 住所指定权。父母既有管教和保护未成年子女的权利义务,自应有指定其住所的权利和义务。我国婚姻法虽未明定住所指定权,但是《预防未成年人犯罪法》第19条规定:"未成年人的父母或者其他监护人,不得让不满16周岁的未成年人脱离监护单独居住。"第16条规定:"未成年人擅自外出夜不归宿的,其父母或者其他监护人、其所在的寄宿制学校应当及时查找,或者向公安机关请求帮助。收留夜不归宿的未成年人的,应当征得其父母或者其他监护人的同意,或者在24小时内及时通知其父母或者其他监护人、所在学校或者及时向公安机关报告。"显然肯定父母对未成年子女的居所享有指定权,子女不得随意离开父母指定的居所,另住他处。

④ 交还子女请求权。亲权人对于不法扣留、拐卖未成年子女而使其脱离父母之人,有请求交还子女的权利。因为他人违法掠夺或扣留子女时,不但侵害了子女的人身自由权利,而且侵害了亲权人的保护教养权,亲权人为行使亲权而尽其义务,自应有请求交还子女的权利。

⑤ 身份行为的代理权和同意权。根据各国民法的规定,无行为能力人须由法定代理

人代为意思表示；限制行为能力人为法律行为须经法定代理人同意。父母对未成年子女的身份行为代理权和同意权表现在：第一，身份行为的代理权，但须以法律上有特别规定者为限。如为无民事行为能力的继承人代为接受继承，送养无行为能力的亲生子女为他人的养子女等。第二，对于未成年子女的身份行为（订婚、结婚、协议离婚）的同意权，还包括协议终止收养关系的同意权。第三，身份事项的决定或同意权。如对于子女动手术行为的同意、子女有病休学的决定、对于子女从事职业的同意权等。第四，身份上的诉讼行为的代理权。如认领之诉、婚生否认之诉等，父母为未成年子女的法定代理人。

2. 财产上的权利义务

父母对子女财产上的权利和义务，包括父母对未成年子女的财产依法享有管理、使用、收益和必要的处分权利，财产法上的法定代理权和同意权以及亲权终止时的财产返还义务。

① 财产管理权。未成年子女的财产因其来源不同，可以分为两部分：一部分为未成年子女因继承、赠与或其他无偿方式取得的财产，即所谓未成年子女的特有财产；另一部分为未成年人因劳力或有偿方式取得的财产，即所谓未成年子女的非特有财产。亲权人财产管理权的客体，外国立法例中一般指未成年子女的特有财产。亲权人财产管理权客体的例外：第一，亲权人允许未成年子女独立经营的财产，由子女自行管理；第二，亲权人允许未成年子女处分的财产，未成年子女有处分权；第三，第三人无偿给予未成年子女财产，而表示不由父母管理或表示不由父或母管理的。至于非特有财产，应归子女私有，由其自行管理、使用、收益。①

各国法律均规定了父母对子女特有财产的管理权。所谓管理，指财产的保存、利用及改良等行为而言。管理上必要的处分行为亦包括在内。亲权人基于其管理权，有占有子女财产的权利。父母管理未成年子女的财产，应以与处理自己事务为同样的注意行使管理权。父母未尽此注意义务而致使子女财产受到损害时，应负损害赔偿责任。如因此而危及子女财产时，其管理权也可被宣告停止。

② 财产使用收益权。一些外国法规定，父母有合理地支配利用未成年子女特有财产和获取孳息的权利。

③ 财产处分权。各国法规定，亲权人原则上不享有对未成年子女财产的处分权，但为了子女利益的需要，经法院或监护机关的批准，父母始得处分子女的特有财产。

④ 财产法上的代理权和同意权。父母是未成年子女的法定代理人。无行为能力的未成年子女，由他的法定代理人代理民事活动。限制民事行为能力的未成年子女如从事超过其年龄、智力及精神状态的民事活动，由他的法定代理人代理，或者征得他的法定代理人的同意进行。

⑤ 在子女成年或解除亲权时，父母应将子女的全部财产交给子女。若由于其他原因而导致亲权的终止，父母应将属于子女的全部财产交给子女的法定代理人。

---

① 参见《瑞士民法典》第323条。

（四）亲权的行使与限制

虽然父母子女关系是最直接、最自然的血缘关系，父慈母爱被颂为"三春晖"，但由于亲权直接关系到子女的成长，因此，各国法律对亲权的行使作了极为细微的规定。

1. 亲权的行使

① 父母共同亲权原则。父母共同行使亲权，是现代亲权制度的基本原则。所谓共同行使，即亲权内容的实现应由父母双方共同的意思决定，并对外为其未成年子女的共同代理人。但是，实际生活中，父母共同行使亲权时，常常会发生意思不一致，使得亲权无法共同行使。或者本应共同行使的亲权，却由父母一方单独行使了，其效力如何，难免发生疑义。

第一，父母意思不一致时的解决办法。有关子女教育及监护等日常事务，通常由父母各自独立处理或授权对方自理，父母的意思即使不一致或一方违反他方的意思而为的措施，一般也不致成为法律上的问题。但是，对于必须由父母双方共同决定的重要事项，如父母意思不一致，无法共同行使亲权时，应如何解决？多数立法例认为，为子女的利益考虑，父母意思不一致时，应由法院从中调解父母的意思，协商不成时，由法院根据子女利益裁决。从现代各国的亲权立法来看，普遍确立了共同亲权原则，取消了父亲最后决定权，对共同行使亲权中产生的争议应由法院酌定。

第二，父母共同代理的问题。根据父母共同亲权原则，父母双方有代理子女的权利。换言之，父母应以共同名义代理子女为法律行为或予以子女自为法律行为的同意。此种以两性平等为基础的共同代理，常导致交易的困难与不安全。但在通常情形，父母一方得授权他方，在特定的事务上单独代理子女，因为共同代理制度容许相互间的授权行为。授权行为依一般原则，得以明确的行为或默示为之，事前未予授权者，得以事后承认补救之。父母一方单独代理子女，即无他方的授权而代理子女为法律行为或予以子女自为法律行为之同意时，属于无权代理，所为的法律行为效力未定，经他方承认而有效，他方拒绝承认则无效。子女仅取得父母一方的同意而为的法律行为，也须由父母另一方承认始生效力。但有的立法例对于善意第三人设有保护规定，即为保护与父母交易之善意第三人，而使法律行为有效。

② 一方单独亲权。亲权原则上应由父母双方共同行使，但是，在父母一方因失踪、丧失行为能力或其他障碍而不能行使亲权时，亲权由无障碍一方单独行使。所谓"亲权行使障碍"是指使父母不能行使亲权的原因或情形，可以产生于事实（如失踪、疾病或因身心残疾而丧失行为能力），也可以产生于法律（如禁止行使亲权等）。在父母一方死亡时，由生存一方独自行使对子女的亲权。

当父母离婚或者分居或者父母间无婚姻关系时，亲权的行使是采取共同行使还是单独行使，有不同立法例：第一，单独行使亲权。认为在父母婚姻关系终止后或者分居后或者无婚姻关系时，子女只能与父母一方共同生活，共同行使亲权将变得困难及不方便，因此应由父母一方单独行使亲权。第二，共同行使亲权。认为亲权的主体既然是父母双方，亲权的行使自然也应由父母共同承担，即使在父母离婚或分居后，对子女亲权的行使仍应依父母共同的意思决定,并对外共同代理子女。父母行使亲权时产生的分歧,可采用协商的办法解决。第三,由法院决定父母共同行使亲权或者一方单独行使亲权。主张父母离婚时,在符合子女利益的前提下,由法官决定亲权归属于父母一方或双方。从各国亲权立法的发展趋势看,在采取父母共同亲权的立法原则下,为贯彻宪法所保障的男女平等原则和子女最大利益原则,若父母双方就亲权的行使达不成协议或双方所达成的协议因不足以保护子女的利益而未被法院认可时,应由法院就亲权的行使与扶养的给付作出裁决。我国现行《婚姻法》第36条第1款、第2款规定:"父母与子女间的关系,不因父母离婚而消除。离婚后,子女无论由父或母直接抚养,仍是父母双方的子女。离婚后,父母对于子女仍有抚养和教育的权利和义务。"其立法原则是主张父母离婚后共同行使亲权。

2. 亲权的限制

父母行使亲权并非毫无限制。未成年子女同父母一样享有基本的人权,父母应为子女的身心健康发育及受教育等利益行使其权利义务,基于此观点,各国立法例无不对父母行使亲权施以监督或加以限制,并禁止其滥用。亲权行使之限制范围,包括人身照护及财产照护。

对于亲权的限制,有的立法例仅作原则性规定,如规定亲权的行使不得损害子女的利益及其人格尊严,"子女之利益"如何解释?实务上仅能就具体情形详察而作决定。这种亲权行使之限制可谓过于笼统简陋,对于子女利益的保护尚欠周详。因此,大陆法系多作明确具体的限制性规定。在人身照护方面,就一些情形排除父母的身份代理权。如纯粹人身性行为或未成年人无"权利能力"的行为,包括订婚或结婚行为、认领行为、收养行为、立遗嘱行为及从事职业、艺术的行为等,排除父母对子女的代理权,由子女自为法律行为,但父母仍享有对此行为的同意权。在财产照护方面,对父母的管理权、处分权加以限制,如无法院授权,父母对子女的财产不得为下列行为,否则,该行为可以被撤销:① 转让或设定负担,但对将灭失或损坏的财产的有偿转让不在此限;② 在子女入股的公司的股东大会上投解散票(即会引致公司解体的投票);③ 取得子女以继承或受赠得来的商业或工业场所或继续其营业;④ 以子女的财产为股本入股无限责任公司、简单两合公司或股份两合公司等;⑤ 缔结"票据债务"或其他可通过"背书"转让的"证券债务";⑥ 担保或承担别人的债务;⑦ 举债借贷;⑧ 设定要等到子女成年后才履行的债务;⑨ 让与债权;⑩ 放弃遗产或遗赠,接受附负担的遗产、遗赠或赠与,直接或间接承租或取得子女的财产或权利,成为子女债权的承让人或获取其他对抗子女的权利等。

(五) 亲权的停止和消灭

亲权的停止与亲权的消灭不同。前者为亲权暂时停止,具备一定条件时尚可恢复;后者为亲权本质上的消灭。

1. 亲权的停止

亲权的停止,就其发生的原因不同,可分为当然停止与判决宣告停止。

① 当然停止。即当法定事由发生时自动停止行使亲权。各国法律规定的法定事由主要有:第一,收养。收养成立后,未成年的养子女处于养父母的亲权控制之下,与此同

时,其生父母丧失对于该子女的亲权。如果因某种原因导致收养关系消灭时,未成年子女将恢复处于生父母的亲权之下。第二,父母一方或者双方被宣告为无行为能力人或限制行为能力人。第三,父母离婚时确定由一方行使亲权,另一方的亲权被停止,但有探视子女的权利。第四,在确定性有罪判决中被认为犯有法律禁止行使亲权的犯罪行为。第五,被宣告失踪。

② 判决宣告停止。指当有某种为法律预见的情形发生时,利害关系人可据此提起诉讼,请求法官判决停止未成年人的父母行使亲权。亲权是以子女利益为前提的相对权,如果父母违背这一宗旨行使亲权,致子女人身或财产严重损害时,即构成亲权的滥用。法院可依法判决停止其亲权的全部或一部。判决停止亲权的原因通常为:第一,父母不能行使亲权或严重滥用亲权或有重大义务的懈怠;第二,父母滥用对子女的人身照护权,或有不名誉、不道德的行为,危害了子女的利益;第三,父母有酗酒、虐待、危害子女健康等行为;第四,父母危害子女的财产,可宣告其丧失财产管理权。如果父母双方均有上述情况,应为未成年子女另设监护人。一旦情况改变,亲权便可恢复。宣告停止的范围,又有绝对停止与相对停止之分。绝对停止,即亲权对于其全体未成年子女均宣告停止。相对停止,仅对于未成年子女中的一人或若干人停止。这种停止,可为子女人身监护权的停止,也可为子女财产管理权的停止等。

2. 亲权的消灭

亲权主要因以下原因消灭:第一,父母或子女死亡,因法律关系的主体消灭而消灭。第二,子女成年,因法定要件的消失而消灭。有些国家法律规定未成年子女结婚可视为成年子女。但关于其身份上的行为,仍应征得其法定代理人的同意。例如订立夫妻财产契约、协议离婚、被收养等。第三,收养关系终止。此时,养父母的亲权消灭,生父母的亲权恢复。

第二节 父母与子女的权利义务

一、婚生子女的概念和子女婚生性的确定

(一) 婚生子女的概念

自从进入阶级社会,建立了调整婚姻家庭关系的法律制度以来,人类社会的生育行为就产生了是否符合当时社会的婚姻家庭制度的问题,即有了合法与非法之分。所生子女也就相应有了婚生和非婚生之别,出现了婚生子女和非婚生子女的概念。

何为婚生子女,许多国家或地区的立法均有规定,只是具体表述不尽相同。例如,英国普通法规定,如子女在婚姻关系存续中出生者,不问其是否婚前受孕,只要在出生时父母之间有合法婚姻关系,子女就取得婚生子女身份;如果在婚姻关系存续中受孕,则不问子女出生前婚姻关系是否已经解除,子女均可取得婚生子女身份,但英国普通法不承认婚后的准正。美国大多数州的有关规定比英国的更为宽松。如《纽约州家庭法》第24条第1款规定,父母在子女出生前或出生后,已举行世俗的或宗教的婚姻仪式,或者已按普通

法规定完婚,婚姻被认为有效并经婚姻举行地法律认可的,所生子女为婚生子女,而不论该婚姻现在是无效的、可撤销的,还是已经被撤销或以后将被撤销或被判决无效。《德国民法典》1961年修订后的第1591条第1款规定,妻于婚前或婚姻关系存续中受胎,而夫于妻之受胎期间内有同居之事实者,其结婚后所生子女为婚生子女,即使婚姻被宣告为无效,也相同。《法国民法典》对子女的婚生性标准也有规定,概括地讲,只要父母因结婚而成一家,是在婚姻关系存续期间受胎或出生的子女为婚生子女。《日本民法典》第722条规定,妻于婚姻中受胎的子女即自婚姻成立起200日后,或自婚姻解除或撤销之日起300日内所生子女为婚生子女。我国台湾地区现行"民法"第1061条明确规定,称婚生子女者,谓由婚姻关系受胎而生之子女。并且在1062条规定了受胎期间,即从子女出生日回溯第181日起至第302日止。从上述可见,日本和我国台湾地区的民法对于婚生子女标准的规定和其他国家的规定相比,较为保守,不利于对未成年子女利益的保障。

我国1950年《婚姻法》和现行《婚姻法》虽然都使用了婚生子女的称谓,但均未对婚生子女的概念作出规定,也无婚生子女的推定制度。因此,我国有学者指出,明确婚生子女的概念,是完善我国亲子关系法首先需要解决的问题,建议对婚生子女的概念规定为:"于婚姻关系存续期间受胎或出生的子女为婚生子女。"[1]

(二) 婚生子女的推定

1. 婚生子女的推定

所谓婚生子女的推定,是指子女婚生性的法律强制规定,即在婚姻关系存续期间,妻子受胎所生的子女,推定为婚生子女。婚生推定制度源自于罗马法中的"婚姻示父"原则,旨在法律上推定母之夫即为子女之父,进而免除生母麻烦的举证责任。[2] 婚生子女推定制度,对于维护夫妻关系的稳定,巩固社会秩序,特别是未成年子女利益的保护,有着十分重要的意义。

婚生子女必须具备如下条件:(1) 父母有合法的夫妻身份关系;(2) 该子女必须是其生父之妻所生,这就排除了父与母之外的女子受胎所生之子女;(3) 该子女必须是其生母之夫所受胎而生,即该子女与生母之夫有血缘联系,这就排除了该子女是由父之外的男子受胎所生。上述三个条件中,前两个条件是比较容易证明的,一般均可直接根据生母怀胎、分娩的事实和生父母婚姻关系存在的客观状况加以确认。但是,要证明第3个条件就比较困难。基于此,世界各国几乎都规定了婚生子女的推定制度。而且,顺应社会的发展,很多国家的有关规定发生了较大的变化。许多国家已明确规定,婚前受胎而在婚姻关系存续期间出生的子女,视为婚生子女。这样,婚生子女必须具备的条件已经变得宽松,只要是在生父母婚姻关系存续期间受胎或出生的子女,均为婚生子女。

2. 子女婚生性的否认

子女婚生性的否认是指丈夫证明在受胎期间内,未与妻子有同居行为,依法否认子女

---

[1] 参见杨大文主编:《亲属法》,法律出版社1997年版,第240—241页。
[2] 外国法上母亲的身份都是基于子女出生的事实或者在出生证上登记母亲的姓名而自动取得。此外,母亲的身份还可以通过认领或诉讼程序或因民事身份占有的事实而确定。

是自己的亲生子女的制度，即当事人依法享有否认婚生子女是自己亲生子女的诉讼请求权的制度。

依据婚生子女的推定制度确定子女是婚生子女，实际上并未解决该子女是否是真正的婚生子女，或者说，并未真正解决该子女是否是其生母之夫所受胎而生。现实生活中也确实有受婚生推定的子女实际上是婚外性关系所生子女的情况。因此，为了保障当事人的合法权益，体现法律的公平性，各国法律在规定婚生子女推定制度的同时，还规定了婚生子女的否认制度。考察各国婚生子女的否认制度，尽管具体内容不尽相同，但是均涉及以下几方面的问题：

（1）否认的原因。对否认的原因，各国一般采取概括主义，即不列举具体的原因，规定只要提供足以推翻子女为婚生的证据即可。比如，丈夫在妻子受胎期间没有同居的事实；丈夫有生理缺陷，无生育能力等。

（2）否认权人。有的国家如法国、日本、罗马尼亚等规定，只有丈夫享有否认权；有的国家如瑞士规定，丈夫和子女享有否认权；有的国家如苏联、保加利亚规定夫妻和子女均享有否认权。

（3）否认权的时效和限制。在外国法律中，否认请求均规定有时效限制，其目的在于促使当事人及时行使权利，尽快确定子女的法律地位。但是，有关时效的期限长短不同。有的规定为1个月如美国路易斯安那州，有的国家如比利时为90天，有的国家如法国、罗马尼亚为6个月，有的国家如日本为1年，还有的国家如德国请求撤销父亲身份的期限为2年。至于诉讼时效从何时起算，各国规定也不尽相同。大多数国家规定从知悉需要行使权利时开始，也有个别国家规定否认权于子女出生时否认权人在出生地为起算时间，如出生时不在出生地的，以其返回出生地时起算等。①

婚生子女的推定和否认制度是亲子法的重要组成部分，不少国家立法对此设有明确规定，虽现行《德国民法典》取消了"婚生、非婚生"子女的称谓，不存在婚生子女的推定与否认问题，但仍设有"父亲身份的推定与撤销"制度②，以保护父母和子女尤其是未成年子女的利益。我国婚姻法尚无婚生子女的推定和否认。实践中，丈夫如否认子女为婚生子女，可向人民法院提起确认之诉。诉讼中丈夫负有举证责任，其需证明在其妻受胎期间，双方没有同居的事实，或能够证明其没有生育能力。必要时人民法院也可委托有关机构进行亲子鉴定。如果婚生子女否认成立，丈夫可免除对该子女的抚养责任。我国现行法律对婚生子女的否认权没有时效的限制，同时也没有丈夫可对该子女生父追偿已付抚养费的规定。

3. 亲子关系诉讼中的亲子鉴定

2011年最高人民法院《婚姻法解释（三）》明确规定亲子关系诉讼中一方当事人拒绝鉴定将导致法院推定另一方主张成立的法律后果。亲子关系诉讼属于身份关系诉讼，主

---

① 参见李志敏主编：《比较家庭法》，北京大学出版社1988年版，第212—214页。
② 参见《德国民法典》1998年7月1日生效的第1592、1593、1599—1600c条。

要包括否认婚生子女和认领非婚生子女的诉讼,即否认法律上的亲子关系或承认事实上的亲子关系。现代生物医学技术的发展,使得 DNA 鉴定技术被广泛用于子女与父母尤其是与父亲的血缘关系的证明。亲子鉴定技术简便易行,准确率较高,在诉讼中起到了极为重要的作用,全世界已经有 120 多个国家和地区采用 DNA 技术直接作为判案的依据。在处理有关亲子关系纠纷时,如果一方提供的证据能够形成合理的证据链条证明当事人之间可能存在或不存在亲子关系,另一方没有相反的证据又坚决不同意做亲子鉴定的,人民法院可以按照 2002 年 4 月 1 日开始施行的《最高人民法院关于民事诉讼证据的若干规定》第 75 条的规定做出处理,即可以推定请求否认亲子关系一方或者请求确认亲子关系一方的主张成立,而不配合法院进行亲子鉴定的一方要承担败诉的法律后果。[①]

二、父母对子女的抚养教育和保护

我国现行《婚姻法》第 21 条规定,父母对子女有抚养教育的义务;父母不履行抚养义务时,未成年的或不能独立生活的子女,有要求父母付给抚养费的权利。该法第 23 条规定,父母有保护和教育未成年子女的权利和义务。在未成年子女对国家、集体或他人造成损害时,父母有承担民事责任的义务。

1. 父母对子女有抚养的义务

抚养,是指父母在经济上对子女的供养和在生活上对子女的照料。包括负担子女的生活费、教育费、医疗费等。抚养义务是父母对子女所负的最主要的义务,目的是为了保障子女的生存和健康成长。

父母对未成年子女的抚养是无条件的。除法律另有规定外,任何情况下父母都必须履行抚养义务。2011 年最高人民法院《关于适用〈中华人民共和国婚姻法〉若干问题的解释(三)》第 3 条规定,婚姻关系存续期间,父母双方或者一方拒不履行抚养子女义务,未成年或者不能独立生活的子女请求支付抚养费的,人民法院应予支持。离婚后的父母,无论子女由哪方抚养,另一方都不因此而免除其对子女的抚养义务。在一般情况下,父母的抚养义务到子女成年为止。需要指出的是,未成年的子女应该作缩小解释,是指不满 18 周岁的公民,但已满 16 周岁而未满 18 周岁的公民且能够以自己的劳动收入为主要生活来源的人除外。"不能独立生活的子女",是指虽已成年,但非因主观原因而无法独立维持正常生活的子女。如子女丧失劳动能力或虽未完全丧失劳动能力但收入不足以维持生活的,子女尚在校接受高中或职高及高中或职高以下学历教育的情况。[②]

当未成年子女或不能独立生活的成年子女的受抚养的权利受到侵犯时,他们有向父母追索抚养费的权利。追索抚养费的要求,可向抚养义务人的所在单位或有关部门提出解决,也可直接向人民法院提起诉讼。人民法院应当根据子女的需要和父母的抚养能力,通过调解或判决的方式,确定抚养费的数额、给付期限及方法。

---

① 最高人民法院新闻发言人孙军工:"关于《最高人民法院关于适用〈中华人民共和国婚姻法〉若干问题的解释(三)》的新闻发布稿",2011 年 8 月 12 日。
② 最高人民法院:《关于适用〈中华人民共和国婚姻法〉若干问题的解释(一)》第 20 条,2001 年 12 月 25 日。

一般来说,对未成年子女的抚养程度是与自己维持同一生活水平,对成年子女的抚养程度是维持当地一般生活水平。对拒不履行抚养义务、恶意遗弃未成年子女,情节严重构成犯罪的,应当依法追究其刑事责任。

2. 父母对子女有教育的义务

教育,是指父母在思想品德、学业上对子女的关怀和培养。教育子女是父母一项重要的职责,其中包括两个方面的内容:一是父母或者其他监护人应当尊重未成年人接受教育的权利,必须使适龄的未成年人按照规定接受义务教育,不得使在校接受义务教育的未成年人辍学。根据我国《义务教育法》第5条的规定,凡年满6周岁的儿童,不分性别、民族、种族,应当入学接受规定年限的义务教育。条件不具备的地区,可以推迟到7周岁入学。父母或者其他监护人必须使适龄的子女或者被监护人按时入学,接受规定年限的义务教育。适龄儿童、少年的父母或者其他监护人未按规定送子女或者其他被监护人就学接受义务教育的,城市由市、市辖区人民政府或者其指定机构,农村由乡级人民政府,对其进行批评教育;经教育仍拒不送其子女或者被监护人就学的,可视具体情况处以罚款,并采取必要的措施使其子女或者被监护人就学。二是父母或者其他监护人应当以健康的思想、品行和适当的方法教育未成年人,引导未成年人进行有益身心健康的活动,预防和制止未成年人吸烟、酗酒、流浪以及聚赌、吸毒、卖淫。按照《中华人民共和国未成年人保护法》的规定,国家、社会、学校和家庭应对未成年人进行理想教育、道德教育、文化教育、纪律和法制教育,进行爱国主义、集体主义和国际主义、共产主义的教育,提倡爱祖国、爱人民、爱劳动、爱科学、爱社会主义的公德。父母有责任使子女身心健康地成长。

父母对子女的抚养教育义务,始于子女出生。父母以任何手段危害子女生命和健康的行为都是违法的。我国《婚姻法》特别规定,禁止溺婴、弃婴和其他残害婴儿的行为。溺婴是指把刚生下来的婴儿淹死。弃婴是指把刚生下来的婴儿扔掉。残害婴儿是指采取溺婴、弃婴之外的手段把刚生下来的婴儿杀死,或伤害其肢体或损害其器官的健康。

3. 父母对子女有保护和教育的权利和义务

保护,是指父母应保护未成年子女的人身安全和合法权益,防止和排除来自自然界的损害以及他人的非法侵害。未成年子女是无民事行为能力人或限制民事行为能力人,他们缺乏对事物的理解能力和处理的能力。法律要求父母对未成年子女进行管教和保护,一方面是为了保障子女的健康和安全,另一方面则是为了防止未成年子女损害他人和社会的利益。

教育,在这里应当理解为管教,是指父母按照法律和道德规范的要求,采用适当的方法对未成年子女进行管理和教育。

保护和教育未成年子女是有效地保障子女身心健康和财产安全的法律依据。父母是未成年子女的法定监护人和法定代理人,当未成年子女的人身或财产权益遭受他人侵害时,父母有以法定代理人的身份提起诉讼,请求排除侵害、赔偿损失的权利。当未成年子女脱离家庭或监护人时,父母有要求归还子女的权利。① 发生拐骗子女行为时,父母有请求司法机关追究拐骗者刑事责任的权利。在未成年子女对国家、集体或他人造成损害时,父母有承担民事责任的义务。我国《民法通则》第133条规定:"无民事行为能力人、限制民事行为能力人造成他人损害的,由监护人承担民事责任。监护人尽了监护责任的,可以适当减轻他的民事责任。有财产的无民事行为能力人、限制民事行为能力人造成他人损害的,从本人财产中支付赔偿费用。不足部分,由监护人适当赔偿,但单位担任监护人的除外。"《侵权责任法》第32条规定:"无民事行为能力人、限制民事行为能力人造成他人损害的,由监护人承担侵权责任。监护人尽到监护责任的,可以减轻其侵权责任。有财产的无民事行为能力人、限制民事行为能力人造成他人损害的,从本人财产中支付赔偿费用。不足部分,由监护人赔偿。"②最高人民法院《关于贯彻执行〈中华人民共和国民法通则〉若干问题的意见(试行)》第158条规定:"夫妻离婚后,未成年子女侵害他人权益的,同该子女共同生活的一方应当承担民事责任;如果独立承担民事责任确有困难的,可以责令未与该子女共同生活的一方共同承担民事责任。"第161条规定:"侵权行为发生时行为人不满18周岁,在诉讼时已满18周岁,并有经济能力的,应当承担民事责任;行为人没有经济能力的,应当由原监护人承担民事责任。行为人致人损害时年满18周岁的,应当由本人承担民事责任;没有经济收入的,由扶养人垫付;垫付有困难的,也可以判决或者调解延期给付。"

理解和运用我国《婚姻法》第23条,还应该注意以下问题:

(1) 父母对于未成年子女的保护和管教既是权利又是义务,因此父母不得抛弃其权利,也不得滥用其权利。法律要求管教子女的方式要适当,禁止虐待和残害子女;虐待子女情节严重构成犯罪的,应依法追究刑事责任。

(2) 父母双方对子女都有保护和管教的权利和义务。这是男女平等原则的体现和要求。禁止任何单位、组织和公民个人在父亲死亡的情况下干涉母亲行使保护管教的权利。

(3) 保护和管教的对象仅限于未成年子女。父母对于已经成年的子女和已满16周岁不满18周岁但以自己的劳动收入为主要生活来源的子女,不再继续行使此项权利和负担此项义务。保护和管教的唯一目的是保护未成年子女的健康成长,即此项权利是专为子女利益而存在。

(4) 保护和教育的权利是基于父母的身份依照法律的规定当然发生的。父母有承担民事责任的义务并不能免除有责任能力的子女依照有关的法律规定承担其他法律责任。

---

① 2001年最高人民法院《关于确定民事侵权精神损害赔偿责任若干问题的解释》第2条规定,非法使未成年人脱离监护,导致亲子关系或者近亲属间的亲属关系遭受严重损害,监护人向人民法院起诉请求赔偿精神损害的,人民法院应当依法予以受理。

② 《侵权责任法》对《民法通则》的规定作了两处修改:首先,加重了监护人的责任。为了保护被侵权人的合法权益,使其受到的损害能够得到全部的赔偿,对于无民事行为能力人或者限制行为能力人赔偿后,其财产不足的部分,需要由监护人给予全部赔偿,而不仅仅给予适当的赔偿。其次,单位担任监护人的,也要承担相应的赔偿责任。为了促使单位监护人尽职履行监护职责,防止其怠于行使监护职责,放任被监护人侵权行为的发生,保证被侵权人受到的损害得到赔偿,《侵权责任法》修改了《民法通则》的规定,明确单位监护人应当承担与非单位监护人同样的责任。

三、子女对父母的赡养和扶助

我国《宪法》规定,公民在年老、疾病或丧失劳动能力的情况下,有从国家和社会获得物质帮助的权利。同时还规定,成年子女有赡养、扶助父母的义务。禁止虐待老人。《婚姻法》第21条规定,子女对父母有赡养扶助的义务。子女不履行赡养义务时,无劳动能力的或生活困难的父母,有要求子女付给赡养费的权利。《中华人民共和国老年人权益保障法》第二章"家庭的赡养与扶养"就家庭在赡养老人时应承担的义务作了更为明确、具体的规定。该法规定,老年人养老主要依靠家庭,家庭成员应当关心和照顾老人。

赡养,是指子女对父母的供养,即在物质上和经济上为父母提供必要的生活条件。扶助,是指子女对父母在精神上和生活上的关心、帮助和照料。老年人对于社会和家庭贡献了毕生的精力,尽到了责任,理应得到社会和家庭的尊敬和照顾。根据我国《宪法》的规定,当公民年老、患病或丧失劳动能力时,有从国家和社会获得物质帮助的权利。但由于我国目前的社会福利事业相对不足,国家和社会对老年人的物质帮助,还不能完全取代家庭职能,我国现阶段赡养老人仍然主要依靠家庭。子女赡养老人是其对家庭和社会应尽的责任。

根据法律规定,子女对父母物质上的供养扶助是有条件的。首先,父母须是无劳动能力或生活困难的,无劳动能力应该作出缩小解释,是指完全丧失从事创造物质财富或精神财富活动的身体条件,不过应当将虽然丧失劳动能力但有可靠的收入(包括社会保障金)维持自己生活的人排除在外。生活困难是指在完全丧失从事创造物质或精神财富的活动的身体条件的情况下,虽有收入但收入不足以维持当地一般生活水平,或者在未完全丧失从事创造物质或精神财富的活动的身体条件的情况下,虽有收入但收入不足以维持当地一般生活水平。其次,子女须成年且有赡养能力,子女应该作出缩小解释,专指有独立的劳动收入或其他收入并在能够满足自己的最低生活水平之外有剩余的成年子女,或已满16周岁而未满18周岁但能够以自己的劳动收入维持当地一般生活水平的子女。对于有劳动能力、生活不困难的父母,子女自愿扶助孝敬父母,法律是提倡的,但不强制。

赡养义务的内容包括经济上的供养,生活上、体力上的照料、帮助和精神上的尊敬、慰藉、关怀。依据《中华人民共和国老年人权益保障法》的规定,赡养义务的内容包括以下几方面:(1)赡养人应当履行对老年人经济上供养、生活上照顾和精神上慰藉的义务,照顾老年人的特殊需要。(2)赡养人对患病的老年人应当提供医疗费用和护理。(3)赡养人应当妥善安排老年人住房,不得强迫老年人迁居条件低劣的房屋。老年人自有的或者承租的住房,子女或者其他亲属不得擅自改变产权关系或者租赁关系。老年人自有的住房,赡养人有维修的义务。(4)赡养人有义务耕种老年人承包的田地,照管老年人的林木和牲畜等,收益归老年人所有。

赡养的方式既可以是与父母共同生活直接履行赡养义务,也可采用经常联系、探望并提供生活条件及生活费用的方式。如有多个子女,则应根据每个子女的经济状况,共同承担起对父母的经济责任。赡养人之间可以就履行赡养义务签订协议,并征得老年人的同意。居民委员会、村民委员会或者赡养人所在组织监督协议的履行。赡养费的数额,既要根据赡养人的经济负担能力,又要照顾父母的实际生活需要。一般而言,应不低于子女本人或当地的平均生活水平,以确保老人的生活需要。另外,我国《婚姻法》第30条还强调,父母的婚姻自主权受法律保护,子女的赡养义务不因父母的婚姻关系变化而终止。需要特别指出的是,法律规定子女对父母有赡养义务,但如果父母对子女遗弃、虐待情节严重的,就不应当再享有该子女的赡养权。

关于因追索赡养费引起的纠纷,可以要求家庭成员所在组织或者居民委员会、村民委员会调解,也可直接向人民法院提起诉讼。人民法院在处理赡养纠纷时,应坚持保护老年人的合法权益的原则,通过调解或判决的方式,确定赡养费的数额和给付方式。对老年人追索赡养费或者扶养费的申请,可以依法裁定先予执行。义务人有能力赡养而拒绝赡养,情节严重,构成遗弃罪的,应依法追究其刑事责任。

四、父母子女间的遗产继承权

《婚姻法》第24条规定,父母和子女有相互继承遗产的权利。我国《继承法》第10条规定,父母、子女与被继承人的生存配偶,同为第一顺序的法定继承人。

继承权,是指继承人依法享有的继承被继承人遗产的权利。父母和子女是最近的直系血亲,因此,父母子女间的继承权是基于双方的特殊身份而产生的。法律所指的父母包括:生父母、养父母和有扶养关系的继父母;子女包括:婚生子女、非婚生子女、养子女和有扶养关系的继子女。父母与子女的遗产继承权是平等的。子女之间对父母的遗产继承权也是完全平等的,不应受到性别、年龄、已婚或未婚的限制和影响。这里需要指出的是:(1)非婚生子女有权继承生父母的遗产;(2)养子女有权继承养父母的遗产,但无权继承生父母的遗产;(3)形成了扶养关系的继父母和继子女之间享有相互继承遗产的权利,同时继父母继承了继子女遗产的,不影响其继承生子女的遗产;继子女继承了继父母遗产的,不影响其继承生父母的遗产。与此相关,法律还规定:(1)被继承人死亡时尚未出生的胎儿,也应依法保留其继承的份额,胎儿出生时是死体的,保留的份额由被继承人的继承人继承;胎儿出生后死亡的,则由其继承人继承;(2)子女先于父母死亡的,其晚辈直系血亲依法享有代位继承权;(3)丧偶儿媳对公婆、丧偶女婿对岳父母尽了主要赡养义务的,也作为第一顺序继承人继承遗产;(4)被继承人订立的遗嘱应当对缺乏劳动能力又没有生活来源的继承人保留必要的遗产份额。

第三节 几种特殊类型的亲子关系

本节包括父母与非婚生子女、继父母与继子女、父母与人工生育的子女的关系,除此之外,本节还应包括养父母与养子女关系,鉴于我国专门立有《收养法》,有关收养制度本书将单列一章,此处从略。

一、父母与非婚生子女

(一) 非婚生子女的概念和法律地位

非婚生子女是婚生子女的对称,是指没有婚姻关系的男女所生的子女。无婚姻关系的妇女所生的子女,已婚妇女所生但被法院判决否认婚生推定的子女,已婚妇女所生的不受婚生推定的子女,均属于非婚生子女。对于无效婚姻或被撤销的当事人所生的子女,有的国家将其视为非婚生子女,而多数国家却基于保护子女利益的需要,仍然规定其为婚生子女。

在历史上,非婚生子女在世界各国,无论在法律上还是在实际生活中均遭受歧视和虐待。中国封建法律亦对"婢生子"、"奸生子"倍加歧视。清末颁行的《大清现行刑律》中还规定"奸生子"、"婢生子"不得继承宗祧。继承财产时,"奸生子、婢生子,依子量予半分"。近代社会对于非婚生子女的态度已有了很大转变,认识到无论是婚生还是非婚生,都与子女无关,是其父母所为,没有理由歧视非婚生子女。即使如此,在早期资本主义国家立法中,仍然对非婚生子女加以歧视。英国普通法规定,非婚生子女不属于任何人的子女,其父不负有抚养义务。1804年《法国民法典》还规定非婚生子女不得请求其父认领;非婚生子女不得主张婚生子女的权利;非婚生子女不得为继承人。即使经过认领的非婚生子女,如与婚生子女同时继承,其应继分只为婚生子女的1/3。自20世纪开始,特别是在第二次世界大战以后,在人权思想、人道思想和平等思想的作用下,非婚生子女的法律地位有了很大的改善。特别是1918年苏俄新的婚姻家庭法典明确规定非婚生子女与婚生子女享有同等权利,从法律上根除了对非婚生子女的歧视。但就世界范围看,非婚生子女法律地位改善的时间先后及程度,各国情况很不相同。例如,直到1926年英国才颁布《准正法》,承认非婚生子女因事后父母结婚准正取得婚生子女的地位。而时至今日仍有少数国家保留有对非婚生子女的歧视性规定。

在我国,非婚生子女与婚生子女具有同等的法律地位。《婚姻法》第25条规定:"非婚生子女享有与婚生子女同等的权利,任何人不得加以危害和歧视。不直接抚养非婚生子女的生父或生母,应当负担子女必要的生活费和教育费,直至子女能独立生活为止。"

(二) 非婚生子女的认领和准正

非婚生子女的法律地位如何,或者说非婚生子女与事实上的父母间关系如何,是世界各国法律上和社会实践中不可回避的一个重要问题。几乎在所有国家,母亲身份都是基于子女出生的事实或者在出生证上登记母亲的姓名而自动取得的。此外,母亲身份还可以通过认领或诉讼程序而确定。非婚生子女的父亲身份难以通过推定的方法来确定,常见的方法是自愿认领和强制认领。为了确定非婚生子女的法律地位,保护其合法权益,当代世界绝大多数国家都建立了确认非婚生子女法律地位的制度,即认领制度,有些国家还设立了准正制度。

非婚生子女的认领,是指非婚生子女的生父母承认非婚生子女是自己的子女。认领分为两种形式:一是自愿认领,二是强制认领。

1. 自愿认领

自愿认领,又称任意认领,是指生父母承认该非婚生子女是自己所生,并自愿承担抚养责任,无须他人或法律的强制。

(1) 认领人。认领人是指认领行为的主体。多数国家规定非婚生子女的生父为非婚生子女的认领人,如罗马尼亚、瑞士等国。有的国家规定,生父、生母均为认领人,如日本等。

(2) 被认领人。即认领行为的对象,一般是指非婚生的子女。

(3) 认领的方式。认领是一种确认人身关系的重要法律行为,涉及子女的人身权利和财产权利,应为要式行为。各国规定认领的方式不同。主要通过以下方式进行:

第一,公证认领,如法国认领非婚生子女及德国认可父亲身份需进行公证;

第二,登记认领,如苏联苏维埃法典规定父母双方共同到户籍机关登记认领;

第三,事实认领,即生父已经抚养非婚生子女,并且有认为该子女是自己的子女的意思表示,视为认领。

(4) 认领的否认与撤销。为防止他人冒认子女,发生欺诈,损害非婚生子女及其生母的名誉,造成生父认领困难和障碍,法律设立认领的否认与撤销制度。即在认领发生后,如发现认领人非子女之父,法律给有关当事人以否认权,可向法院提出申请撤销认领。

2. 强制认领

强制认领,是指当非婚生子女的生父或生母不主动地自愿认领时,由有关当事人诉请法院予以判决强制认领的方式。

强制认领的原因主要有:

(1) 未婚女子所生的子女,生母指认的生父不承认该子女是他所生,生母向法院提起确认生父之诉;

(2) 已婚女子与第三人所生子女,女方指认第三人为子女的生父而遭否认的,生母向法院提出确认生父之诉。

非婚生子女的准正,是指因生父母结婚或司法宣告使非婚生子女取得婚生子女资格的制度。准正制度始于罗马法。为保护非婚生子女的利益,法律规定父对于结婚前所生子女,因与其母结婚而取得家父权,对子女视为婚生。寺院法和日耳曼法也设有准正制度。1926 年英国始有《准正法》。美国大部分州皆采用英制。大陆法系诸国如法国、瑞士、日本等国均继受罗马法原则设有非婚生子女的准正制度(但各国准正的要件和方式略有不同)。虽现行《德国民法典》已删除"非婚生子女"一词,不存在子女"婚生化"问题,但仍设有"认可父亲身份"及"父亲身份的确认"制度,以确立亲子关系,保护子女利益。①

准正有两种形式:(1) 因生父母结婚而准正。它本身又可分为两种情况:一是仅以生父母结婚为准正的要件。如《德国民法典》第 1719 条。二是以生父母结婚和认领为准正

---

① 参见《法国民法典》第 331、332 条;《瑞士民法典》第 259 条;《日本民法典》第 789 条;《德国民法典》第 1594—1598、1600d—1600e 条。

的双重要件。如《日本民法典》第789条第1项规定:"父认领的子女,因其父母结婚而取得婚生子女的身份。"我国现行《婚姻法》无非婚生子女的准正制度。在现实生活中,非婚生子女的生父母结婚,被承认为其婚前所生的子女,一般当然被视为婚生子女。(2)因法官宣告而准正。法官宣告准正,是指男女订立婚约后,因一方死亡或有婚姻障碍存在,使婚姻准正不能实现时,可依婚约一方当事人或子女的请求,由法官宣告子女为婚生子女。如《德国民法典》第1722条的规定。

准正在理论上为有血缘关系的非婚生子女始能受准正,应兼顾结婚事实与血缘真实。单以结婚为准正条件,生母的非婚生子女若与夫并无血缘关系,也可能一并被准正为夫的婚生子女。故世界大多数立法例均采取准正除生父与生母结婚外,尚需生父的认领。

根据世界大多数国家立法例,两种准正均使非婚生子女取得婚生子女资格。但效力发生的时间则有所不同。有的规定从父母结婚或法院宣告为婚生之日起算,如《法国民法典》第332条;有的则规定有溯及力,自子女出生之日起发生婚生效力,如《瑞士民法典》第259条。

(三) 我国非婚生子女的认领及其法律地位

我国《婚姻法》第25条强调了对非婚生子女的保护,我国的非婚生子女与婚生子女的法律地位是完全相同的,法律有关父母子女间的权利和义务,同样适用于非婚生父母子女之间。非婚生子女享有与婚生子女同等的权利,即法律所规定的受抚养教育和保护管教的权利和未成年子女给国家、集体、他人造成损害时父母承担民事责任的权利以及继承权等。"任何人"包括父母在内的公民、法人和其他组织都不得危害和歧视非婚生子女。"危害"即损害,是指对于人身和财产加以破坏或损害的行为,既包括人身损害,也包括财产损害,当然包括溺婴、弃婴、残害婴儿的行为。"歧视"是指对于非婚生子女与婚生子女以不平等地看待。

我国尚未建立非婚生子女的认领制度。在现行的法律制度下,关于非婚生子女地位婚生化的做法是:基于分娩的事实,非婚生子女与生母之间的关系一般无须加以特别的证明,非婚生子女按生母的婚生子女对待。非婚生子女与生父之间的关系,一般有两种情况:一是由生父自愿表示认领,二是被生母指认的生父不承认该子女是其所生。这种情况可通过生母向法院提出的证据,如在受孕期间与被告有过性关系,或被被告强奸的事实和证据等加以证明。法院在必要时,可委托有关部门进行亲子鉴定。2011年最高人民法院《婚姻法解释(三)》明确规定亲子关系诉讼中一方当事人拒绝鉴定将导致法院推定另一方主张成立的法律后果。(参见本章第二节内容)

1980年《婚姻法》第19条第2款规定,可以由生父负担非婚生子女必要的生活费和教育费的一部或全部。2001年修订后的《婚姻法》强化了生母的义务,生父、生母都有义务负担非婚生子女的生活费和教育费。具体负担方法可根据他们的经济情况决定。可由双方分担,也可由一方负担。生活费是指满足自己衣食住行等方面需要所必要的金钱或生活物品。教育费是指接受学校教育、家庭教育、社会教育所需要的费用,包括学费、杂费等。独立生活是指能够单独依靠自己的劳动收入或其他收入满足自己的衣食住行等方面的全部需要,即使已经年满18周岁但还在学校就读或因其他非主观的原因不能维持正常生活的,父母仍然要承担提供生活费用和教育费用的义务。

实践中处理非婚生子女问题,特别需要注意:

(1) 非婚生子女的生父母负有抚养教育非婚生子女的义务,对于不履行抚养义务的生父母,非婚生子女有要求付给抚养费的权利。非婚生子女的生母与他人结婚的,其丈夫愿意负担该子女的生活费和教育费的一部或全部的,则生父的抚养费负担可酌情减少或免除。如生父要求领回自行抚养,可由生父母双方协商解决,协商不成的可请求法院作出判决。

(2) 经过确认之后但未与非婚生子女共同生活的父母一方应该享有探望权,另一方有协助的义务。

(3) 非婚生子女对生父母有赡养和扶助的义务。对于已经确认的生父母,除非对非婚生子女已构成虐待或遗弃的以外,非婚生子女应对其生父母尽赡养的义务。

(4) 非婚生子女与生父母间有相互继承遗产的权利。非婚生子女继承生父母遗产的应继份与婚生子女的应继份完全相同。

二、继父母与继子女

(一) 继父母、继子女的概念

继父母,是指父之后妻或母之后夫。继子女,是指夫与前妻或妻与前夫所生的子女。继父母与继子女关系产生的原因,一是由于父母一方死亡,他方再行结婚而形成;二是由于父母离婚,父或母再行结婚而形成。子女对父母的再婚配偶称为继父母。夫或妻对其再婚配偶的子女称为继子女。继父母子女关系是由于父或母再婚而形成的姻亲关系。

继父母子女关系可分为三种情形:第一,父或母再婚时,继子女已成年并已独立生活;第二,父或母再婚后,未成年的或未独立生活的继子女未与继父母共同生活或未受其抚养教育;第三,父或母再婚后,未成年的或未独立生活的继子女与继父母长期共同生活,继父或继母对其进行了生活上的抚养和教育的。法律规定,只有在一起共同生活形成了抚养教育关系的继父母子女间,才具有法律上的拟制血亲关系,产生父母子女间的权利和义务。没有形成抚养教育关系的继父母子女间仅产生姻亲关系,不发生法律上的权利和义务。

(二) 我国对继父母继子女形成抚养教育关系的认定

我国婚姻法对继父母与继子女之间形成抚养教育关系认定的要件未予规定。实践中一般是根据继父母对继子女在经济上尽了扶养义务(对继子女给付生活费、教育费的一部或全部),或者生活上尽了扶养教育义务(与未成年继子女共同生活,对其生活上照料、帮助,在思想品德、学业上对继子女关怀、培养)等来认定。如果在继父和母亲或继母与父亲实行共同财产制的情况下,以夫妻的共同财产来支付全部或主要抚养费的,或在继父与母亲或继母与父亲实行约定财产制的情况下,以继父和母亲或继母和父亲的共同生活费来支付全部或主要抚养费的,就符合"受其抚养"的条件。即使未成年的继子女为家庭生活提供了力所能及的劳动也是如此。

由于继父母与继子女间形成抚养教育关系的认定标准尚无具体规定，实践中会发生很多麻烦，比如有些继父或继母虽然抚养教育继子女，但未必愿意与其形成父母子女权利义务关系，如果仅凭扶养教育的某些事实便认其为形成了抚养教育关系，似乎有些武断。所以国家鼓励有意与继子女形成抚养教育关系的继父或继母收养继子女。

依据我国《收养法》的规定，继父或者继母经继子女的生父母同意，可以收养继子女。继子女与继父母在办理了收养手续后，继父母子女关系就转化为养父母子女关系，适用养父母子女间的权利和义务。养子女与生父母及其近亲属间的权利和义务关系，因收养关系的成立而消除。

(三) 继父母与继子女的法律地位

我国《婚姻法》第27条规定："继父母与继子女间，不得虐待或歧视。继父或继母和受其抚养教育的继子女间的权利和义务，适用本法对父母子女关系的有关规定。"因此，首先，无论继父母与继子女间是否形成抚养教育关系，他们相互之间都不得虐待和歧视。这是社会主义尊老爱幼、民主平等新型家庭关系的要求。其次，继父母与继子女之间是否发生法律规定的父母子女间的权利和义务，应根据他们是否形成抚养教育关系来确定。未形成抚养教育关系的继父母与继子女之间属于姻亲关系，他们之间无法律规定的父母子女间的权利与义务。即他们之间只是一种名义上（或称谓上）的父母子女关系，继父母因未抚养教育继子女，不享有受继子女赡养扶助的权利；继子女因未受继父母的抚养教育，不负赡养扶助继父母的义务。已形成抚养教育关系的继父母与继子女属于法律上的拟制血亲，他们之间具有与自然血亲的父母子女相同的权利和义务。与此同时，该继子女与没有和他共同生活的另一方生父或生母的关系仍然存在，他们之间的自然血亲父母子女关系并不因未在一起共同生活而消除。这样，此类继子女就具有双重法律地位。即一方面他和自己的生父母保持着父母子女间的权利和义务，另一方面他和抚养教育自己的继父或继母又形成拟制血亲父母子女间的权利和义务。所以，他享有双重权利，负有双重义务。也就是说，他既有受生父母抚养教育的权利，又享有受形成抚养教育关系的继父母抚养教育的权利；他既负有赡养扶助生父母的义务，又负有赡养扶助形成抚养教育关系的继父或继母的义务。并且，他享有的继承权也是双重的。他既享有继承生父母遗产的权利；又享有继承形成抚养教育关系的继父或继母遗产的权利。与之相应的是，形成扶养教育关系的继父或继母（如有自己的生子女）也具有双重的法律地位。即一方面他与自己的生子女保持着父母子女间的权利和义务。另一方面他与受自己抚养教育的继子女又形成拟制血亲父母子女之间的权利和义务。所以，他也享有双重权利，负有双重义务。也就是说，他既负有抚养教育生子女的义务，又负有抚养教育形成抚养教育关系的继子女的义务；他既享有受生子女赡养扶助的权利，又享有受形成抚养教育关系的继子女赡养扶助的权利。并且，他享有的继承权也是双重的。他既享有继承生子女遗产的权利，又享有继承形成抚养教育关系的继子女遗产的权利。

(四) 继父母继子女关系的解除

继父母子女关系可基于一定的原因解除,在目前法律规定不明确的情况下,解除应注意遵循以下的原则:

(1) 未形成抚养教育关系的继父母子女关系,因生父或生母与继母或继父婚姻终止而解除。但如因生父或生母死亡而导致婚姻终止的,继子女仍可自愿与继母或继父保持父母子女的称谓关系。

(2) 已形成抚养教育关系的继父母子女关系,可在下列情况下解除:

第一,在再婚关系存续期间,继父或继母与继子女之间的扶养关系,可根据任何一方的请求及停止扶养的事实(如继子女离开继父或继母随另一方生父或生母生活)而解除。因他们之间扶养关系的建立,是基于当事人自愿的行为,而非法定的义务。但扶养关系解除后,继父母与继子女的姻亲关系及称谓关系仍存在。

第二,在再婚关系终止时,无论是因离婚而终止或因生父(或生母)死亡而终止,继父或继母与继子女之间的扶养关系均不当然解除。根据婚姻法和有关司法解释的规定,继父(母)与继子女已形成的扶养关系是一种独立的权利义务关系,不因生母或生父与继父或继母婚姻关系的终结而自然消除。因为,从形成抚养教育关系的继父母子女关系的产生原因看,除生父母带子女再婚外,还有继父或继母对继子女进行抚养教育的事实。如生父(母)与继母(父)离婚,除未成年继子女被生父母一方带走,继父母终止对该继子女的抚养而致扶养关系自然解除外,被继父(母)长期抚养并已成年的继子女受继父(母)抚养教育的事实不能消失,有抚养教育关系的继父母与继子女间父母子女的权利和义务,仍不能自然终止。一方要求解除这种权利义务关系的,人民法院应视具体情况作出是否准许解除的调解或判决。① 如生父或生母再婚后死亡,已形成抚养教育关系的继父或继母对未成年或未独立生活的继子女,仍有继续抚养教育的义务;如生存的另一方生父或生母要求将该子女领回抚养,但继父或继母不同意的,该子女并不当然归生父或生母抚养,应由双方协商解决;协议不成的,则由人民法院根据子女利益判决;如继父或继母要求解除扶养关系,只有在该继子女生存的另一方生父或生母有扶养能力、或有其他近亲属扶养时,才允许解除,如未成年继子女不堪忍受继父或继母虐待,要求解除扶养关系的,应予准许;对已成年的继子女,如继父母子女关系恶化而不堪共同生活的,可因一方或双方的要求而解除。

继父母继子女关系解除后产生的法律后果是:

第一,未形成抚养教育关系的继父母子女关系解除后,双方之间姻亲关系消除,继父母与继子女的称谓关系也不再存在。

第二,已形成抚养教育关系的继父母子女关系解除后,双方之间拟制血亲关系消除,他们之间父母子女的权利和义务也不复存在。但被继父母抚养教育成年,并已独立生活的继子女,对年老丧失劳动能力又无生活来源的继父母,应承担给付生活费的义务。

---

① 参见最高人民法院:《关于继父母与继子女形成的权利义务能否解除的批复》,1988年1月22日。

三、父母与人工生育的子女

(一) 人工生育子女的概念和种类

人工生育子女是指根据生物遗传工程理论,采用人工方法取出精子或卵子,然后用人工方法将精子或受精卵胚胎注入妇女子宫内,使其受孕所生育的子女。

人工生育子女在现代科学技术条件下,主要有以下几种:

(1) 同质人工授精。同质人工授精是指采用不同形式使丈夫的精子和妻子的卵子经医疗技术手段,实施人工授精,由妻子怀孕分娩生育子女。

(2) 异质人工授精。异质人工授精是用丈夫以外的第三人提供的精子(供精)与妻子的卵子,或用丈夫的精子与妻子以外的第三人提供的卵子(供卵),或同时使用供精和供卵实施人工授精,由妻子怀孕分娩生育子女。对子女而言,便有两个父亲或母亲:一是供精或供卵者,为子女生物学上的父亲或母亲;二是生母之夫或生父之妻,为社会学意义上的父亲或母亲。

(3) 代孕。代孕是指用现代医疗技术将丈夫的精子注入自愿代为怀孕者的体内受精,或将人工授精培育成功的受精卵或胚胎移植入自愿代为怀孕者的体内怀孕,等生育后由妻子以亲生母亲的身份抚养子女。代孕生育的子女也有同质和异质之分,但共同特征是由妻子以外的一位妇女代为怀孕分娩。

(二) 人工生育子女的法律地位

目前,世界上大多数国家对人工生育子女尚无明确的法律规定,少数已立法的国家规定的内容也不尽相同。但是,对于在婚姻关系存续期间,因夫妻双方同意而进行人工生育的子女与该夫妻形成亲子关系,由接受人工生育的夫妇承担法律责任的规定,已基本成为共识。如《美国统一亲子法》规定:在使用第三人精子的情况下,丈夫必须书面承诺,并要求经夫妻双方签字,法律对丈夫和胎儿的自然父亲同样对待。精子的提供者在法律上不视为胎儿的父亲。1991年德国颁布的《胚胎保护法》规定:只允许在婚姻关系内进行人工授精。如果丈夫不育,可以用另一男子的精子进行体外授精。我国最高人民法院对此的司法解释是[①]:"在夫妻关系存续期间,双方一致同意进行人工授精,所生子女应视为夫妻双方的婚生子女,父母子女关系适用《婚姻法》的有关规定。"据此,只要夫妻双方协议一致同意进行人工授精的,不论所生子女是否与父母具有血缘关系,均应视为夫妻双方的婚生子女。这里需要明确的是:(1) 实施人工生育技术的目的,是利用医学技术为不孕的夫妇提供生育的协助。因此,精子和卵子的提供者以及代孕者旨在帮助不孕的夫妇生育子女,其本身并不承担法律上有关亲权的权利和义务。(2) 接受人工生育的主体,应当是已婚的不孕夫妇。现各国都倾向于保护同质人工授精,有限制地允许使用异质人工授精,尽量防止和避免人工生育技术的滥用。(3) 凡夫妻就实施人工生育达成协议的,所生子女即为婚生子女,其间的亲子关系适用亲权的法律规定。如妻子未经丈夫同意而进行人工

---

① 最高人民法院:《关于夫妻关系存续期间以人工授精所生子女的法律地位的复函》,1991年7月8日。

生育,则夫对该人工生育子女的婚生性享有否认权。另外,采用代孕母亲生育子女时,应由委托方与代孕母亲事先签订委托协议,委托方应支付代孕母亲一定的费用,代孕母亲应在子女出生后将其交给委托方。基于契约保护的理论,委托他人代为生育的子女,应归委托方抚养。现各国一般都立法禁止以营利为目的的代孕行为。

第七章 收养制度

第一节 收养和收养法

一、收养的概念和法律特征

（一）收养的概念

收养是拟制血亲的亲子关系借以发生的法定途径。收养制度是婚姻家庭制度的重要组成部分。人们往往在两种不同的意义上使用"收养"一词，一是指收养行为，二是指收养关系。

在亲属法学中，一般是从行为即法律事实的角度表述收养的概念的。收养，是公民（自然人）依法领养他人子女为己之子女，使本无亲子关系的当事人间发生法律拟制的亲子关系的民事法律行为。

在收养行为中，当事人是被收养人、送养人和收养人。需要指出的是，被收养人也是收养行为的主体，而不是行为的标的。基于收养行为的特征和宗旨，只能将设定法律拟制的亲子关系作为行为的标的。

收养关系（即收养法律关系）是基于收养行为的法律效力而发生的。在收养关系中，当事人是收养人和被收养人。前者为养父、养母，后者为养子、养女。作为收养关系的主体，双方之间具有法定的权利和义务。送养人虽然以其行为促成了收养关系的发生，但并非收养关系中的一方主体。

（二）收养的法律特征

收养既是一种民事法律行为，当然具有一切民事法律行为共同的特征（此处从略）。同时，收养还具有自身的、不同于其他民事法律行为的特征：

1. 收养行为的身份性

收养是一种变更亲属关系及其权利义务的行为，具有法定的拟制效力和解销效力。一方面，通过收养，收养人和被收养人之间发生法律拟制的亲子关系，双方具有与自然血亲的父母子女相同的权利和义务。另一方面，养子女和生父母之间的权利和义务，则因收养的成立消除。收养既是养父母、养子女权利义务借以发生的法律事实，又是生父母、生子女权利义务借以终止的法律事实。不仅如此，收养变更亲属关系及其权利义务的效力还依法及于父母子女以外的其他亲属。

子女为他人收养后，与生父母及其他亲属间基于血缘联系而发生的自然血亲关系仍然存在，消除的只是法律上的权利义务关系。所以，与自然血亲有关的法律规定，如直系血亲和三代以内旁系血亲禁止结婚等，在适用上是不受收养的影响的。

2. 收养关系主体的限定性

收养是一种身份法上的行为,是用来创设特定的身份关系的。因此,收养关系只能发生在自然人之间,而且是非直系血亲的自然人之间。自然人以外的民事权利主体不可能收养或被收养。直系血亲之间的收养和被收养是既无必要又无任何意义的。

3. 收养关系的可变性

收养行为创设的是拟制血亲的亲子关系,因而是可以依法解除的。基于收养的效力而发生的养亲子关系,既可在符合法定条件时依照法定程序而成立,亦可在出现法定缘由时通过法定方式而解除。这一点是由收养行为的性质决定的,也是拟制血亲的父母子女关系与自然血亲的父母子女关系相区别的重要特征。

收养与国家收容、养育孤儿、弃婴和儿童是不同的。收养是一种特定的民事法律行为,须经有关当事人协议,依法成立。国家对孤儿、弃婴和儿童的收容、养育是一种行政法上的行为,是由有关机构(在我国,这些机构由各地民政部门主管)依法实施的。收养变更亲属身份,收养人和被收养人之间发生父母子女的权利义务。国家对孤儿、弃婴和儿童的收容、养育不变更亲属身份,上述收容、养育机构和被收容、养育人之间不发生父母子女的权利义务。

收养与寄养也是不同的。所谓寄养,是指父母出于某些特殊情形,不能与子女共同生活,无法直接履行抚养义务,因而委托他人代其抚养子女。受托人和被寄养的上述子女间,并无法律拟制的父母子女关系,子女仍是其父母的子女。在寄养的情形下,抚养子女的具体形式虽有变化,亲属身份并未变更,权利义务并未转移。

二、收养制度的历史沿革

(一) 古代法中的收养制度

收养制度由来已久,早在父系氏族社会就为当时的习惯所确认。进入阶级社会以后,收养制度具有一定的法律形式,成为不同时代、不同国家的亲属制度、家庭制度的重要组成部分。

古巴比伦王国的《汉谟拉比法典》规定,自由民得收养被遗弃的幼儿为子。罗马法中的亲属制度将收养分为自权人收养和他权人收养、完全收养和不完全收养,并对其规定了相应的收养条件、程序和效力。欧洲中世纪的日耳曼习惯法,将被收养作为加入另一个血族团体的重要途径。在许多基督教占统治地位的国家里,收养关系主要是由教会法(寺院法)加以调整的。

在中国古代的宗法制度下,立嗣是收养的一种特殊形式,立嗣的宗旨是为了承继宗祧,它同近、现代的收养有着严格的区别。只有男子无后才能立嗣,同时所立者也仅限于男子;嗣子的地位高于他所收养的被收养人。嗣子既为嗣父之继体,即可依礼、法取得嫡子的身份上、财产上的权利;立嗣行为可由需立嗣者在生前进行,亦可在其死后,由配偶或其他尊长代为立嗣;立嗣的对象必须由近及远;立异性男为嗣是被礼、法严格禁止的。

除立嗣外,中国古代还有其他的收养形式,收养人可以是男子,也可以是女子,而且一般不以无后作为收养的条件,被收养人有同宗抚养子和异姓养子(义子)的区别。前者指以同宗卑亲属为养子而不立其为嗣子,后者则大多是自幼收养的。

(二) 近、现代的收养制度

近、现代许多国家的亲属立法中,对收养的成立、效力和解除等问题,都作了比较详细的规定。20世纪发生的两次世界大战造成的孤儿和流浪儿问题,在一定程度上促进了有关国家的收养制度的改革。某些国家在法律上对收养所持的态度是有变化的。英国原来不承认收养,1926年颁行《养子法》后,已由不承认转为承认。十月革命后,1918年的《俄罗斯联邦户籍登记、婚姻、家庭和监护法典》中废除了收养制度,1926年新法典颁行后又加以恢复。

中国自清朝末年以来,历次民律草案中虽有收养制度之设,但均未公布施行。1930年国民党政府《民法》亲属编虽然在法律形式上实现了收养法的近代化,但是,在有关条款中仍有歧视养子女的内容。该法的继承编中,还设有被讥为"足以救嗣子之穷"的指定继承人制度。经过1985年我国台湾地区立法当局的修正,这些规定始被删除。

(三) 新中国的收养法制建设

中华人民共和国成立后,在一个相当长的时期内,收养问题是按照婚姻法中的原则规定和最高人民法院的有关司法解释处理的。作为中国收养法主要法律渊源的《收养法》,于1991年12月29日由全国人民代表大会常务委员会公布,并于1992年4月1日起施行。1998年11月4日人大常委会通过了《关于修改〈中华人民共和国收养法〉的决定》,对该法进行了修改,修改后的《收养法》自1999年4月1日起施行。该法共6章,计34条,分别规定了总则、收养关系的成立、收养的效力、收养关系的解除、法律责任和附则。

国务院和所属有关部门针对收养问题所制定的规范性文件,如民政部关于《中国公民收养子女登记办法》,民政部关于《外国人在中华人民共和国收养子女登记办法》,民政部关于《华侨以及居住在香港、澳门、台湾地区的中国公民办理收养登记的管辖以及所需要出具的证件和证明材料的规定》等,以及关于适用《收养法》的民族自治地方的变通的或者补充的规定,最高人民法院关于适用收养法的司法解释和中华人民共和国缔结或参加的有关解决收养关系法律冲突的国际条约,也都是中国收养法的表现形式。

在我国,立嗣制度已被彻底废除。收养制度在家庭生活和社会生活中有着重要的、不可缺少的作用。这种收养既是为子女的,也是为养亲的。

(四) 我国收养法的基本原则

我国《收养法》第2条和第3条明确规定:"收养应当有利于被收养的未成年人的抚养、成长,保障被收养人和收养人的合法权益,遵循平等自愿的原则,并不得违背社会公德。""收养不得违背计划生育的法律、法规。"通过这些原则性规定,可以把我国收养法的基本原则概括为五项,即有利于未成年人的抚养和成长的原则,保障被收养人和收养人合法权益的原则,平等自愿的原则,不得违背社会公德的原则,不得违背计划生育的法律和法规的原则。

1. 有利于未成年人的抚养和成长的原则

保障未成年人的健康成长是实行收养制度的首要目的。由于未成年人的身心发育尚不成熟,缺乏独立的生活能力和辨认自己行为的社会后果的能力,属于无民事行为能力人或限制民事行为能力人,他们需要家庭和社会的悉心抚养、关怀爱护、培养教育和监督保护。尤其是对那些丧失父母的孤儿、查找不到生父母的弃婴和儿童以及生父母有特殊困难而无力抚养的未成年人,通过收养的设立,可以使他们在温暖的家庭中生活,得到养父母的抚养教育,健康成长。我国《收养法》中许多规定体现了有利于未成年人的抚养和成长的原则,比如:(1)收养法在规定被收养人的条件方面,将下列不满14周岁的未成年人列为被收养的对象:丧失父母的孤儿,查找不到生父母的弃婴和儿童,生父母有特殊困难无力抚养的子女。(2)为了保证被收养的未成年人的健康成长,我国《收养法》还特别规定收养人应当具有抚养教育被收养人的能力。(3)严禁借收养名义买卖儿童。

2. 保障被收养人和收养人合法权益的原则

收养关系涉及收养人和被收养人双方的利益,因此,我国《收养法》的内容必须同时保障被收养人和收养人双方合法权益的平等实现。保障被收养人和收养人合法权益的原则体现在我国《收养法》中,比如:(1)被收养人一般应为不满14周岁的处于特殊生活状况下的未成年人;(2)收养人一般须年满30周岁,无子女,并且具备抚养教育被收养人的能力;(3)生父母送养子女,须双方共同送养;有配偶者收养子女,须夫妻共同收养;(4)收养人、送养人要求保守收养秘密的,其他人应当尊重其意愿,不得泄露。

3. 平等自愿的原则

民事法律关系的基本准则之一是当事人在民事活动中地位平等,自由表达其真实意思,即平等自愿原则。收养关系属于民事法律关系的范畴,收养关系也必须遵循平等自愿原则。平等自愿原则在我国《收养法》中的体现如:(1)收养人收养与送养人送养,须双方自愿;收养年满10周岁以上未成年人的,应当征求被收养人的同意。(2)收养人与送养人可以协议解除收养关系,如果养子女年满10周岁以上的,应当征得本人同意。(3)收养关系当事人各方或者一方要求办理收养公证的,应当到有资格的公证机构办理收养公证。

4. 不得违背社会公德的原则

因为收养行为不仅关系着当事人的切身利益,而且还直接涉及社会公共利益,所以,有必要从维护社会公德的立场,对收养子女的行为加以必要的制约。不得违背社会公德的原则在我国《收养法》中的体现如:(1)无配偶的男性收养女性的,收养人与被收养人年龄应相差40周岁以上。(2)收养人不履行收养义务,有虐待、遗弃等侵害未成年养子女合法权益行为的,送养人有权要求解除养父母与养子女的收养关系。(3)因养子女成年后虐待、遗弃养父母而解除收养关系的,养父母可以要求养子女补偿收养期间支出的生活费和教育费。

5. 不得违背计划生育的法律和法规的原则

在中国,实行计划生育是为保障国家繁荣富强和人民生活幸福的一项基本国策,因此,它被明确载入宪法、婚姻法等法律之中,并成为重要的法律准则。

生育制度和家庭制度具有密切的内在联系,对生育关系的法律调整和对收养关系的法律调整应当协调一致。处理收养领域里的一些具体问题,也不能违背计划生育法律、法规的要求。我国《收养法》特别规定:(1)收养人一般应为无子女者。(2)送养人不得以送养子女为理由违反计划生育的规定再生育子女。(3)收养人只能收养一名子女。

第二节　收养关系的成立

一、收养关系成立的条件

收养行为是民事法律行为的特定种类,收养成立的实质要件既要符合民法中有关民事法律行为的一般规定,又要符合收养法中有关收养行为的专门规定。当代各国的收养法中有关收养成立的实质要件有不同的立法例,一般说来:收养人必须是有抚养能力的成年人;多数国家规定被收养人必须是未成年人,有些国家则允许收养成年人;收养人与被收养人须有一定的年龄差距;收养须经有关当事人同意等。各国收养法中常见的收养禁例主要有:一人不得同时被数人收养;监护人不得收养被监护人,直系血亲间、兄弟姊妹间不得为收养行为等;此外,一些国家的收养法中还有基于宗教、国籍、收养人的品德等方面的原因所作的禁止性规定。

关于收养成立的实质要件,我国《收养法》对被收养人、送养人、收养人的条件和收养合意等问题都作了明确的规定。同时还针对某些具体情形,对收养当事人的条件作了若干特别规定。这些特别规定中的收养条件是宽于一般规定的。现将以上各条件分述于下:

（一）被收养人的条件

我国《收养法》第 4 条规定,下列不满 14 周岁的未成年人可以被收养:

1. 丧失父母的孤儿

何谓孤儿？按照我国民政部在《关于办理收养登记中严格区分孤儿与查找不到生父母的弃婴的通知》(1992 年 8 月 11 日)中所作的解释,孤儿系指其父母死亡或人民法院宣告其父母死亡的不满 14 周岁的未成年人。

2. 查找不到父母的弃婴和儿童

这里所说的弃婴和儿童,系指被父母遗弃的初生儿和其他未满 14 周岁的未成年人。遗弃婴儿和儿童的,一般为生父母,也可能是养父母。作为被收养人的弃婴和儿童,应以其父母查找不到为必要条件。

3. 生父母有特殊困难无力抚养的子女

生父母有无特殊困难,是否无力抚养？这方面的具体情形在法律中是不可能一一列举的,只能根据当事人的具体情况来认定。一般说来,如父母出于无经济负担能力、患有严重疾病、丧失民事行为能力等原因,以至于无法或不宜抚育子女的,均可视为有特殊困难,无力抚养。

关于被收养人的年龄问题,有些国家的规定与我国相似,另一些国家的规定则与我国不尽相同。还有一些国家的收养法允许收养成年人。

(二) 送养人的条件

我国《收养人》第 5 条规定,下列公民、组织可以作为送养人。

1. 孤儿的监护人

孤儿已丧失父母,处于他人监护之下,以监护人为送养人是出于保护孤儿权益的需要。在我国,孤儿的监护人的选定,适用《中华人民共和国民法通则》第 16 条的规定。具体说来,孤儿以具有监护能力的祖父母、外祖父母、兄、姊或其他关系密切的亲属、朋友(此处显然是指其父母生前的朋友)为监护人。关系密切的其他亲属、朋友担任监护人,以本人自愿和有关单位同意的为限。没有上述监护人的,可由有关组织担任监护人,包括父、母的所在单位,孤儿住所地的居民委员会、村民委员会和民政部门。

监护人送养受其监护的孤儿,须受我国《收养法》第 13 条规定的限制。该条指出:"监护人送养未成年孤儿的,须征得有抚养义务的人同意。有抚养义务的人不同意送养、监护人不愿意继续履行监护职责的,应当按照《中华人民共和国民法通则》的规定变更监护人。"此处所说的有抚养义务的人,系指我国《婚姻法》第 28 条、第 29 条中所说的有负担能力的祖父母、外祖父母和兄、姊。

2. 社会福利机构

我国的社会福利机构,主要是指各地民政部门主管的收容、养育孤儿和查找不到生父母的弃婴、儿童的社会福利院。这些机构事实上也在履行监护孤儿、弃婴和儿童的职责,以其为送养人是理所当然的。

3. 有特殊困难无力抚养子女的生父母

以有特殊困难无力抚养子女的生父母为送养人,是同以生父母有特殊困难无力抚养的子女为被收养人的规定相一致的。在这种情况下,通过送养、收养变更亲属关系对子女的健康成长是有利的。

关于以生父母为送养人的问题,我国《收养法》中还有下列相关规定:

第一,《收养法》第 10 条第 1 款规定:"生父母送养子女,须双方共同送养。生父母一方不明或者查找不到的可以单方送养。"子女是父母双方的子女,变更亲子法律关系事关重大,自应取得父母双方同意。只有在客观上无法共同送养时,始得单方送养。在现实生活中,上述的单方送养主要出于非婚生子女的生父不明或生父母一方已失踪等原因。基于同样的理由,生父母一方已死亡的,另一方自可为单方送养,但须受《收养法》第 17 条规定的限制。

第二,《收养法》第 18 条规定:"配偶一方死亡,另一方送养未成年子女的,死亡一方的父母有优先抚养的权利。"这里所说的死亡一方的父母,是生存的另一方的公、婆或岳父、岳母,即被送养者的祖父母或外祖父母。按照我国《婚姻法》第 28 条的规定,祖父母、外祖父母是被送养者的第二顺序抚养义务人。如果祖父母或外祖父母确有抚养孙子女或外孙子女的意愿和能力,自应予以优先抚养权。这一权利的行使,是生存的父或母送养子女的法定障碍。上述规定有利于对未成年子女的权益保护,也是符合我国人民的传统习惯的。

我国《收养法》第 12 条还规定:"未成年人的父母均不具备完全民事行为能力的,该未成年人的监护人不得将其送养,但父母对该未成年人有严重危害可能的除外。"本条对监护人送养所作的限制,是出于保护父母权益的需要。在一般情形下,父母丧失民事行为能力时,变更亲子关系对父母是不利的(如子女为他人收养后,便失去了可期待的受赡养扶助的权利等)。但书以下的规定,则是出于保护子女权益的需要;为了免受严重危害,自以准予送养为宜。

当代西方国家多用契约说去解释收养行为,视送养人为被收养人的法定代理人,故一般均以亲权人或监护人为送养人。例如,《日本民法典》第 797 条规定:"未满 15 岁的人作养子女时,其法定代理人可以代其承诺收养。"

(三) 收养人的条件

我国《收养法》第 6 条规定,收养人应当同时具备下列条件:

1. 无子女

这里所说的无子女,包括未婚者无子女、已婚者尚无子女以及因欠缺生育能力而不可能有子女等各种情形。在解释上,子女既包括婚生子女,也包括非婚生子女和养子女。我国《收养法》第 8 条第 1 款规定:"收养人只能收养一名子女。"(法律另有规定的除外,详后)由此可见,已有亲子女者是不能再为收养的。

2. 有抚养教育被收养人的能力

这里所说的能力,是就其总体而言的,而不是就其某一方面而言的。衡量是否具有抚养教育被收养人的能力时,不能仅考虑收养人的经济负担能力,还要考虑在思想品德、健康状况等方面有无抚养教育能力。例如,品德恶劣、行为不端致不堪为人父母的,因患精神病而丧失民事行为能力的,有其他情形不利于被收养人健康成长的,均应认为抚养教育能力的欠缺。我们认为,在处理具体问题时,对收养人的能力的要求,一般应不低于对监护人的监护能力的要求。

3. 未患有在医学上认为不应当收养子女的疾病

这既是为保障养子女的身体健康,也是收养人抚育养子女的前提条件。如果养父母身患传染病,极易将疾病传染给养子女,危害养子女的身体健康;如果养父母患有严重疾病,生活不能自理,也不能履行抚育子女的义务。

4. 年满 30 周岁

法律对收养人的最低年龄作上述规定,是出于对收养关系的性质和生育时间的考虑。30 周岁以下的人,生育子女的机会尚多,不必急于收养他人子女作为自己的子女。到达相当年龄后再收养子女,能够更好地承担养父母的职责。基于我国的人口现状和人口政策,规定年满 30 周岁始得收养子女也是比较适宜的。

关于收养人方面的条件,我国《收养法》中还有下列几项规定:

第一,《收养法》第 9 条规定:"无配偶的男性收养女性的,收养人与被收养人的年龄应当相差 40 周岁以上。"这一规定是出于伦理道德上的考虑和保护被收养人的需要。从公平的角度说,无配偶的女性收养男性的,也应有相当的年龄差距。至于40岁的年龄差是否太大,可以进一步研究。

第二,《收养法》第10条第2款规定:"有配偶者收养子女,须夫妻共同收养。"这一规定的立法精神是不难解释的。被收养人是收养人的家庭成员,与养父母共同生活;如果有配偶者置其配偶的意愿于不顾,单方收养子女,另一方不予承认,势必对家庭关系带来种种不利的影响,这是有悖于收养制度的宗旨的。

此外,我国《收养法》还对收养人作了只能收养一名子女的数量限制(第8条)。为了坚持计划生育原则,同时也为了保证收养人具有足够的抚养教育条件,这一限制是很有必要的。

由上可见,与外国的有关立法例相比较,我国《收养法》中收养人的条件是相当严格的。就收养人必须达到的最低年龄而言,我国的规定也是较高的。关于收养人与被收养人的年龄差距,许多国家的规定均小于我国的规定。

(四) 当事人的收养合意

收养关系的成立,以有关当事人的意思表示一致为其必要条件。按照我国《收养法》第11条的规定,法律对收养合意问题有下列两个方面的要求:

1. 收养人收养与送养人送养须双方自愿

具体说来,上述双方须在平等、自愿的基础上,达成有关成立收养的一致协议。有配偶者送养或收养子女,须夫妻共同送养或共同收养(参见前文中对《收养法》第10条第1、2款的说明)。收养社会福利机构抚养的孤儿、弃婴和儿童,应当征得该社会福利机构的同意。

2. 收养年满10周岁以上的未成年人还应征得被收养人的同意

10周岁以上的未成年人已具有部分民事行为能力,被收养是有关变更其亲子法律关系的重大问题,征得本人同意是完全必要的。对收养10周岁以下的未成年人则无此要求。

关于收养合意问题,外国法中也有类似的立法例。按照多数国家的规定,当事人的合意是指收养方和送养方的意思表示一致;如收养方或送养方为有配偶者,须得配偶双方同意。在一定条件下,须得有识别能力的被收养人本人同意。许多国家在法律上还规定了允许单方收养的各种具体情形。在被收养人到达一定年龄时,收养关系的成立须得其本人同意,这也是许多国家收养立法的通例。

(五) 在法定情形下放宽收养条件的特别规定

作为收养条件一般规定的例外,我国《收养法》规定在若干具体情形下可以适当放宽收养条件。放宽条件的原因是多方面的,或出于对近亲收养的历史传统的考虑,或出于对侨胞的利益的关切和照顾,或出于对收养孤儿或残疾儿童的鼓励,或出于稳定家庭关系的要求。

1. 关于收养三代以内同辈旁系血亲的子女的规定

我国《收养法》第7条第1款指出:"收养三代以内同辈旁系血亲的子女,可以不受本法第4条第3项、第5条第3项、第9条和被收养人不满14周岁的限制。"按此规定,在收养兄弟姊妹的子女、堂兄弟姊妹的子女、表兄弟姊妹的子女时,条件放宽之处有四:第一,其生父母无特殊困难、有抚养能力的子女,亦可为被收养人。第二,无特殊困难、有抚养能力的生父母,亦可为送养人。第三,无配偶的男性收养女性,不受收养人与被收养人间须有40周岁以上年龄差的限制。第四,可以收养年满14周岁的未成年人。

需要指出的是,对于以上所说的第四点,一些学者在理解上是有歧见的。我们认为,基于收养制度的宗旨,这里所说的只是14周岁以上、18周岁以下亦可为被收养人,而不能理解为18周岁以上的成年人亦可为被收养人。只有这样解释,才符合这一规定的本意。

我国《收养法》第7条第2款还指出:"华侨收养三代以内同辈旁系血亲的子女,还可以不受收养人无子女的限制。"收养人如为华侨,除适用本条第1款的规定外,即使已有子女,甚至子女不止一人,也不妨碍其收养三代以内同辈旁系血亲的子女。

2. 关于收养孤儿、残疾儿童或者查找不到生父母的弃婴和儿童

我国《收养法》第8条第2款指出:"收养孤儿、残疾儿童或者社会福利机构抚养的查找不到生父母的弃婴和儿童,可以不受收养人无子女和收养一名的限制。"按此规定,有子女的公民亦可收养孤儿、残疾儿童或者社会福利机构抚养的查找不到生父母的弃婴和儿童,收养一名或数名均可。这一规定的立法精神是十分清楚的。孤儿、残疾儿童或者社会福利机构抚养的查找不到生父母的弃婴和儿童为他人收养,有利于其在养父母的抚育下健康成长。放宽条件既是出于保护上述儿童的需要,也是对此类符合社会公共利益的收养行为的肯定和鼓励。当然,在处理具体问题时应当充分考虑收养人自身的抚养能力和其他条件,收养子女过多是不适宜的。

3. 关于继父母收养继子女的规定

我国《收养法》第14条指出:"继父或者继母经继子女的生父母同意,可以收养继子女,并可以不受本法第4条第3项、第5条第3项、第6条和被收养人不满14周岁以及收养一名的限制。"按此规定,继子女的生父母即使无特殊困难,有抚养能力,继父或者继母即使已有子女,欠缺抚养教育的能力,患有在医学上认为不应当收养子女的疾病,不满30周岁,继子女即使是已满14周岁的未成年人,仍得成立此种收养关系,而且可以收养一名或数名。在继父或者继母抚养教育能力不足的情形下,作为收养人可以与其配偶(即子女的生父或者生母)共同努力,承担抚养教育的责任。何况,该子女本来就是在收养人家庭中生活的。

继子女随其生母或者生父与继父或者继母同居一家,关系十分密切。放宽条件鼓励此种收养行为,可以变继父母继子女关系为养父母养子女关系,消除继子女与继父或继母间、与生父或生母间的双重权利义务,使亲子法律关系单一化,这对稳定家庭关系是十分有利的。

外国收养法中也有一些放宽收养条件的特别规定,主要适用于收养非婚生子女、继子女以及事实收养等情形。

二、收养关系成立的程序

收养是拟制血亲关系借以建立的重要途径。变更亲子法律关系事关重大,故各国法律均以收养为要式法律行为,只有符合法定形式,收养的成立才产生法律效力。综观各国收养制度的立法例,对收养成立在形式要件上的要求有两种不同的类型,一是收养须依司法程序而成立,二是收养须依行政程序而成立。一般说来,依司法程序而成立的,收养当事人须向有管辖权的法院呈送申请书和提供有关证件,经法院决定认可后,收养即告成立。德国、法国、英国、美国等均采用此制。依行政程序而成立的,收养当事人须向主管的行政机关申报并提供证件,经行政机关审查批准后,收养即告成立。日本、瑞士、原苏联各加盟共和国等均采用此制。

我国《收养法》规定成立收养关系的法定程序是收养登记程序,同时以收养协议及收养公证为补充。

（一）收养登记

我国《收养法》第15条第1款规定:"收养应当向县级以上人民政府民政部门登记。收养关系自登记之日起成立。"收养查找不到生父母的弃婴和儿童的,办理登记的民政部门应当在登记前予以公告。收养关系当事人愿意订立收养协议的,可以订立收养协议。收养关系当事人各方或者一方要求办理收养公证的,应当办理收养公证。为了准确执行《收养法》的收养登记程序,中华人民共和国民政部于1999年5月25日发布了《中国公民收养子女登记办法》。现依据法律规定,分述如下：

1. 办理收养登记的机关

办理收养登记的法定机关,是县级以上人民政府的民政部门。按照被收养人情况的不同,又可分为:(1)收养社会福利机构抚养的查找不到生父母的弃婴、儿童和孤儿的,在社会福利机构所在地的收养登记机关办理登记。(2)收养非社会福利机构抚养的查找不到生父母的弃婴和儿童的,在弃婴和儿童发现地的收养登记机关办理登记。(3)收养生父母有特殊困难无力抚养的子女或者由监护人监护的孤儿的,在被收养人生父母或者监护人常住户口所在地(组织作监护人的,在该组织所在地)的收养登记机关办理登记。(4)收养三代以内同辈旁系血亲的子女,以及继父或者继母收养继子女的,在被收养人生父或者生母常住户口所在地的收养登记机关办理登记。

2. 收养登记的具体程序

收养登记的具体程序可分为申请、审查和登记三个步骤。

（1）申请。为保证收养当事人的意思表示的真实性,办理收养登记时,当事人必须亲自到场。首先,夫妻共同收养子女者,一方如果不能亲自到收养登记机关的,应当书面委托另一方办理登记手续,委托书应当经过村民委员会或者居民委员会证明或者经过公证。其次,送养人为公民的,须送养人亲自到收养登记机关办理收养登记。送养人为社会福利机构的,须由其负责人或委托代理人到收养登记机关办理收养登记。最后,被收养人是年满10周岁以上的未成年人的,亦必须亲自到收养登记机关。

申请收养登记时,收养人应当向收养登记机关提交收养申请书。收养申请书应包括如下内容:第一,收养人情况;第二,送养人情况;第三,被收养人情况;第四,收养的目的;第五,收养人作出的不虐待、不遗弃被收养人和抚育被收养人健康成长的保证。

申请办理收养登记时,根据收养人和被收养人的不同情况,收养人应当提供以下证件和证明材料:居民户口簿和居民身份证;由收养人所在单位或者村民委员会、居民委员会出具的本人婚姻状况、有无子女和抚养教育被收养人的能力等情况的证明;县级以上医疗机构出具的未患有在医学上认为不应当收养子女的疾病的身体健康检查证明。

收养查找不到生父母的弃婴、儿童的,并应当提交收养人经常居住地计划生育部门出具的收养人生育情况证明;其中收养非社会福利机构抚养的查找不到生父母的弃婴、儿童的,收养人还应当提交下列证明材料:收养人经常居住地计划生育部门出具的收养人无子女的证明,公安机关出具的捡拾弃婴、儿童报案的证明。

收养继子女的,可以只提交居民户口簿、居民身份证和收养人与被收养人生父或者生母结婚的证明。

申请办理收养登记时,送养人应当向收养登记机关提交下列证件和证明材料:居民户口簿和居民身份证(组织作监护人的,提交其负责人的身份证件);收养法规定送养时应当征得其他有抚养义务的人同意的,并提交其他有抚养义务的人同意送养的书面意见。

不同情况的送养人还应当向收养登记机关提交一些证明材料:

第一,社会福利机构为送养人的,应当提交弃婴、儿童进入社会福利机构的原始记录,公安机关出具的捡拾弃婴、儿童报案的证明,或者孤儿的生父母死亡或者宣告死亡的证明。

第二,监护人为送养人的,应当提交实际承担监护责任的证明,孤儿的父母死亡或者宣告死亡的证明,或者被收养人生父母无完全民事行为能力并对被收养人有严重危害的证明。

第三,生父母为送养人的,应当提交与当地计划生育部门签订的不违反计划生育规定的协议;有特殊困难无力抚养子女的,还应当提交其所在单位或者村民委员会、居民委员会出具的送养人有特殊困难的证明。其中,因丧偶或者一方下落不明由单方送养的,还应当提交配偶死亡或者下落不明的证明;子女由三代以内同辈旁系血亲收养的,还应当提交公安机关出具的或者经过公证的与收养人有亲属关系的证明。

第四,被收养人是残疾儿童的,应当提交县级以上医疗机构出具的该儿童的残疾证明。

(2)审查。收养登记机关收到收养登记申请书及有关材料后,应当自次日起30日内进行审查。审查的主要内容包括:第一,收养申请人是否符合法律所规定的收养人条件以及其收养的目的是否正当。第二,被收养人是否符合法律所规定的被收养人条件。第三,送养人是否符合法律所规定的送养人条件。第四,当事人申请收养的意思表示是否真实。

(3)登记。经过审查后,收养登记机关对申请人证件齐全有效、符合收养法规定的收养条件的,应为其办理收养登记,发给收养证。收养关系自登记之日起成立。对不符合收养法规定条件的,不予登记,并对当事人说明理由。收养查找不到生父母的弃婴、儿童的,收养登记机关应当在登记前公告查找其生父母;自公告之日起满60日,弃婴、儿童的生父母或者其他监护人未认领的,视为查找不到生父母的弃婴、儿童。公告期间不计算在登记办理期限内。

收养关系成立后,需要为被收养人办理户口登记或者迁移手续的,由收养人持收养登记证到户口登记机关按照国家有关规定办理。

(二)收养协议和收养公证

我国现行《收养法》第15条第3款规定:"收养关系当事人愿意订立收养协议的,可以订立收养协议。"第4款规定:"收养关系当事人各方或者一方要求办理收养公证的,应当办理收养公证。"可见,收养协议和收养公证并不是收养的法定形式要件,而是由当事人自主选择的。

1. 收养协议

收养协议,是收养关系当事人之间,依照法律规定的条件订立的,关于同意成立收养关系的协议。订立收养协议应当符合如下法律要求:

(1)订立收养协议的当事人即收养人、被收养人与送养人均须符合收养法规定的收养成立的条件。

(2)收养协议的主要条款,应当包括收养人、送养人和被收养人的基本情况,收养的目的,收养人不虐待、不遗弃被收养人和抚育被收养人健康成长的保证,以及双方要求订入的其他内容。

(3)收养协议的形式,应当为书面协议。

收养协议自收养关系当事人正式签订之日起生效。

2. 收养公证

收养公证,是根据收养关系当事人各方或者一方的要求由公证机关对其订立的收养协议依法作出的公证证明。关于收养公证的办理必须明确如下法律规定:

(1)办理收养公证并不是成立收养关系的必经法律程序。只有在收养关系当事人要求办理收养公证的情况下,才依法予以办理。

(2)办理收养公证时,公证机关应当对申请收养公证的当事人的条件和收养协议的内容的合法性进行审查。经过审查后,认为收养人、送养人和被收养人符合法律规定的相关条件,收养协议的内容合法有效的,才能给予办理收养公证证明。

(3)公证机关对收养公证的文件应当妥善保管。

三、与收养关系成立相关的其他规定

(一)子女由亲朋代为抚养不适用收养关系

我国《收养法》第17条规定:"孤儿或者生父母无力抚养的子女,可以由生父母的亲属、朋友抚养。抚养人与被抚养人的关系不适用收养关系。"

这种不具有收养性质的抚养,并不变更亲子法律关系;抚养人和被抚养人间,是不发生养父母与养子女的权利和义务的。

（二）不得以送养子女为由超计划生育

我国《收养法》第19条规定："送养人不得以送养子女为理由违反计划生育的规定再生育子女。"

这一规定是符合我国国情的,是坚持计划生育原则的必然要求。如果允许送养人在送养子女后再生育子女,势必不利于有计划地控制人口增长。

（三）严禁买卖儿童或借收养名义买卖儿童

我国《收养法》第20条对此作了明确的规定。为了保护儿童的合法权益,任何人不得借收养、送养之名,行买卖儿童之实。借收养名义拐卖儿童或出卖亲生子女构成犯罪的,须依法追究刑事责任。

（四）收养秘密知情人的保密义务

我国《收养法》第22条规定："收养人、送养人要求保守收养秘密的,其他人应当尊重其意愿,不得泄露。"

这一规定是基于我国法律关于保护公民的隐私权的法律准则而提出的法律要求,有利于稳定收养关系,保持收养人与被收养人家庭生活的和睦。按照该条法律规定,收养人、送养人有权要求保守收养秘密,其他任何人都负有不得泄露该收养秘密的义务。

第三节 收养的效力

收养关系一经成立,便引起一系列的法律后果,收养的效力,是因收养的成立引起的法律后果的总称。

我国现行的收养制度,在性质上属于单一的完全收养,没有兼采不完全收养。《婚姻法》第27条第2款规定有扶养关系的继父母继子女,其性质与某些国家亲属法中的不完全收养相似,但现行法中并无不完全收养这一概念。

我国《婚姻法》第26条规定："……养父母和养子女间的权利和义务,适用本法对父母子女关系的有关规定。养子女和生父母间的权利和义务,因收养关系的成立而消除。"该条仅指出收养成立的直接后果,即及于养父母与养子女、养子女与生父母的效力。我国《收养法》则进一步明确规定,收养的效力不仅及于养父母与养子女、养子女与生父母,还及于养子女与养父母的近亲属、养子女与生父母以外的其他近亲属。后者可称为收养成立的间接后果,这些后果是以收养关系为中介而发生的。

按照我国《收养法》第23条的规定,可将收养的全部效力分为拟制效力和解销效力两个方面。同时,有关条文还对无效收养行为及其法律后果作了明确的规定。

一、收养的拟制效力

这里所说的拟制效力,是指收养依法创设新的亲属关系及其权利义务的效力,故不妨称其为收养的积极效力。在当代各国的收养法中,对收养的拟制效力有不同的立法例。

有的国家规定,收养的拟制效力仅及于养父母与养子女及收养关系存续期间养子女所出的晚辈直系血亲,而不及于养父母的血亲,如德国、瑞士、法国、奥地利等。有的国家则规定,收养的拟制效力同时及于养父母的血亲,如日本、韩国等。按照我国《收养法》的规定,收养的拟制效力不仅及于养父母与养子女,也及于养子女与养父母的近亲属。

（一）对养父母与养子女的拟制效力

我国《收养法》第23条第1款前半段指出:"自收养关系成立之日起,养父母与养子女间的权利义务关系,适用法律关于父母子女关系的规定"。

按此规定,基于收养的拟制效力,养父母养子女关系与自然血亲的父母子女关系具有同等的法律意义,前者和后者,在亲子间的权利义务上是完全相同的。例如,我国《婚姻法》中有关父母对子女的抚养教育、保护教育,子女对父母的赡养扶助等规定,我国《继承法》中有关父母与子女互为第一顺序的法定继承人的规定,均适用于养父母与养子女。

收养的拟制效力,同样也表现在养子女的称姓问题上,养子女的姓随养亲,这是当代各国亲属法的通例。我国《收养法》第24条指出:"养子女可以随养父或养母的姓,经当事人协商一致,也可以保留原姓。"养子女的姓既可随养父,也可随养母,这同我国《婚姻法》第22条有关子女称姓问题的规定是完全一致的。上述规定既符合收养制度的宗旨和男女平等的原则,又具有一定的灵活性。

（二）对养子女与养父母的近亲属的拟制效力

我国《收养法》第23条第1款后半段还指出:"养子女与养父母的近亲属间的权利义务关系,适用法律关于子女与父母的近亲属关系的规定。"

养子女与养父母的近亲属间的权利义务关系,是养亲子关系在法律上的延伸。具体说来,养子女与养父母的父母间,有祖孙间的权利和义务;养子女与养父母的子女间,有兄弟姐妹间的权利和义务。上述近亲属间的抚养和赡养适用我国《婚姻法》第28条、第29条的规定;法定继承适用我国《继承法》第10条及其相关规定。养兄弟姐妹、养祖父母、养外祖父母为第二顺序法定继承人;养孙子女、养外孙子女可以代位继承其养祖父母、养外祖父母的遗产。

关于养子女的晚辈直系血亲与养父母间的权利义务关系问题,我国现行法中未设明文。我们认为,根据收养法理和广大群众的习惯,应当肯定这种权利义务关系,已超过近亲属范围的除外。

二、收养的解销效力

这里所说的解销效力,是指收养依法终止原有的亲属关系及其权利义务的效力,故不妨称其为收养的消极效力。在当代各国的收养法中,关于收养的解销效力的规定因完全收养和不完全收养而异。在完全收养的情形下,养子女与生父母及其他近亲属间的权利义务关系基于收养的效力而消除。在不完全收养的情形下,养子女与生父母及其他近亲属间仍保有法定的权利义务关系。按照我国《收养法》的规定,收养均属于完全收养的性质,收养的解销效力不仅及于养子女与生父母,也及于养子女与生父母以外的其他近亲属。

(一) 对养子女与生父母的解销效力

我国《收养法》第23条第2款指出,养子女与生父母间的权利义务关系,因收养关系的成立而消除。

按此规定,收养的解销效力所消除的,仅为法律意义上的父母子女关系,而非自然意义上的父母子女关系。养子女与生父母间基于出生而具有的直接血缘联系,是客观存在的,不能通过法律手段加以改变。因此,我国《婚姻法》中有关禁止直系血亲结婚的规定,对养子女与生父母是仍然适用的。

(二) 对养子女与生父母方其他近亲属的解销效力

我国《收养法》第23条第2款还指出,养子女与生父母以外的其他近亲属间的权利义务关系,亦因收养关系的成立而消除。

按此规定,子女被他人收养后,与生父母的父母不再具有祖孙间的权利义务关系;与生父母的其他子女间,不再具有兄弟姐妹间的权利义务关系。

基于前文中已说明的理由,我国《婚姻法》中有关禁止直系血亲和三代以内旁系血亲结婚的规定,对养子女与生父母以外的其他近亲属也是仍然适用的。

三、无效收养行为

(一) 无效收养的概念和原因

无效收养行为是欠缺收养成立的法定要件的收养行为,这里所说的要件,包括实质要件和形式要件;这种行为不具有收养的法律效力,是一种无效民事行为。我国《收养法》第25条第1款规定:"违反《中华人民共和国民法通则》第55条和本法规定的收养行为无法律效力。"在我国,判断一收养行为是有效还是无效的,只能以《民法通则》有关民事法律行为要件的规定和《收养法》有关收养关系成立要件的规定为依据。

有的国家对欠缺法定要件的收养行为兼采无效和撤销两种制度。例如,按照日本民法的规定,以当事人间无收养的意思、当事人未为收养的户籍申报,作为收养无效的原因(《日本民法典》第802条第1款、第2款);以收养人为未成年人、被收养人为收养人的尊亲属或年长者、监护人收养被监护人未得家事裁判所的许可等,作为收养得撤销的原因(《日本民法典》第803条及其相关条款)。我国《收养法》对欠缺法定要件的收养行为采用单一的无效制,不作无效和得撤销的区分。

在我国收养法中,收养无效的原因和收养成立的要件是互相对应的。这里所说的要件,包括一般的、所有民事法律行为均须具备的要件,也包括特定的、收养法律行为必须具备的要件。具体说来,收养因收养人、送养人不具有相应的民事行为能力而无效;因违反法律(被收养人、送养人和收养人不符合法律规定)和社会公共利益而无效;因欠缺收养的合意(包括当事人的意思表示不真实)而无效;因不符合收养成立的法定方式而无效。当然,不符合法定方式也是违反法律规定,但此处是仅就收养成立的法定形式要件而言的。

(二) 确认收养无效的程序和无效收养的法律后果

按照我国现行法律、法规的规定,确认收养无效的程序有两种,即人民法院依诉讼程序确认收养无效和收养登记机关依行政程序确认收养无效。我国《收养法》中,仅有依诉讼程序确认收养无效的规定,关于依行政程序确认收养无效的问题,是以我国民政部关于办理收养登记的有关规定为依据的。

在审判实践中,依诉讼程序确认收养无效有以下两种情形:一是当事人或利害关系人提出请求确认收养无效之诉,由人民法院依法判决收养无效;二是人民法院在审理有关案件的过程中发现无效收养行为,在有关判决中确认收养无效。拟制血亲的亲子关系和自然血亲的亲子关系一样,是赡养、抚养、监护、法定继承等借以发生的基础法律关系。认定收养行为是否有效,是正确处理有关案件的必要前提。

我国民政部颁行的《中国公民收养子女登记办法》指出:收养登记机关发现当事人登记时弄虚作假,骗取收养登记的,应宣布该项收养登记无效,由收养登记机关撤销登记,收回《收养登记证》。至于当事人和利害关系人能否依行政程序申请确认收养登记无效的问题,并无规定。

我国《收养法》第 25 条第 2 款规定:"收养行为被人民法院确认无效的,从行为开始时就没有法律效力。"收养行为经收养登记机关依行政程序确认无效,同样也是自始无效的。关于确认收养无效的司法判决和行政决定具有溯及既往的效力,这是收养无效和收养关系解除的重要区别。

无效收养不发生收养的法律效力,致使当事人不能实现其预期的目的,这一点正是其法律后果在婚姻家庭法领域的集中表现。根据不同情形,无效收养有时还会发生并非当事人预期的、依法追究其法律责任的后果,包括行政法上的和刑法上的后果。当然,这些后果是在无效收养的责任主体有违法、犯罪行为的情形下发生的。

第四节 收养关系的解除

收养关系终止的原因有二,一是收养人或被收养人死亡,因主体缺位而自然终止;二是收养关系依法解除,通过法律手段而人为地终止。就法理而言,因死亡而终止的,以收养关系为中介的其他亲属关系并不终止;因依法解除而终止的,以该收养关系为中介的其他亲属关系随之终止。

当代各国对收养关系的解除有不同的立法例。有些国家采取禁止主义或部分禁止主义,有些国家则采取许可主义。例如,葡萄牙民法、阿根廷民法、玻利维亚家庭法等均禁止解除收养关系。现行的《法国民法典》规定,完全收养不得解除,不完全收养则可有条件地解除;申请解除时须证明有重大理由,如收养人一方提出解除,只有在被收养人年已超过 15 岁的情形下始得受理。《日本民法典》第 811 条规定,收养的当事人可以协议解除收养。第 814 条规定,有下列情形之一的,收养当事人一方可以提出解除收养之诉:(1) 被他方恶意遗弃的;(2) 养子女生死不明达 3 年以上的;(3) 有其他难以继续收养的重大事由的。

按照我国《收养法》的规定,根据当事人对解除收养所持的一致或相反的态度,收养关系的解除可经由两种不同的方式处理。一是收养关系依当事人的协议而解除,另一种是收养关系依当事人一方的要求而解除。

一、依当事人协议解除收养关系

我国《收养法》第26条第1款规定:"收养人在被收养人成年以前,不得解除收养关系,但收养人、送养人双方协议解除的除外,养子女年满10周岁以上的,应当征得本人同意。"此外,按照《合同法》第27条的规定,养父母与成年养子女也是可以协议解除收养关系的。禁止收养人在被收养人成年以前单方解除收养,是出于稳定收养关系、保护养子合法权益的需要。如果出现某种重大事由致使收养关系确实无法维持,收养人和送养人在双方自愿的基础上达成解除收养的协议的,自当依法准许。在养父母与成年养子女协议解除收养的问题上,自应尊重双方的共同意愿。

(一) 协议解除收养关系的条件

(1) 在养子女成年以前,解除收养须得收养人和送养人同意。双方在解除收养的问题上,意思表示完全一致。养子女年满10周岁以上的,还应征得本人同意。10周岁以上的未成年人已有部分民事行为能力,对解除收养的意义和后果,是有一定的识别能力的。是否解除收养,事关该子女的切身利益,取得其同意是完全必要的。

(2) 在养子女成年以后,解除收养关系须得收养人和被收养人即该养子女的同意,双方在解除收养的问题上,意思表示完全一致。成年子女具有完全民事行为能力,能够以自己的行为独立地与收养人达成解除收养的协议,因此,无须以原送养人的同意为解除收养关系的必要条件。

协议解除收养关系的,当事人应就解除后的财产和生活问题一并达成协议。

(二) 协议解除收养关系的程序

我国《收养法》第28条规定:"当事人协议解除收养关系的,应当到民政部门办理解除收养关系的登记。"适用该条法律规定办理解除收养关系的登记时,当事人应当持居民户口簿、居民身份证、收养登记证和解除收养关系的书面协议,共同到被收养人常住户口所在地的收养登记机关办理解除收养关系登记。

收养登记机关收到解除收养关系登记申请书及有关材料后,应当自次日起30日内进行审查;对符合《收养法》规定的,为当事人办理解除收养关系的登记,收回收养登记证,发给解除收养关系证明。

二、依当事人一方的请求解除收养关系

这里所说的一方,是指收养人、送养人和已成年的被收养人。由于解除收养的要求仅由一方提出,未获有关当事人同意,因而在当事人间发生有关解除收养的纠纷。在这种情形下,只有基于法定理由始得解除收养关系,并须经法定的程序办理。

按照我国《收养法》第26条第2款的规定,收养人不履行抚养义务,有虐待、遗弃等侵害未成年养子女的合法权益行为的,送养人有权要求解除养父母与养子女间的收养关系。送养人、收养人不能达成解除收养关系协议的,可以向人民法院起诉。

按照我国《收养法》第27条的规定,养父母与成年养子女关系恶化,无法共同生活的,可以协议解除收养关系。不能达成协议的,可以向人民法院起诉。

据此,收养人、送养人、成年养子女均可在具有法定理由的情形下,向人民法院提出解除收养关系的诉讼请求。

(一) 一方要求解除收养关系的条件

(1) 收养人不履行抚养义务,有虐待、遗弃等侵害未成年养子女合法权益行为,送养人要求解除养父母与养子女的收养关系,但送养人与收养人不能达成解除收养关系协议的,送养人可以向人民法院提起诉讼。

(2) 养父母与成年养子女关系恶化,无法共同生活,养父母与成年养子女不能达成解除收养关系协议的,双方均可以向人民法院起诉解除收养关系。

(二) 一方要求解除收养关系的程序

当事人一方要求解除收养关系的,应当经由诉讼程序办理。人民法院审理要求解除收养关系的案件,应当查明有关事实,根据《婚姻法》、《收养法》的有关规定,正确处理收养纠纷,保护当事人的合法权益、特别是未成年养子女的权益。在养子女已经成年,养父母因年老、丧失劳动能力而生活困难的情形下,应当依法保护养父母的利益。

一般说来,首先应对此类纠纷作好调解工作,促使原、被告双方在自愿的基础上达成保持或解除收养关系的协议。调解无效时,依法作出准予或不准解除收养关系的协议。依诉讼程序解除收养关系的,收养关系自准予解除收养的调解书或判决书生效之日起解除。

在诉讼程序中以调解方式解除收养关系的,其性质亦为协议解除。但是,诉讼程序中达成的解除收养关系的协议不同于诉讼外解除收养关系的协议。人民法院已将解除收养关系的协议载入调解书,当事人无须另行签订书面协议;也无须再办理解除收养的登记或公证证明。已生效的准予解除收养关系的调解书,是收养关系业经解除的法律依据。

三、收养关系解除的法律后果

(一) 拟制血亲关系的解销

我国《收养法》第29条规定:"收养关系解除后,养子女与养父母及其他近亲属间的权利义务关系即行消除……"

解除收养关系的直接后果是养父母养子女关系的终止,双方不再具有父母子女间的权利义务。养子女与养父母的近亲属的关系,本来就是以收养关系为中介的,解除收养关系,他们之间就不再具有子女与父母的近亲属间的权利义务关系。

(二) 自然血亲关系的恢复

《收养法》第29条还规定:收养关系解除后,养子女"与生父母及其他近亲属间的权利义务关系自行恢复,但成年养子女与生父母及其他近亲属间的权利义务关系是否恢复,可以协商确定"。

可见,关于养子女与生父母及其他近亲属间的权利义务关系的恢复问题,《收养法》是以养子女是否已经成年为界限,区别对待,分别处理的。如果成年养子女与生父母协商确定恢复父母子女间的权利义务关系,该子女与其他近亲属间的权利义务关系即随之恢复。我们认为,要求该子女与所有的近亲属去协商是没有必要的。

(三) 解除收养后的财产问题及其处理

我国《收养法》第30条,对解除收养关系后成年养子女的生活费给付义务和养父母的补偿请求权作了明确的规定,其立法精神主要是保护收养人的合法权益,妥善地处理解除收养关系的善后事宜。

1. 成年养子女的生活费给付义务

该条规定:"收养关系解除后,经养父母抚养的成年养子女,对缺乏劳动能力又缺乏生活来源的养父母,应当给付生活费……"

关于生活费的数额,应视养父母的实际生活需要和成年养子女的负担能力而定。一般说来,应不低于当地居民普通的生活费用标准。

2. 养父母的补偿请求权

该条还规定:"……因养子女成年后虐待、遗弃养父母而解除收养关系的,养父母可以要求养子女补偿收养期间支出的生活费和教育费。""生父母要求解除收养关系的,养父母可以要求生父母适当补偿收养期间支出的生活费和教育费,但因养父母虐待、遗弃养子女而解除收养关系的除外。"

按此规定,养父母的补偿请求权,得分别情形,向成年养子女主张或向生父母主张。养父母对养子女的虐待、遗弃,是向生父母主张补偿请求权的法定障碍。

第八章 扶养制度

第一节 扶养概述

一、扶养的概念

扶养是指特定亲属间一方对他方承担生活供养义务的法律关系。提供扶养的人(即抚养人)为义务人,享受扶养的人(即受扶养人)为权利人。

扶养的概念有广义和狭义之分。广义的扶养,是指一定范围的亲属间相互供养和扶助的法定权利义务关系。它没有亲属身份、辈分的区别,是扶养、抚养、赡养的统称,包括长辈亲属对晚辈亲属的抚养、晚辈亲属对长辈亲属的赡养和平辈亲属间的扶养。狭义的扶养,仅指平辈亲属之间相互供养和扶助的法定权利义务关系。

多数国家法律将亲属间的经济供养义务统称为扶养。我国《婚姻法》则根据扶养权利人和义务人之间辈分不同,将扶养分为扶养、抚养、赡养,对于夫妻之间和兄弟姐妹之间经济上的供养义务使用扶养一词,对于父母对子女的供养义务使用抚养,对于子女对父母及孙子女、外孙子女对祖父母、外祖父母的供养义务使用赡养。而我国《继承法》、《民法通则》、《刑法》等又统称为扶养。

需要特别说明的是,这里所讲的扶养是指产生于法律强制性规定的扶养。此外,还有产生于合同的扶养,如没有法定扶养义务的遗赠人与受遗赠人之间订立遗赠扶养协议,受遗赠人基于该协议而对遗赠人负担扶养义务[①];还有产生于遗嘱规定的扶养,如立遗嘱人在遗嘱中规定其遗嘱继承人或者受遗赠人负担扶养义务[②]。协议扶养与遗嘱扶养统称为"基于法律行为的扶养",与基于亲属身份关系的法定扶养有别,不属于婚姻家庭法中的扶养。

二、扶养的特征

亲属间的扶养,不同于一般的民事法律关系,也不同于国家扶助或社会扶助,它具有以下特征:

1. 扶养具有身份属性

扶养是一定亲属间成立的私法上的法定义务,与国家的扶助和社会的扶助有本质的

[①] 参见我国《继承法》第31条第1款,即:"公民可以与扶养人签订遗赠扶养协议。按照协议,扶养人承担该公民生养死葬的义务,享有受遗赠的权利。"

[②] 参见我国《继承法》第21条,即:"遗嘱继承或者遗赠附有义务的,继承人或者受遗赠人应当履行义务。没有正当理由不履行义务的,经有关单位或者个人请求,人民法院可以取消他接受遗产的权利。"

区别。其以一定的亲属关系为前提。非亲属之间依据合同而负担供养义务属于一般债权债务关系。扶养关系只能发生于法律规定的一定范围的亲属之间。亲属身份是扶养的前提,扶养则是亲属身份的法律后果或法律效力。我国《婚姻法》规定夫妻、父母子女、兄弟姐妹、祖孙等近亲属间具有扶养关系。如果不是法定范围内的亲属,虽也可能发生扶养义务,如基于遗赠扶养协议,或基于道德义务而发生扶养,但都不是婚姻家庭法上的扶养。

2. 扶养请求权具有人身专属性

扶养义务虽然以财产给付为内容,但是以亲属身份关系为前提的财产给付,扶养请求权具有人身专属性。在扶养关系存续期间,其为义务人和权利人的专属权利义务,不得继承、转让、抵押、抵销等。亲属之间互相负担扶养义务,对于保障儿童、老人合法权益,具有重要的意义。在一方需要扶养时,另一方应自觉地履行扶养义务。广义的扶养是指一定亲属间的相互供养和扶助的法定义务。

3. 扶养权利义务的关联性

扶养权利与义务虽然是相互的,配偶之间、父母子女之间、祖孙之间、兄弟姐妹之间皆相互承担抚养的权利与义务,但亲属间的扶养权利义务并不具有对价关系,不是利益交换关系。扶养权利与义务是紧密地结合在一起的,两者甚至是很难区分的。例如,父母对未成年子女的抚养教育和保护,既可以视其为父母的权利,也可以视其为父母的义务。义务的履行和权利的行使具有同一性。

4. 扶养无时效性

扶养权利人不要求已到期的扶养费的支付,不意味着放弃权利本身,只要亲属关系存续并具备扶养的要件,扶养权利人就持续地享有受抚养权,如果亲属关系消灭或者扶养要件丧失,受扶养权随之消灭,因而扶养关系不因时效而消灭。对于过去的扶养是否得请求履行,我国婚姻法虽无明文,因扶养义务之履行是为满足权利人的现实需要,解释上应以请求扶养义务履行之时为标准。

三、扶养的分类

婚姻家庭法上的扶养可从不同的角度进行分类。

(1) 依扶养主体间辈分之不同,可分为长辈亲属对晚辈亲属的抚养、平辈亲属之间的扶养及晚辈亲属对长辈亲属的赡养。

(2) 依扶养的方法之不同,可分为同居生活的扶养与不同居而给付扶养费的扶养。前者又称为"迎养在家",即直接供给食宿之情形;后者为给付扶养费,即供给金钱或生活物品而为扶养之情形。

(3) 依扶养的条件及程度之不同,可分为生活保持义务与生活扶助义务。这种分类,旨在区分不同类型的亲属之间的扶养条件和扶养程度,以便于义务人履行义务。

这种分类以瑞士民法为代表。瑞士民法分扶养义务为:夫妻、父母子女间的"生活保持义务"与其他亲属间的"生活扶助义务"两种。夫妻、父母子女为现实的全面生活共同体,且互负共生存的义务,换言之,为保持对方生活,纵须牺牲自己亦在所不辞,此乃所谓

"生活保持义务"。反之,其他亲属间的扶养,即生活扶助义务,仅有偶然补助之作用而已,且其扶养也不必牺牲自己,仅有余力时,始为扶养为已足。

瑞士民法的这一分类得到很多学者的赞同。日本法学家中川善之助在1928年就著文认为扶养应分为生活保持义务和生活扶助义务。他主张将夫妻间和父母对未成年子女的扶养称为生活保持义务,其他直系血亲、兄弟姐妹和其他亲属间的扶养称为扶助;并指出夫妻间、父母对未成年子女,扶养对方是为保持自己的生活(家庭生活)所必尽的义务,这种义务是无条件的,要作出自我牺牲的。即有所谓"即使是最后的一片肉、一粒米也要分而食之的义务"。日本法学家有地亨也认为夫妻间和父母与未成年子女间的扶养是必须保持他们之间的同一生活质量、同一生活水平的扶养。但是,其他直系血亲之间、兄弟姐妹和其他亲属间的扶养,并不是为维持共同生活所必需的,而是一种偶然的、例外的、相对的扶养,是在保持与义务人地位相当的生活水准的前提下,给予确实需要扶养的亲属以扶助,使其保持最低生活水平。①

生活保持义务与生活扶助义务的成立要件及其内容(扶养程度与方法)有差别。在立法上根据亲属关系的不同情况,规定不同的扶养条件,确定不同的扶养程度,便于义务人更好地履行扶养义务。在理论上承认二者的区别,有助于我们对婚姻家庭法中关于扶养义务的规定作出合理的解释。

第二节 我国现行扶养制度

我国现行扶养法体现在《婚姻法》、婚姻法司法解释以及其他相关法律法规中,扶养制度的内容可以概括为夫妻间的扶养、父母子女间的扶养、祖孙间的扶养和兄弟姐妹间的扶养等几个方面。

一、夫妻间的扶养

我国《婚姻法》第20条规定:"夫妻有互相扶养的义务。一方不履行扶养义务时,需要扶养的一方,有要求对方付给扶养费的权利。"理解夫妻间的扶养义务应当注意:

第一,夫妻之间的扶养权利和义务,是夫妻身份关系所导致的必然结果。夫妻一方向对方所负的扶养义务,从接受者的角度来看,就是接受扶养的权利。夫妻之间的扶养权利和义务是彼此平等的,任何一方不得只强调自己应享有接受扶养的权利而拒绝承担扶养对方的义务。

第二,夫妻之间接受扶养的权利和履行扶养对方的义务是以夫妻合法身份关系的存在为前提条件的,不论婚姻的实际情形如何,无论当事人的感情好坏,这种扶养权利和义务始于婚姻缔结之日,消灭于婚姻终止之时。

第三,夫妻之间的扶养义务,其内容包括夫妻之间相互为对方提供经济上的供养和生

---

① 参见杨大文主编:《亲属法》,法律出版社1997年版,第339页。

活上的扶助,以此维系婚姻家庭日常生活的正常进行。

第四,夫妻之间的扶养义务,属于民法上的强行性义务,夫妻之间不得以约定形式改变此种法定义务。在实际运作上,基于夫妻关系的特殊性,应以当事人自我调节为主,以自觉履行为普遍,而以公力干预为辅助,以司法救济为例外。

第五,违反夫妻间扶养义务的法律后果。当夫妻一方没有固定收入和缺乏生活来源,或者无独立生活能力或生活困难,或因患病、年老等原因需要扶养,另一方不履行扶养义务时,需要扶养的一方有权要求对方承担扶养义务,给付扶养费,以维持其生活所必需。此为夫妻一方采用自力救济的方法实现接受扶养的权利。

当夫妻间因履行扶养义务问题发生争议时,需要扶养的一方可以向人民调解组织提出调解申请,也可以向人民法院提起追索扶养费的民事诉讼。通过民事诉讼程序强制有扶养义务的夫妻一方履行扶养义务,这是夫妻一方采用司法救济的方法维护其权利。人民法院对此类案件要做好调解工作,调解不成的,可根据夫妻双方的具体情况,判决义务人履行扶养义务。必要时,可根据当事人的申请裁定先予执行。人民法院审理扶养纠纷所作出的调解书与判决书,均具有强制执行的法律效力。

夫妻一方不履行法定的扶养义务,情节恶劣,后果严重,致使需扶养的一方陷入生活无着的境地,从而构成遗弃罪的,则在承担刑事法律责任时亦不免除其应当继续承担的扶养义务。

二、父母子女间的扶养(参见第六章第二节)

我国《婚姻法》第21条第1—3款规定:"父母对子女有抚养教育的义务;子女对父母有赡养扶助的义务。父母不履行抚养义务时,未成年的或不能独立生活的子女,有要求父母付给抚养费的权利。子女不履行赡养义务时,无劳动能力的或生活困难的父母,有要求子女付给赡养费的权利。"对此条规定,应结合其他法律规范的相关内容,把握以下几点:

(1)父母对未成年子女的抚养是生活保持义务。其法律属性和特点有三:一是抚养义务的无条件性。父母对未成年子女的抚养义务是无条件的,子女一旦出生,无论父母经济条件及负担能力如何,也不论是否愿意,均必须依法承担抚养义务。即使降低自己的生活水平、牺牲自己的事业发展和生活享受,也必须首先保障子女的生存和生活。二是抚养内容的复合性。父母对未成年子女的抚养涉及子女身心成长、发展的全过程,是全方位的扶养,所以抚养内容既包括提供子女所必需的一切生活费用,为子女健康成长和发展提供经济保障;又包括提供子女教育、学习费用,保证子女充分享受接受义务教育的权利,为培养和提高子女的文化素质和生活技能创造条件。三是抚养义务的长期性与持续性。从子女出生时开始,到子女成年乃至具有独立生活能力为止,父母均应承担扶养义务。

(2)父母对成年子女的抚养是生活扶助义务。在我国,凡年满18周岁的公民,依法具有完全民事行为能力,不再依赖他人抚养,父母对子女的抚养义务因子女的成年而消灭,子女也因成年而丧失要求父母抚养的权利。这应该是现代社会人格独立的普遍要求,也应该是亲子抚养关系的常态模式,社会价值应以此为导向,法律也应以此为常规。但是,由于目前社会经济发展水平的局限,社会对公民个体的综合保障尚不健全,再加上公民个人生理、心理、学习、就业存在现实的差异,成年不等于有劳动能力,有劳动能力不等于有独立经济来源和生活保障。于是在社会中有相当一部分成年人还必须依靠他人扶养,当社会无力全部承受时,则只有强化到父母子女等亲属关系中,因此父母对成年子女在一定条件下依法应承担抚养义务。其条件包括两个方面:一是成年子女因客观原因无独立的谋生能力也无其他生活来源因而需要抚养,如因完全或部分丧失劳动能力,或者尚在学校就读,确无独立生活能力和条件的;二是父母具备负担能力,即父母在维持自己的生活外还有承担抚养义务的给付能力。如果父母因负担抚养义务而不能维持自己生活,则不负担抚养义务。

(3) 成年子女对父母的扶养是生活扶助义务。目前我国经济仍不十分发达,社会养老保险制度尚不健全,尤其是广大农村地区,老人的赡养还主要依赖家庭,在相当长的一段时期内,我国家庭还将承担较重的扶养老人的功能,因此我国婚姻法规定成年子女对父母负有扶养义务。但是,与父母对未成年子女的抚养有所不同,成年子女对父母的赡养是有条件的,即必须是父母无劳动能力或生活困难,而成年子女具有给付能力。当然,如果没有达到法定条件所要求的情形,成年子女自愿赡养其父母者,道德上也应予提倡和鼓励。

三、祖孙间的扶养

祖孙关系是一种隔代亲属,包括祖父母与孙子女、外祖父母与外孙子女。从其产生原因来看,又分为自然血亲的祖孙关系和拟制血亲的养祖孙关系。随着社会的变迁,家庭结构虽然已由直系家庭制向夫妻家庭制过渡,以夫妻关系和父母子女关系为中心的核心家庭已成为主要的家庭模式,但是,祖孙关系仍然是具有现代意义的家庭关系。

祖父母与孙子女、外祖父母与外孙子女之间,是二亲等的直系血亲。在一般情况下,子女由父母抚养,父母由子女赡养,祖孙之间不发生扶养关系。但是,当发生某种客观原因,导致父母子女之间无法直接履行抚养、赡养的权利义务时,(外)祖父母与(外)孙子女之间在一定条件下就产生了抚养、赡养义务。我国《婚姻法》第 28 条规定:"有负担能力的祖父母、外祖父母,对于父母已经死亡或父母无力抚养的未成年的孙子女、外孙子女,有抚养的义务。有负担能力的孙子女、外孙子女,对于子女已经死亡或子女无力赡养的祖父母、外祖父母,有赡养的义务。"据此规定,祖孙之间互负抚养、赡养义务是有条件的。

(一) 祖父母、外祖父母对孙子女、外孙子女的抚养义务

祖父母、外祖父母在下列条件下有抚养孙子女、外孙子女的义务:

(1) 祖父母、外祖父母有负担能力。有负担能力的祖父母和外祖父母是指以自己的劳动收入和其他收入满足需要扶养的配偶、未成年的亲生子女、未成年的养子女、有扶养关系的继子女、不能独立生活的成年子女(包括自然血亲的子女、养子女、有扶养关系的继子女)、需要赡养的父母等人(以下简称"第一顺序继承人")的合理生活、教育、医疗等需要后仍有剩余或降低生活水平以后有剩余的祖父母和外祖父母。祖父母和外祖父母依据

婚姻法保护儿童和老人合法权益的原则,包括婚生子女的父母、非婚生子女的母亲、经过认领的非婚生子女的生父、养子女的养父母、有扶养关系的继子女的继父或继母的婚生父母、经过认领的生父和生母、养父母、有扶养关系的继父母(下文的"祖父母"与"外祖父母"与此同)。如果祖父母或外祖父母中数人均有负担能力,则应根据他们的经济情况共同负担。

(2) 孙子女和外孙子女的父母已经死亡或父母无力抚养。死亡包括自然死亡和宣告死亡。父母无力抚养是指不能以自己的劳动收入和其他收入全部或部分满足第一顺序法定继承人的合理的生活、教育、医疗等需要。父母包括婚生子女的婚生父母、非婚生子女的生母和经过认领的生父、养父母、有扶养关系的继父母(下文的"父母"与此相同)。依据我国收养法的规定,收养人应该有抚养教育被收养人的能力,因此在对"父母无力抚养"的解释上不应该包括养父母无力抚养养子女的情况,但是在养父母收养成立时有抚养教育被收养人的能力,而在以后生活过程中因某种原因全部或部分丧失抚养教育被收养人的能力的情况也是有的,因此在解释上还应该将养父母包括在内。

(3) 孙子女和外孙子女未成年。未成年是指未满18周岁。孙子女和外孙子女是指祖父母、外祖父母的婚生子女、经过认领的非婚生子女、养子女、有扶养关系的继子女的婚生子女、经过认领的非婚生子女、养子女、有扶养关系的继子女(下文的"孙子女"和"外孙子女"与此同)。

(二) 孙子女、外孙子女对祖父母、外祖父母的赡养义务

孙子女、外孙子女对祖父母、外祖父母的赡养义务,也是在一定条件下发生的。孙子女、外孙子女在下列条件下对祖父母和外祖父母有赡养义务:

(1) 孙子女和外孙子女有负担能力。孙子女和外孙子女如果已经结婚,在判断孙子女的负担能力时是否将其配偶的收入综合考虑在内,法律未作明文规定。解释上应该综合考虑在内。因为孙子女和外孙子女的配偶依据男女平等原则也有负担家庭生活费用的义务,而且在其配偶的收入更高的情况下应该承担更多的生活费用。即使实行约定财产制,生活费用的负担也不得违反抚养和赡养的有关规定。这样解释也符合保护老人合法权益的原则。有负担能力是指以自己的劳动收入和其他收入及自己配偶的劳动收入和其他收入满足自己和第一顺序法定继承人的合法生活、教育、医疗等需求后仍有剩余或降低生活水平后有剩余。如果孙子女、外孙子女中数人均有负担能力,应根据他们的经济情况共同负担。

(2) 祖父母、外祖父母的子女已经死亡或子女无力赡养。死亡包括自然死亡和宣告死亡。无力赡养是指不能以自己的劳动收入和其他收入全部或部分满足自己和第一顺序法定继承人的合理的生活、教育、医疗等需要。子女包括孙子女、外孙子女的生父母、养父母、有扶养关系的继父母。赡养是指孙子女、外孙子女根据自己的剩余财产情况为祖父母、外祖父母给付全部或部分生活费、教育费、医疗费等金钱或生活物品。

四、兄弟姐妹间的扶养

兄弟姐妹是最亲近的旁系血亲,包括同父母的兄弟姐妹、同父异母或同母异父的兄弟姐妹、养兄弟姐妹和有扶养关系的继兄弟姐妹。按照最高人民法院《关于贯彻执行〈中华人民共和国继承法〉若干问题的意见》第 24 条的解释,"继兄弟姐妹之间的继承权,因继兄弟姐妹之间的抚养关系而发生。没有抚养关系的,不能互为第二顺序继承人"。因而所谓有扶养关系的继兄弟姐妹,是指继兄弟姐妹之间因发生事实上的扶养关系而产生的一种拟制血亲。如果继子女与其形成抚养关系的继父母的亲生子女、养子女或有抚养关系的其他继子女之间没有发生扶养关系的事实,即属于没有扶养关系的继兄弟姐妹,只是一种姻亲关系。

我国《婚姻法》第 21 条规定:父母对子女有抚养教育的义务。因而在一般情况下,兄弟姐妹均由他们的父母抚养,而他们相互间不发生扶养关系。但是,当发生某种客观原因,导致父母不能或无力履行抚养义务时,兄弟姐妹之间在一定条件下就产生了扶养义务。我国《婚姻法》第 29 条规定:"有负担能力的兄、姐,对于父母已经死亡或父母无力抚养的未成年的弟、妹,有扶养的义务。由兄、姐扶养长大的有负担能力的弟、妹,对于缺乏劳动能力又缺乏生活来源的兄、姐,有扶养的义务。"

(一)兄、姐对弟、妹的扶养义务

兄、姐对弟、妹的扶养义务也是有条件的,兄、姐对弟、妹在下列条件下负担扶养义务:

(1)兄、姐有负担能力。有负担能力是指以自己的劳动收入和其他收入及自己配偶(如已婚)的劳动收入和其他收入满足自己和第一顺序法定继承人的合理生活、教育、医疗等需要后仍有剩余或降低生活水平后有剩余。"兄、姐"包括亲兄、姐(包括同父母的兄、姐,同父异母或同母异父的兄、姐),养兄、姐,有扶养关系的继兄、姐,如果兄、姐中数人均有负担能力,则应根据他们的经济情况共同负担。

(2)父母已经死亡或无力抚养。死亡包括自然死亡和宣告死亡。父母无力抚养是指父母不能以自己的劳动收入和其他收入全部或部分满足自己和第一顺序法定继承人的合理的生活、教育、医疗等需要。

(3)弟、妹未成年。未成年是指未满 18 周岁。弟、妹包括亲弟、妹(包括同父母的弟、妹,同父异母或同母异父的弟、妹),养弟、妹,有扶养关系的继弟、妹。如某一未成年人既有有负担能力的祖父母、外祖父母,又有有负担能力的兄、姐,他们应该处于同等的地位,由他们根据自己的经济情况共同负担。

(二)弟、妹对兄、姐的扶养义务

弟、妹对兄、姐的扶养义务也是有条件的,弟、妹在下列条件下有扶养兄、姐的义务:

(1)弟、妹由兄、姐扶养长大。由兄、姐扶养长大的弟、妹是指长期依靠兄、姐提供全部或主要扶养费用直到以自己的收入作为主要生活来源的弟、妹。

(2)弟、妹有负担能力。有负担能力是指以自己的劳动收入和其他收入及自己配偶(如已婚)的劳动收入和其他收入满足自己和需要扶养的第一顺序继承人的合理生活、教育、医疗等需要后仍有剩余或降低生活水平后有剩余的弟、妹。

（3）兄、姐缺乏劳动能力又缺乏生活来源。缺乏劳动能力是指劳动能力的短少或不够,依据举轻明重(当然解释)的解释方法,丧失劳动能力当然包括在内。缺乏生活来源是指维持生存所必需的生活费用和用品不足。依据举轻明重(当然解释)的解释方法,丧失生活来源当然包括在内。

需要特别指出的是,祖孙之间、兄弟姐妹之间的扶养义务是补充性的义务,以不严重恶化自己的生活为前提。

第九章 附 论

第一节 民族自治地方贯彻执行婚姻家庭法的变通规定

一、变通规定的制定

我国1980年《婚姻法》在第36条中指出:"民族自治地方人民代表大会和它的常务委员会可以依据本法的原则,结合当地民族婚姻家庭的具体情况,制定某些变通的或补充的规定。"2001年修订后的《婚姻法》第50条规定:"民族自治地方的人民代表大会有权结合当地民族婚姻家庭的具体情况,制定变通规定。"我国《收养法》第31条中也有类似的规定。这些授权性的规定是十分必要的,是党和国家的民族政策在婚姻家庭立法上的具体表现。

我国是一个统一的多民族的国家,除汉族外还有五十多个民族。许多民族的亲属制度、婚姻家庭和收养方式等,都具有自身的种种特点;这是基于生产和生活方式、传统文化、宗教信仰和风俗习惯等方面的原因,在历史上长期形成的,全国性的婚姻家庭立法授权民族自治地方制定某些变通的或补充的规定,有利于这些法律在民族自治地方的贯彻执行,有利于加强民族团结和本地区的法制建设。

制定变通规定时应当遵循的原则有二:一是以全国性的婚姻家庭立法(《婚姻法》、《收养法》等)的原则为依据,全国性的婚姻家庭立法中的原则规定反映了我国社会主义婚姻家庭制度的本质和特征,对各民族自治地方的婚姻家庭关系是同样适用的。民族自治地方所作的有关规定,只是对全国性婚姻家庭立法中一些具体规定的变通或补充。二是结合当地民族婚姻家庭关系的具体情况。在制定有关规定时,要将原则性和灵活性结合起来。在婚姻家庭生活领域里,应当保持和发扬那些健康有益的、根植于民族优秀文化的传统习俗,这可以使各民族的特色得以保留。对于那些需要破除的落后习俗,应由各民族自治地方的立法机关采取妥善的步骤和方法,逐步地进行改革。

制定变通规定的程序:自治州、自治县制定的变通规定,报省、自治区、直辖市人民代表大会常务委员会批准后生效。自治区制定的变通规定,报全国人民代表大会常务委员会批准后生效。

二、变通规定的主要内容和适用范围

1980年《婚姻法》颁行以来,我国各民族自治地方在婚姻家庭法制建设方面取得了长足的进展。许多自治区、自治州和自治县都相继颁行了这方面的变通或补充规定,并适时进行过修订。

1. 关于法定婚龄

鉴于民族自治地方的生产、生活环境和婚姻习俗,许多民族自治地方的变通或补充规定都将《婚姻法》中的法定婚龄降低了2岁,以男20周岁、女18周岁为最低的结婚年龄。新疆维吾尔自治区、西藏自治区、宁夏回族自治区、内蒙古自治区等都是如此规定的。

2. 关于婚姻家庭习俗的改革

许多变通或补充规定都有尊重民族传统、宗教信仰和改革不符合婚姻法原则的落后习俗的内容。西藏自治区规定:"对于各少数民族传统的婚嫁仪式,在不妨碍婚姻自由原则的前提下应予尊重。""废除一夫多妻、一妻多夫的封建婚姻;对执行本条例(指《西藏自治区施行中华人民共和国婚姻法的变通条例》)之前形成的上述婚姻关系,凡不主动提出解除婚姻关系者,应予维持。"宁夏回族自治区规定:"信奉伊斯兰教的男女结婚,自愿举行宗教仪式的,只能在领取结婚证后进行。"这些民族自治地方均规定禁止宗教干涉婚姻家庭;结婚、离婚必须依法办理。新疆维吾尔自治区还特别规定:"禁止用口头或文字通知对方的方法离婚。"

3. 关于计划生育

计划生育是我国的基本国策。总的说来,少数民族也要实行计划生育,但在政策上可以适当放宽。所以,有些民族自治地方根据本地区、本民族的具体情况,在生育节制上作了适当变通的规定。但是,也有一些民族自治地方的规定是同国家的生育政策完全一致的。凉山彝族自治州规定:"实行计划生育,鼓励晚婚晚育。"海北藏族自治州规定:"大力提倡晚婚晚育,必须实行计划生育。"

4. 关于民族通婚

某些民族自治地方对此作了明确、肯定的规定。例如,宁夏回族自治区规定:"回族同其他民族的男女自愿结婚,任何人不得干涉。"黄南藏族自治州规定:"不同民族的男女通婚受法律保护,不允许以任何借口干涉和阻挠。"另一些民族自治地方对此未作规定,但是,这些地方的民族通婚问题,也是按照《婚姻法》的精神、国家的民族政策和宗教政策,结合具体情况妥善处理的。

5. 关于子女的民族从属

不同民族的男女结婚,必须正确地处理所生子女属于父方民族还是母方民族的问题。一些民族自治地方均规定,在这种情况下,子女的民族从属由父母双方商定。宁夏回族自治区的规定进一步指出,子女未成年时由父母商定,成年后由子女自定。

此外,一些民族自治地方的规定还涉及保障寡妇的婚姻自由、禁止结婚的亲属关系、对非婚生子女的保护等内容。一些地方在贯彻执行《婚姻法》的有关规定时,还根据当地的实际情况作了有针对性的补充规定,如禁止家支、部落干涉婚姻自由,禁止顶替、转房的婚姻关系等。

关于变通规定的适用范围,各民族自治区地方的具体规定颇不相同,大致可以分为以下几种情形。有的规定只适用于本地区的少数民族,不适用于汉族,如新疆、西藏、宁夏、内蒙古自治区等。有的规定只适用于本地区少数民族中的一般群众,不适用于少数民族中的干部、职工,如河南蒙古族自治县、化隆回族自治县等。有的规定只适用于本地区农村、牧区的少数民族居民,不适用于城镇中的少数民族居民,如海西蒙古族藏族哈萨克族自治州等。有的规定既适用于本地区的少数民族,也适用于同少数民族结婚的汉族,其适用范围比前几种更为广泛,如甘孜、阿坝藏族自治州和凉山彝族自治州等。

有关各民族婚姻家庭制度的研究,是我国婚姻家庭法学的重要课题之一。此处为本书的目的和篇幅所限,只能作一些概括的、例示性的说明,其他从略。

第二节 涉外婚姻家庭关系的法律适用

一、涉外婚姻家庭关系的法律适用

(一) 涉外婚姻家庭关系法律适用的一般原则

涉外婚姻家庭关系,因其具有涉外因素,而所涉及的国家婚姻家庭法规定各不相同,在适用法律时需要解决不同国家的婚姻家庭法的冲突问题。我国现行《婚姻法》对此并未规定。2003年10月1日施行的《婚姻登记条例》和1992年4月1日施行的《收养法》,仅对在我国境内发生的涉外结婚、离婚、收养问题作了若干规定,并未全面地解决涉外婚姻家庭关系的法律适用问题。1987年1月1日施行的《民法通则》设有"涉外民事关系的法律适用"一章,其中既有关于法律适用的一般原则的规定,又有关于准据法的具体规定,是我们处理涉外婚姻家庭关系的法律依据。我国《民法通则》第142条指出,涉外民事关系的法律适用,依照该法第8章的规定确定。中华人民共和国缔结或参加的国际条约同中华人民共和国的法律有不同规定的,适用国际条约的规定,但中华人民共和国声明保留的除外。中华人民共和国法律和中华人民共和国缔结或者参加的国际条约没有规定的,可以适用国际惯例。第150条还指出,依照该法第8章规定适用外国法律或者国际惯例的,不得违背中华人民共和国的社会公共利益。这些规定是涉外民事关系法律适用的一般原则,涉外婚姻家庭关系当然也不例外。

《中华人民共和国涉外民事关系法律适用法》(以下简称《法律适用法》)已由第十一届全国人民代表大会常务委员会第十七次会议于2010年10月28日通过,自2011年4月1日起施行。该法第2条第1款规定:"涉外民事关系适用的法律,依照本法确定。其他法律对涉外民事关系法律适用另有特别规定的,依照其规定。"虽然这一规定符合"特别规定优于一般规定"的原则(立法法第83条),但如果立法者对于现行冲突规则应否继续适用不置可否,则会造成新旧冲突规则并存甚至相互抵触的局面。为此,第51条规定:《民法通则》第146条、第147条和《继承法》第36条"与本法的规定不一致的,适用本法"。

《法律适用法》确立了关于最密切联系原则,20世纪70年代以来,确定法律适用的最密切联系原则得到广泛采用,适应了国际上解决涉外民事争议法律适用的实际需要,逐步成为国际上确定跨国民事关系法律适用的重要规则。《法律适用法》充分体现了最密切联系原则。明确规定:"涉外民事关系适用的法律,应当与该涉外民事关系有最密切联系。""本法或者其他法律对涉外民事关系的法律适用没有规定的,适用与该涉外民事关系有最密切联系的法律。"考虑到当事人对民事权利享有处分权,并适应国际上当事人自行选择适用法律的范围不断扩大的趋势,该法明确规定了当事人可以选择适用的法律。同时也对当事人选择适用法律的范围作出了限制,明确规定:"中华人民共和国法律对涉外民事关系有强制性规定的,应当直接适用。"该法**注重保护弱方当事人的利益,**在没有共同经常居所地的情形下,父母子女关系"适用一方当事人经常居所地法律或者国籍国法律中有利于保护弱者权益的法律"(第25条);扶养"适用一方当事人经常居所地法律、国籍国法律或者主要财产所在地法律中有利于保护被扶养人权益的法律"(第29条);监护"适用一方当事人经常居所地法律或者国籍国法律中有利于保护被监护人权益的法律"(第30条)。

(二) 涉外婚姻家庭关系的准据法

处理涉外婚姻家庭法律关系需要确定具体的准据法,准据法是涉外婚姻家庭冲突规范指向的法律,是用以确定当事人之间权利义务的实体法。冲突规范只解决具体适用哪一国家的法律,冲突规范指向的准据法才最终使婚姻家庭权利得以实现。例如,2010年《中华人民共和国涉外民事关系法律适用法》第27条规定"诉讼离婚,适用法院地法律"。就是冲突规范,这个规范指向的"法院地法律"就是准据法,即处理有关涉外婚姻家庭关系适用的法律。

涉外婚姻家庭关系在广义上是指,在中国境内,中国公民与外国人,或者外国人与外国人,以及在外国境内,中国公民与外国人,或者中国公民与中国公民的结婚、离婚、夫妻关系、父母子女关系、收养、扶养和监护等。在狭义上,涉外婚姻家庭关系专指中国公民与外国人,或者外国人与外国人在中国的结婚、离婚、夫妻关系、父母子女关系、收养、扶养和监护等。婚姻家庭法学中的涉外婚姻家庭关系,通常指的是狭义的涉外婚姻家庭关系。这里所讲的外国人,指一切具有外国国籍的人及无国籍人。具有外国国籍的人,包括外国血统的外国人、中国血统的外国人(外籍华人)以及定居我国的外国侨民。

(1) 涉外结婚条件的准据法。《法律适用法》第21条规定,结婚条件,适用当事人共同经常居所地法律;没有共同经常居所地的,适用共同国籍国法律;没有共同国籍,在一方当事人经常居所地或者国籍国缔结婚姻的,适用婚姻缔结地法律。《民法通则》第147条、《民通意见》第188条里对结婚的法律适用问题的规定,与《法律适用法》第21条、第22条不一致。根据《法律适用法》第51条的规定,《民法通则》第147条、《民通意见》第188条的这部分内容现已失效。

(2) 涉外结婚手续的准据法。《法律适用法》第22条规定,结婚手续,符合婚姻缔结地法律、一方当事人经常居所地法律或者国籍国法律的,均为有效。《民法通则》第147条、《民通意见》第188条里对结婚的法律适用问题的规定,与《法律适用法》第21条、第22条不一致。根据《法律适用法》第51条的规定,《民法通则》第147条、《民通意见》第188条的这部分内容现已失效。

(3) 涉外夫妻人身关系的准据法。《法律适用法》第23条规定,夫妻人身关系,适用共同经常居所地法律;没有共同经常居所地的,适用共同国籍国法律。

(3) 涉外夫妻财产关系的准据法。《法律适用法》第24条规定,夫妻财产关系,当事人可以协议选择适用一方当事人经常居所地法律、国籍国法律或者主要财产所在地法律。当事人没有选择的,适用共同经常居所地法律;没有共同经常居所地的,适用共同国籍国法律。

(4) 涉外父母子女关系的准据法。《法律适用法》第25条规定,父母子女人身、财产关系,适用共同经常居所地法律;没有共同经常居所地的,适用一方当事人经常居所地法律或者国籍国法律中有利于保护弱者权益的法律。

(5) 涉外协议离婚的准据法。《法律适用法》第26条规定,协议离婚,当事人可以协议选择适用一方当事人经常居所地法律或者国籍国法律。当事人没有选择的,适用共同经常居所地法律;没有共同经常居所地的,适用共同国籍国法律;没有共同国籍的,适用办理离婚手续机构所在地法律。

(6) 涉外诉讼离婚的准据法。《法律适用法》第27条规定,诉讼离婚,适用法院地法律。我国法律对涉外离婚以法院地法为准据法。中国公民同外国人离婚的诉讼,由我国法院受理的,适用中国法。在实体上适用我国《婚姻法》的有关规定,在程序上适用我国《民事诉讼法》的有关规定。中国公民同外国人的离婚诉讼,由我国以外的国家(地区)的法院受理的,适用相应的国家(地区)的法律。

(7) 涉外收养的准据法。《法律适用法》第28条规定,收养的条件和手续,适用收养人和被收养人经常居所地法律。收养的效力,适用收养时收养人经常居所地法律。收养关系的解除,适用收养时被收养人经常居所地法律或者法院地法律。

(8) 涉外扶养的准据法。《法律适用法》第29条规定,扶养[①],适用一方当事人经常居所地法律、国籍国法律或者主要财产所在地法律中有利于保护被扶养人权益的法律。《民法通则》第148条、《民通意见》第189条因与《法律适用法》第29条不一致,现已失效。

(9) 涉外监护的准据法。《法律适用法》第30条规定,监护,适用一方当事人经常居所地法律或者国籍国法律中有利于保护被监护人权益的法律。《民通意见》第190条因与《法律适用法》第30条不一致,现已失效。

二、中国法中关于涉外婚姻和涉外收养的具体规定

(一) 涉外结婚

中国公民同外国人在我国境内结婚,适用我国法律的,需符合我国《婚姻法》和《婚姻登记条例》的有关规定。

[①] 本规定中的扶养一词,与我国《婚姻法》中所说的"扶养"具有不同的含义。这里是在广义上使用的,包括我国《婚姻法》中的扶养、抚养和赡养。

1. 结婚当事人须持的证件和证明材料

中国公民须持的证件和证明材料有:(1) 本人的户口簿、身份证;(2) 本人无配偶以及与对方当事人没有直系血亲和三代以内旁系血亲关系的签字声明。

外国人一方须持的证件和证明材料有:(1) 本人的有效护照或者其他有效的国际旅行证件;(2) 所在国公证机构或者有权机关出具的、经中华人民共和国驻该国使(领)馆认证的或者该国驻华使、领馆认证的本人无配偶的证明,或者所在国驻华使(领)馆出具的本人无配偶的证明。

2. 结婚登记的机关和程序

办理涉外结婚登记的机关,是中国公民常住户口所在地的婚姻登记机关。要求结婚的当事人须到婚姻登记机关提出申请;经审查后,对符合我国法律规定的,应准予登记。

涉外复婚登记适用涉外结婚登记的规定。

(二) 涉外离婚

中国公民同外国人在中国内地自愿离婚的,男女双方应当共同到内地居民常住户口所在地的婚姻登记机关办理离婚登记。

办理离婚登记的内地居民须持的证件和证明材料有:(1) 本人的户口簿、身份证;(2) 本人的结婚证;(3) 双方当事人共同签署的离婚协议书。

外国人须持的证件和证明材料有:(1) 本人的结婚证;(2) 双方当事人共同签署的离婚协议书;(3) 本人的有效护照或者其他有效国际旅行证件。离婚协议书应当载明双方当事人自愿离婚的意思表示以及对子女抚养、财产及债务处理等事项协商一致的意见。

离婚登记的机关同结婚登记机关。办理离婚登记的当事人有下列情形之一的,婚姻登记机关不予受理:(1) 未达成离婚协议的;(2) 属于无民事行为能力人或者限制民事行为能力人的;(3) 其结婚登记不是在中国内地办理的。婚姻登记机关通过对离婚登记当事人出具的证件、证明材料进行审查并询问相关情况。对当事人确属自愿离婚,并已对子女抚养、财产、债务等问题达成一致处理意见的,应当当场予以登记,发给离婚证。

按照我国的现行规定,涉外离婚中的一方要求离婚应向有管辖权的人民法院提出;当事人必须有一方在中国境内,并在中国有户籍,或者有居所并连续居住满1年以上。如果被告在国外定居,符合上述要求的原告可向其户籍所在地或居所地的中级人民法院起诉离婚。如果原告在国外定居,可向符合上述要求的被告户籍所在地或居所地的中级人民法院起诉离婚。夫妻双方现均系外籍华人,或一方是华侨,另一方是外籍华人的,要求离婚应由居住国有关机关办理。如当事人原在中国境内或中国驻外使、领馆办理结婚登记,居住国有关机关出于某种原因不受理离婚请求时,原在中国境内登记结婚的,可回国向登记地的中级人民法院提出离婚请求;原在中国驻外使、领馆登记结婚的,可回国向出国前最后户籍所在地或居所地的中级人民法院提出离婚请求。

(三) 涉外收养

我国《收养法》第21条规定:外国人在中华人民共和国收养子女,应当经其所在国主管机关依照该国法律审查同意。收养人应当提供由其所在国有权机构出具的有关收养人的年龄、婚姻、职业、财产、健康、有无受过刑事处罚等状况的证明材料,该证明材料应当经其所在国外交机关或者外交机关授权的机构认证,并经中华人民共和国驻该国使领馆认证。该收养人应当与送养人订立书面协议,亲自向省级人民政府民政部门登记。鉴于收养人为外国人,协议的内容不仅要符合我国法律的要求,还应考虑外国人本国法律的规定,以免协议被该国法律认为无效。内容应当具体详明,以免日后发生争议。

为准确执行《收养法》关于涉外收养的规定,中华人民共和国民政部于1999年5月25日正式发布了《外国人在中华人民共和国收养子女登记办法》。依照上述法律规定,办理外国人在中华人民共和国收养子女的事宜,必须遵循如下法律要求:

1. 收养的登记机关

外国人来华收养子女,应当亲自来华办理登记手续,夫妻共同收养的,应当共同来华办理收养手续;一方因故不能来华的,应当书面委托另一方。委托书应当经所在国公证和认证。

外国人来华收养子女,应当与送养人订立书面收养协议。收养关系当事人应当共同到被收养人常住户口所在地的省、自治区、直辖市人民政府民政部门办理收养登记。

2. 收养登记的具体步骤

(1) 申请。外国人在华收养子女,应当通过所在国政府或者政府委托的收养组织(以下简称外国收养组织)向中国政府委托的收养组织(以下简称中国收养组织)转交收养申请并提交收养人的家庭情况报告和证明。

收养人的收养申请、家庭情况报告和证明,是指由其所在国有权机构出具,经其所在国外交机关或者外交机关授权的机构认证,并经中华人民共和国驻该国使馆或者领馆认证的下列文件:跨国收养申请书;出生证明;婚姻状况证明;职业、经济收入和财产状况证明;身体健康检查证明;有无受过刑事处罚的证明;收养人所在国主管机关同意其跨国收养子女的证明;家庭情况报告,包括收养人的身份、收养的合格性和适当性、家庭状况和病史、收养动机以及适合于照顾儿童的特点等。

在华工作或者学习连续居住1年以上的外国人在华收养子女,应当提交上述除身体健康检查证明以外的文件,并应当提交在华所在单位或者有关部门出具的婚姻状况证明,职业、经济收入或者财产状况证明,有无受过刑事处罚的证明以及县级以上医疗机构出具的身体健康检查证明。

送养人应当向省、自治区、直辖市人民政府民政部门提交本人的居民户口簿和居民身份证(社会福利机构作送养人的,应当提交其负责人的身份证件)、被收养人的户籍证明等情况证明,并根据不同情况提交下列有关证明材料:

第一,被收养人的生父母(包括已经离婚的)为送养人的,应当提交生父母有特殊困难无力抚养的证明和生父母双方同意送养的书面意见;其中,被收养人的生父或者生母因丧偶或者一方下落不明,由单方送养的,并应当提交配偶死亡或者下落不明的证明以及死亡的或者下落不明的配偶的父母不行使优先抚养权的书面声明。

第二,被收养人的父母均不具备完全民事行为能力,由被收养人的其他监护人作送养人的,应当提交被收养人的父母不具备完全民事行为能力且对被收养人有严重危害的证明以及监护人有监护权的证明。

第三,被收养人的父母均已死亡,由被收养人的监护人作送养人的,应当提交其生父母的死亡证明、监护人实际承担监护责任的证明,以及其他有抚养义务的人同意送养的书面意见。

第四,由社会福利机构作送养人的,应当提交弃婴、儿童被遗弃和发现的情况证明以及查找其父母或者其他监护人的情况证明;被收养人是孤儿的,应当提交孤儿父母的死亡或者宣告死亡证明,以及有抚养孤儿义务的其他人同意送养的书面意见。

送养残疾儿童的,还应当提交县级以上医疗机构出具的该儿童的残疾证明。

(2) 审查和登记。省、自治区、直辖市人民政府民政部门应当对送养人提交的证件和证明材料进行审查,对查找不到生父母的弃婴和儿童公告查找其生父母;认为被收养人、送养人符合收养法规定条件的,将符合收养法规定的被收养人、送养人名单通知中国收养组织,同时转交下列证件和证明材料:送养人的居民户口簿和居民身份证(社会福利机构作送养人的,为其负责人的身份证件)复制件;被收养人是弃婴或者孤儿的证明、户籍证明、成长情况报告和身体健康检查证明的复制件及照片。

省、自治区、直辖市人民政府民政部门查找弃婴或者儿童生父母的公告应当在省级地方报纸上刊登。自公告刊登之日起满60日,弃婴和儿童的生父母或者其他监护人未认领的,视为查找不到生父母的弃婴和儿童。

中国收养组织对外国收养人的收养申请和有关证明进行审查后,应当在省、自治区、直辖市人民政府民政部门报送的符合收养法规定条件的被收养人中,参照外国收养人的意愿,选择适当的被收养人,并将该被收养人及其送养人的有关情况通过外国政府或者外国收养组织送交外国收养人。外国收养人同意收养的,中国收养组织向其发出来华收养子女通知书,同时通知有关省、自治区、直辖市人民政府民政部门向送养人发出被收养人已被同意收养的通知。

收养关系当事人办理收养登记时,应当填写外国人来华收养子女登记申请书并提交收养协议,同时分别提供有关材料。

收养人应当提供下列材料:中国收养组织发出的来华收养子女通知书,收养人的身份证件和照片。

送养人应当提供下列材料:省、自治区、直辖市人民政府民政部门发出的被收养人已被同意收养的通知;送养人的居民户口簿和居民身份证(社会福利机构作送养人的,为其负责人的身份证件)、被收养人的照片。

收养登记机关收到外国人来华收养子女登记申请书和收养人、被收养人及其送养人的有关材料后,应当自次日起7日内进行审查,对符合规定的,为当事人办理收养登记,发给收养登记证书。收养关系自登记之日起成立。

收养登记机关应当将登记结果通知中国收养组织。

(3) 自愿办理收养公证。外国人在中华人民共和国收养子女,收养关系当事人各方或者一方要求办理收养公证的,还应当办理收养公证证明手续。为外国人在中华人民共和国收养子女办理收养公证证明的公证机关,必须是经中华人民共和国国务院司法行政部门即司法部认定的具有办理涉外公证资格的公证机关。从公证证明作出之日起,涉外收养关系成立。

我们认为,关于我国境内的涉外收养问题,现行的规定是不够全面的。仅有外国人在中国境内收养中国公民为子女的规定,而无中国公民在我国境内收养外国人为子女的规定。对此,应当采取必要的立法措施,使之更加完善。

第三节 区际婚姻家庭关系的法律适用

一、关于区际婚姻家庭关系法律适用问题的探讨

1. "一国两制"四法域和婚姻家庭领域的区际法律冲突

我国在建设有中国特色社会主义理论指引下,一国两制的伟大构想正在变成现实。香港、澳门已经回归祖国,海峡两岸的统一也是历史的必然。在这样宏大的背景下,有关区际婚姻家庭关系法律适用问题的研究是我国婚姻家庭法学的当务之急,对完善我国的婚姻家庭立法,也具有很重要的现实意义。

婚姻家庭法是国家的最重要的民事基本法之一,在一国两制四法域的格局下,《中华人民共和国婚姻法》和其他有关法律是我国社会主义婚姻家庭制度的法律形式。香港和澳门特别行政区各有其不同于内地的婚姻家庭制度;在婚姻家庭法领域享有立法权、独立的司法权和终审权。因此,冲突是不可避免的。在婚姻家庭关系的主体具有区际因素,或法律事实方面具有区际因素等情形下,必须妥善地解决区际婚姻家庭关系的法律适用问题。

2. 制定区际婚姻家庭关系法律适用规则的基本思路

面对婚姻家庭法领域的区际法律冲突,根本的对策是制定若干必要的法律适用规则。国际私法中有关的冲突规范虽可借鉴,但不可搬用,因为区际婚姻家庭关系中并无涉外因素,需要解决的是一国之内的区际法律问题。关于制定区际法律适用规则的途径,我们认为可以从以下方案中加以选择。①

方案之一:在各法域立法机关充分交换意见的基础上,各自在有关法律中制定区际婚姻家庭关系法律适用规则。这些规则的内容应当是相互协调、互不抵触的。为了顺利地实现这个方案,似可先由各法域的法学团体、有关部门共同研讨,在力求符合法理和实际情况的条件下提出若干条款,供各法域的立法机关参考。

方案之二:在各法域之间签订有关区际婚姻家庭关系法律适用的协定。这种协定可以是多边的,也可以是双边的。内地(大陆)与其他法域签订协定时,似可以广东省、福建

---

① 参见杨大文主编:《亲属法》,法律出版社2004年版,第324页。

省为代表,其他省、自治区、直辖市在履行一定法律程序后可加入上述协定。

方案之三:在条件成熟的时候,也可以根据各法域的立法机关的共同要求,在国家一级制定统一的区际婚姻家庭关系法律适用规则。我们认为,只要各法域的立法机关都有此愿望,并经过充分的协商,制定这样的规则并不违背我国《宪法》和特别行政区基本法的有关规定。

有的学者认为,采用上述方案都需要一定的时间和条件,在尚无区际婚姻家庭关系法律适用规则的情况下,也可考虑采用重叠适用的规则。例如,内地居民同香港居民结婚,既要符合《婚姻法》的规定,又要符合香港《婚姻条例》的规定。这可能过于苛求,但是,作为一种暂时的、过渡性的对策,也是有其可取之处的。

关于区际婚姻家庭关系法律适用规则的具体内容,我们认为,因为主体上不存在涉外因素,当事人都是中国公民,故应特别重视地的因素。有关婚姻家庭关系发生、变更和终止等方面的问题,似以适用法律事实发生地法律为宜。有关婚姻家庭关系主体间的权利义务等问题,似以适用权利人住所地或惯常居所地法律为宜。这方面的一些具体问题,还需要进一步研究。

二、涉港澳台、涉侨的婚姻和收养

本题以区际婚姻、区际收养为主要内容,为了方便起见,涉侨婚姻、涉侨收养也在本题中一并加以说明。

1. 涉港澳台、涉侨的结婚登记

内地居民同香港居民、澳门居民、台湾居民、华侨要求在内地登记结婚的,应当符合《婚姻登记条例》的规定。

(1) 结婚当事人须持的证件和证明材料

内地居民须持的证件和证明材料为:① 本人的户口簿、身份证;② 本人无配偶以及与对方当事人没有直系血亲和三代以内旁系血亲关系的签字声明。

香港居民、澳门居民、台湾居民一方须持的证件和证明材料有:① 本人的有效通行证、身份证;② 经居住地公证机构公证的本人无配偶以及与对方当事人没有直系血亲和三代以内旁系血亲关系的声明。

华侨一方须持的证件和证明材料有:① 本人的有效护照;② 居住国公证机构或者有权机关出具的、经中华人民共和国驻该国使(领)馆认证的本人无配偶以及与对方当事人没有直系血亲和三代以内旁系血亲关系的证明,或者中华人民共和国驻该国使(领)馆出具的本人无配偶以及与对方当事人没有直系血亲和三代以内旁系血亲关系的证明。

(2) 结婚登记的机关和程序

内地居民同香港居民、澳门居民、台湾居民、华侨在内地结婚,男女双方应当共同到内地居民常住户口所在地的婚姻登记机关提出申请;经审查后,对符合我国法律规定的,应准予登记。

复婚登记适用结婚登记的规定。

2. 涉港澳台、涉侨的离婚

内地居民同香港居民、澳门居民、台湾居民、华侨在中国内地自愿离婚的,男女双方应当共同到内地居民常住户口所在地的婚姻登记机关办理离婚登记。

办理离婚登记的内地居民须持的证件和证明材料有:① 本人的户口簿、身份证;② 本人的结婚证;③ 双方当事人共同签署的离婚协议书。

香港居民、澳门居民、台湾居民、华侨须持的证件和证明材料有:① 本人的结婚证。② 双方当事人共同签署的离婚协议书。③ 香港居民、澳门居民、台湾居民的有效通行证、身份证;华侨的有效护照或者其他有效国际旅行证件。离婚协议书应当载明双方当事人自愿离婚的意思表示以及对子女抚养、财产及债务处理等事项协商一致的意见。

离婚登记的机关同结婚登记机关。办理离婚登记的当事人有下列情形之一的,婚姻登记机关不予受理:① 未达成离婚协议的;② 属于无民事行为能力人或者限制民事行为能力人的;③ 其结婚登记不是在中国内地办理的。婚姻登记机关通过对离婚登记当事人出具的证件、证明材料进行审查并询问相关情况,对当事人确属自愿离婚,并已对子女抚养、财产、债务等问题达成一致处理意见的,应当当场予以登记,发给离婚证。

男女一方要求离婚的,可由有关部门进行调解或直接向内地一方常住户口所在地的人民法院提出离婚诉讼。

3. 有关涉侨、涉港澳台收养登记的若干规定

根据民政部1999年5月25日发布的《华侨以及居住在香港、澳门、台湾地区的中国公民办理收养登记的管辖以及所需要出具的证件和证明材料的规定》,居住在外国的华侨在国内收养子女的,应当提供护照,收养人居住国有权机构出具的收养人的年龄、婚姻、有无子女、职业、财产、健康、有无受过刑事处罚等状况的证明材料,该证明材料应当经其居住国外交机关或者外交机关授权的机构认证,并经中国驻该国使领馆认证(居住在未与中国建立外交关系国家的华侨,该证明材料要经已与中国建立外交关系的国家驻该国使领馆认证)。

香港(澳门)居民中的中国公民在内地收养子女的,应当提供:香港(澳门)居民身份证、来往内地通行证或者回乡证;经国家主管机关委托的香港委托公证人证明的(澳门地区有权机构出具的)收养人的年龄、婚姻、有无子女、职业、财产、健康、有无受过刑事处罚等状况的证明材料。

台湾居民在大陆收养子女的,应当提供:在台湾地区居住的有效证明;中华人民共和国主管机关签发或签注的在有效期内的旅行证件;经台湾地区公证机构公证的收养人的年龄、婚姻、有无子女、职业、财产、健康、有无受过刑事处罚等状况的证明材料。

华侨以及居住在香港、澳门、台湾地区的中国公民在内地收养子女的,应当到被收养人常住户口所在地的直辖市、设区的市、自治州人民政府民政部门或者地区(盟)行政公署民政部门申请办理收养登记。收养登记的具体程序参见第七章第二节。

后　　记

经全国高等教育自学考试指导委员会同意,由法学类专业委员会负责高等教育自学考试法律专业教材的组编工作。

《婚姻家庭法》自学考试教材由马忆南教授主编。具体分工如下:第一章由中国人民公安大学邓丽老师编写;第三章由中国政法大学何俊平教授编写;第六章由黑龙江大学王歌雅教授编写;第二章、第四章、第五章、第七章、第八章、第九章由北京大学马忆南教授编写。

参加本教材审稿并提出修改意见的有:中国政法大学金眉教授、中国人民大学孙若军教授、中华女子学院林建军教授,向他们表示诚挚的谢意。

全书由马忆南教授统稿、定稿。

全国高等教育自学考试指导委员会
法学类专业委员会
2012 年 2 月